U0943506

共享金融

金融新业态

姚余栋　杨　涛◎主编

SHARING FINANCE

中信出版集团 · CHINACITICPRESS · 北京

图书在版编目（CIP）数据

共享金融：金融新业态 / 姚余栋，杨涛主编. --
北京：中信出版社，2016.3
ISBN 978-7-5086-5873-5

Ⅰ.①共… Ⅱ.①姚… ②杨… Ⅲ.①金融－资源共
享－研究－中国 Ⅳ.①F832

中国版本图书馆 CIP 数据核字（2016）第 010665 号

共享金融：金融新业态

主　　编：姚余栋　杨　涛
策划推广：中信出版社（China CITIC Press）
出版发行：中信出版集团股份有限公司
（北京市朝阳区惠新东街甲 4 号富盛大厦 2 座　邮编　100029）
（CITIC Publishing Group）
承 印 者：北京通州皇家印刷厂

开　　本：787mm ×1092mm　1/16　　印　　张：16.5　　字　　数：240 千字
版　　次：2016 年 3 月第 1 版　　印　　次：2016 年 3 月第 1 次印刷
广告经营许可证：京朝工商广字第 8087 号
书　　号：ISBN 978-7-5086-5873-5/F·3580
定　　价：48.00 元

服务热线：010－84849555　　服务传真：010－84849000
投稿邮箱：author@ citicpub. com

目　录

第三篇　共享金融的制度建设

序　一

近年来，由互联网企业运用互联网技术从事金融活动所创造出新的金融模式引起了人们的广泛关注，"互联网金融"作为一种与传统金融相对应的概念应运而生，并迅速传遍全国，吸引了大量的人力和资本投入，形成了举世瞩目的"互联网金融热"。

但是，由于互联网金融属于一个全新的概念，而且还是中国首创的概念，因此，从一开始，不仅其业务模式饱受争议，而且其概念同样深受争议。即便2015年7月中国人民银行等十部委联合发布了《关于促进互联网金融健康发展的指导意见》，以法规的形式确定了"互联网金融"的概念和模式，社会上对此仍然持有不同声音。

现在，越来越多的人认为，"互联网金融"过于强调"互联网"，具有太强的技术和时代特征。实际上，随着互联网应用的普及，未来不应该一直有"互联网金融"的概念，应该透过互联网金融看到"互联网+金融"未来的根本内涵和属性。正是在这种情况下，姚余栋和杨涛两位学者率先提出："互联网+金融"应该是"共享金融"，共享金融又是与共享经济紧密相连的。这可以说点到了互联网金融的根本，并开创了金融研究的新领域，具有很强的前瞻性和创新性。

实际上，"共享金融"完全符合金融的本质和发展规律，这可以从如下两方面来看。

第一，关于金融的本质。

金融首先是分享经济的概念。金融本质上就是把社会上闲置的资源以货币或资金的方式输送到最需要的地方（从资源所有者转移到资源需求者），从而发挥资源潜力，创造出更大的社会财富，支持经济社会发展。这是金融本质的第一层表现。

需要注意的是，金融所从事的资源转移，不是简单的捐赠或买断卖断，而是在供需双方议定条件下（期限、回报、权利、义务等）的有偿使用，更多地体现出租赁的特征。金融活动和商品买卖相同的地方是，都需要供需双方信息的交互和条件的交流，都需要有规则。二者最大的区别是，金融活动是有存续期的，在存续期内相关各方一直存在着相互关系。这是金融本质的第二层表现。

由于有存续期，随之就会有风险的问题，包括信用风险、流动性风险、利率风险、汇率风险等若干风险。所以，金融必须要有效地防范和控制风险，包括政府会对金融中介机构实施严格的金融监管。这是金融本质的第三层表现。

围绕资金（资源）转移、权利和义务的存续、风险的存在和管理，金融演化出品种繁多的金融产品和金融活动，并形成了包括金融机构、场所、人员、产品、服务、法律和监管体系等在内的金融体系和专门业态。

第二，将少数人分享的金融推向大多数人共享的金融。

正因为金融是有条件、有成本、有风险的，所以其逐步从一般经济活动中分离出来，形成越来越专业化发展的、相对独立于实体经济的专业领域（虚拟经济），这又推动了金融发生异化，即尽管金融本质上是分享经济，但越来越成为少数人才能参与和分享的东西。

因此，如何将少数人分享的金融发展成为大多数人能够共享的（普惠）金融，就成为推动金融发展的必然方向，也是充分发挥金融功能的重大课题。

在以往，这是很难做到的，因为很多事情是有条件、有成本的。比如银行原来依靠网点、人员来做，很多产品在成本上就没有办法弥补，所以也就没有办法做到。但是随着互联网时代的到来，随着宽带传输技术、移动互联技术、云计算、大数据，甚至是分布式、区块链技术的广泛应用，我们已经开始进入万物互联、随时互联的新时代，通过互联互通可以打破原来工业社会分工越来越细、专业化越来越强的社会结构，转而强化跨界融合，开始形成产业链垂直整合或横向开放的“产业链”“生态面”，信息流、实物流、资金流等“多流合一”的新格局。这样一来，就把原来大量的、有中介的东西削弱了，直接拉近了价值创造者和价值需求者、资源拥有者和资源需求者的供求信息的距离，从而使生产更加高效，资源利用更加有效，进而发展出连平民百姓都可以普遍参与的资源和财产共享的新经济模式——共享经济。这也必然推动金融从越来越脱离实体经济，转而趋于越来越融入实体经济；从高高在上的社会资源配置顶端逐步回归，融合到整个社会经济运行的实际过程中；从少数人分享的金融向多数人共享的金融发展，即发展成为“共享金融”。

可见，互联网的创新和发展，正在为金融从分享迈向共享创造条件。“互联网＋金融”的必然方向是“共享金融”。“共享金融”才是互联网时代金融的根本特征或基本属性。

为了充分说明“共享金融”的概念及其应用，两位“共享金融”的首创者又发起并由多位专家参与，在共同研究和深入探讨的基础上，编写了本书，从理论和实践两个维度对“共享金融”加以阐述，展示了最新的研究成果和实践范例，成为迄今为止关于“共享金融”最权威的著作，非常值得认真研读。

当然，互联网时代仍在不断进步，互联网对人类社会带来的影响尚未充分显现，“互联网＋金融”未来将如何发展还需要深入探索。本书也只是阶段性成果，希望能由此引发全社会对“共享金融”的更大关注，吸引更多的人加强对“共享金融”的深入研究，并加强“共享金融”研究成果的传播，形成不止在中国，而且在全球都应具有的影响力。

王永利

乐视控股（北京）高级副总裁、乐视金融 CEO

序　二

共享经济早先在20世纪80年代就被提出过，但其真正落地生根，是在近几年。以Uber（优步）为代表的共享经济模式甫一出现，即呈燎原之势，其利用互联网技术，使得过剩的存量社会资源得到新的利用，使得新增社会资源得到更充分的利用。在《零成本社会》一书中，作者里夫金（Jeremy Rifkin）甚至预测，随着人类对能源利用效率的大幅度提升，共享经济将会成为未来经济的主流。

中国人民银行金融研究所姚余栋所长和中国社会科学院金融所所长助理杨涛博士，因为《当代金融家》杂志组织的一次“头脑风暴”，不约而同地提出了“共享经济背景下的共享金融”这一理念。2015年9月22日，这两位学者在全球共享金融100人论坛预成立媒体吹风会上，详尽阐述了共享金融的理论框架和实践探索。几天之内，百度搜索中的“共享金融”词条，即从寥寥几十条迅速蹿升到上千万条。“共享金融”这一概念刚一出炉，即得到社会各界的高度关注和热烈追捧。

2015年9月10日，李克强总理提出“分享经济是拉动经济增长的新路子”的观点。在党的十八届五中全会和“十三五”规划中，再次出现共享经济这一关键词。

可见，共享经济和共享金融，在我国当前的经济转型背景下，获得了上下一致的认同。

中国金融业虽然规模庞大，但发展得并不好，表现出来的病症概括起来就是，实体经济融资难、融资贵。融资难，使得真正需要资金支持的产业发展不起来；融资贵，加大了实体经济的总体成本，使得经济转型更加困难。

当我们为金融改革滞后而苦苦探索之际，互联网金融作为“门口的野蛮人”闯进了金融界。短短几年，第三方支付、P2P（互联网借贷平台）、众筹等新兴金融模式风起云涌，赚足了眼球。虽然绝对规模尚小，但其对传统金融体系和传统金融理念的冲击是革命性的、颠覆式的。

面对互联网金融的挑战，传统金融机构也不甘落后，纷纷加速利用互联网技术对传统业务进行改造和升级，被称为“金融互联网”。电子银行、手机银行、直销银行纷纷设立，保险、证券和信托行业也纷纷“触网”。一些拥有海量客户的大银行甚至跨界做起了电商，比如工商银行的融e购，短短一两年就做出了巨量电商交易，进入电商交易前十名，而且借此拉动银行业务快速增长，打造了商业和金融密切融合的新生态圈。

互联网金融、金融互联网，草根和传统两大军营，互相竞争，互相促进，共融生长。其实，从更远处看，无论是互联网金融，还是金融互联网，其实质都是共享金融。

乐视金融首席执行官、资深银行家王永利先生曾指出，银行其实是最典型的“共享经济”：存款人将自己暂时不使用的资金存放在银行，就是让渡了资金的使用权，银行将这些资金放给贷款人，使得闲置的钱有了新的用途。

由此引申，“金融”，无论直接金融还是间接金融，其本质其实都可理解为“共享”：无论储蓄者或投资者将其资金用于储蓄，还是购买股权、债权、保险等各类金融产品，都是将资金当期消费的使用权让渡，以换取未来获利的可能性，使得资金的需求方得以扩大生产、提前消费，或获得风险补偿。这类“共享”是金融的核心，也是金融之所以于建设“美好社会”至关重要的原因所在。

那么，我们今天所说的“共享金融”，与我们所熟知的传统金融相比，其新意究竟在何处？

按照姚余栋和杨涛对共享金融的阐述，其核心就是：借助互联网技术、云计算、大数据等，使得金融资源在更宽广的范围内进行更合理、更有效的配置，并在金融风险控制和金融监管方面提供新的方法和路径。对此我表示认同。

金融业是一个丰富的大行业，细分子行业多，机构数量众，资源的配置存在着巨大的不合理、不平衡和不经济，尤其在我们这样一个金融并不发达的国家，在我们这样一个金融长期受到管制和垄断的经济体，在我们这样一个缺乏中产阶层而以少产阶层为大多数的财富结构下，更是如此。但如果站在互联网时代共享金融的视角看，我们就会发现很多新思路、新方法和新路径，借以推动改革、推动创新、推动资源配置。

确实，共享金融可以让更多人享受到金融服务，这不仅是因为互联网的便利，更是因为互联网可以将提供金融服务的成本做到最低，甚至接近零。

金融服务无非是满足广大客户的投资、融资和支付这三类需要。传统金融机构对这三类业务都设有门槛，或者是无形的门槛，因为若低于这个门槛，机构就会赔钱。但如果运用互联网发展共享金融，就可以破解这个难题。现在我们已经看到，互联网金融平台可以让借款人在几分钟之内借到钱，余额宝可以让几元钱的投资也能获得可观回报，微信支付和支付宝更是让零星支出变得方便无比，这都是共享金融带来的实惠，而这恰恰是传统机构运用传统手段所无法提供的。

在投资、融资和支付领域，共享金融才刚刚开始，并且尚以新生金融机构为主，广大传统机构还没有大批跟上。但可以肯定的是，这一趋势已经形成，而且将以超出大多数人预料的速度呈井喷式发展。有人预测，到2020年，共享金融将发展出丰富的生态圈，细分出巨量业务，总规模将达到数以万亿元计；更有人大胆地预测，未来有一天银行会消失一大部分，作为专业的金融本身也会消失大半，金融会随时附着在各种商业活动中，随时解决金融问题，发挥金融功能。

融资贵是因为融资难，当共享金融使得金融资源配置效率大幅度提升后，同样的金融资源就可以发挥更大的效用，不断降低金融资源的稀缺性，不仅使得融资变得容易，也可以降低融资成本。比如，大数据的运用，使得个人征信和小企业征信得以完善，风险计量更加精确，在对风险合理定价的前提下，加速了小额贷款的发放，也使得贷款区别定价成为现实，使得真正好的企业能以合理价格迅速得到资金。

诸如此类，共享金融理念可以在传统金融业务的各个环节得到应用，包括市场研判、客户服务、产品定制、风险计量等，从而整体提升传统金融体系的效率，逐步破解融资难、融资贵这一金融顽疾。

本书作为全球共享金融 100 人论坛书系之一，聚集了国内在共享金融理论和实践方面均走在前列的一批顶尖作者，他们通过不同视角，分别阐述了共享金融在我国的蓬勃兴起，并进行了学术提炼和理论归纳，提出了很多极具前瞻性的预见，处处闪现着灵感的火花，读来令人不禁浮想联翩，脑洞大开。如果你不想错过这场金融业的大变革，那么请你一定要关注共享金融在中国的快速演进和裂变式发展。

是为序。

李哲平

《当代金融家》杂志主编

前　言

2008 年全球金融危机的余波虽已渐渐远去，但对各国经济社会运行带来的深刻影响难以估计。一方面，备受打击的传统产业与金融发展模式，迫切需要寻找能够“振奋人心”的新增长动力；另一方面，粗放式、无节制的生产与消费模式引起人们“心有余悸”的反思，如何更好地权衡资源有效配置与公众福利的提升，成为新时期经济、社会与人文变革转型的聚焦点。

在此背景下，应运而生、日渐火爆的共享经济成为极具发展潜力与想象空间的“抓手”。例如，Uber 和 Airbnb（空中食宿）分别为出租车业和酒店业带来了革命性的改变，也让人们看到了共享经济在可持续商业模式构建上的可行性。同时，新技术的飞速发展，也使得信息收集、处理、传递的机制发生了根本性改变，带来了“互联网 +”时代的经济与金融变革。

作为经济学“皇冠”上的“明珠”，货币金融学同样在宏观与微观等多个层面面临亟须完善的缺憾和不足。而在现实世界中，无论是欧美发达经济体，还是中国这样的新兴市场大国，都需要面对金融“绚丽面纱”之下如何与实体部门更好地结合的难题。可以说，虽然共享金融的实践模式仍待市场检验，但其已经成为解决现代金融困境与理顺中国金融改革的核心主线之一。

信息化时代的利益协调与社会协作

虽然英文或许都可用 Sharing Economy 表示，但中文的分享与共享经济是有差异的，后者所体现的自由度和社会化协同程度要高得多。就历史上看，也呈现从分享经济学向共享经济学的过渡，当然二者所关注的都是如何更有效地管理资源、分配资源的问题。如果追溯到古代中国，丝绸之路的开拓及其成为欧亚互通有无的商贸交流大道，实际上体现了信息与市场的时空割裂时期资源分享有多么重要。这不仅给经济带来了巨大冲击，而且在社会、文化层面产生了新的互动式发展。

从现代视野着眼，经济增长中的利益与收入分配问题一直是市场经济建设如何实现“效率与公平”的核心矛盾。早在19世纪的古典经济学时代，关于资本和劳动等要素在收入分配中怎样协调，已经成为部分学者关注的核心问题，这也是现代共享经济学的早期萌芽。然而，在一个似乎资源和空间可无限攫取的时代里，无论是以凯恩斯国家干预主义来应对工业化早期的过剩式大危机，还是对生产关系的暴力破坏与冲击，都在某种意义上排斥着理性共享的朴素思想，短期思维总是占据上风。

到20世纪中后期，发达资本主义国家开始普遍面临“滞胀”风险的困扰，如何重构社会分工秩序与微观基础，以建设性思路来构建和谐发展模式，也成为众多学者思考的重点。在此背景下，分享经济研究再一次得以提升。例如，这一概念最早由美国得克萨斯州立大学社会学教授马科斯·费尔逊（Marcus Felson）和伊利诺伊大学社会学教授琼·斯佩思（Joe L. Spaeth）于1978年发表的论文《社区结构和协作消费》（*Community Structure and Collaborative Consumption*）中系统提出。美国麻省理工学院经济学教授马丁·威茨曼（Martin Lawrence Weitzman）也于1984年出版了《分享经济》一书，认为产生“滞胀”的原因在于资本主义制度中出现了工资结构不合理等现象，提出了采用分享制度以代替工资制度的主张。

到了20世纪末期，伴随网络信息技术突飞猛进地发展，以“分享”为特征的互联网思维迅速融入主流文化，并且对消费者习惯带来许多新的影响，进而使得新的商业模式成为可能。可以说，互联网平台的出现和普及，极大地降低了信息搜寻成本，使分享成为有利可图的商业行为。由此，分享经济学理论得到了极大提升，也被称为点对点经济、协作经济、协同消费等，旨在形成一个建立在人与物质资料分享基础上的社会经济生态系统。

早期的分享经济是建立在消费所有权与使用权分离的基础上，更强调的是剩余资源的“拾遗补阙”、有效利用。但伴随着历次危机不断带来对资源充足性、社会可持续性、各类结构性失衡矛盾的担心，以及经济与金融发展中的“多级分化”日渐突出，再加上互联网对社会结构的迭代式冲击不断深入，使得后工业社会和消费社会的增长模式中，不仅可以把“分享”作为一种“调剂部分”，更可以向“共享”型的机制建设进行演变。通俗地说，共享经济强调的是以信息化技术手段和渠道为桥梁，公众更加平等、有偿地共享一切社会资源，彼此以不同的方式付出和受益，共同享受经济红利。党的十八届五中全会指出：“坚持共享发展，必须坚持发展为了人民、发展依靠人民、发展成果由人民共享，做出更有效的制度安排，使全体人民在共建共享发展中有更多获得感，增强发展动力，增进人民团结，朝着共同富裕方向稳步前进。”由此来看，共享式的经济发展模式，已经成为现代经济社会发展的重要内涵，也是我国走向现代化的重要路径。

在现实中，虽然由于新旧经济规则的冲突、可共享对象的规范性有待明晰、文化理念与消费习惯仍待转变，加上少数投机资本推动下的共享经济创新项目的“竭泽而渔”，使得即便有许多国内外媒体大呼其巨大的市场空间与颠覆性作用，也有了经典的创新案例，共享经济真正成为现代经济发展的主流，也还有一段较长的路要走。但不管怎样，从分享经济到共享经济的演变，不仅蕴含了早期解决收入分配困境的梦想，更为经济社会可持续发展、包容式发展、共赢式发展提供了革命性的前瞻。

以共享金融解决现代金融内在矛盾

伴随着令人眼花缭乱的金融创新不断涌现，现代金融在更加有效地支持经济社会发展的同时，也带来了许多内在的困扰。金融发展与实体产业的脱离、金融部门对实业部门的谈判权优势等，都使得某些金融活动距离罗伯特·希勒（Robert J. Shiller）心目中的“美好社会”愈来愈远，成为金融业的“自我游戏”和贪婪资本的乐园。

与共享经济的生命力相称，共享金融也给金融的自我完善和创新提供了一条“通往理性繁荣之路”。作为一个全新的学术概念，共享金融如何界定，仍需深入研究和探讨。作为起点，我们可以尝试对其内涵加以粗略描述。所谓共享金融，就是通过信息与网络时代的金融技术与制度创新，构建以资源、要素、功能、利益共享为特征的金融发展模式，努力实现金融资源更加有效、公平的配置，从而在促使现代金融均衡发展和彰显金融消费者主权的同时，更好地服务于经济社会的创新、协调、绿色、开放、共享型发展。

同时我们认为，互联网金融只是共享金融在当前特定历史阶段的具体表现形式。

具体来看，其内涵应该包括如下方面。

一是金融对共享经济的有效支撑。对于共享经济模式来说，现有金融体系往往难以满足其日益复杂的金融需求。无论是创业时的融资需求、简单便捷的移动支付、资本扩张下的规模经济、不断健全的信用环境保障，都离不开金融创新的及时配合。就此意义来讲，从最具生命力的金融创新都是扎根于实体来看，共享金融体现了服务于共享经济快速发展的一系列新型金融创新与制度安排。

二是金融要素的多元化共享式发展。金融机构、产品、市场、制度、文化等要素，共同组成了我们所熟悉的“金融”范畴。在共享金融的发展趋势下，原有的机构、产品、市场等金融要素的边界变得更加模糊。例如：原有银、证、保等分业格局可能逐渐被打破，彼此共享模式架构与比较优势；金融产品的定制化、个性化与标准化、简单化倾向并存，机构不再只注重“供给创造需求”式的创新，而把金融消费者作为共享模式下的创新驱动者；在新技术促使不确定性降低和风险可控的前提下，金融市场的进入门槛逐渐降低，不再成为少数人的“神秘场所”，转而呈现跨时空、去物理空间和去中心集聚的特点。

三是金融功能的共享与融合。无论怎样演变，现代货币金融体系的基本功能，仍然是货币基础、资金融通与资源配置、支付清算、风险管理、信息提供、激励约束等。对此，共享金融带来的转变，一方面是在产品与服务层面，过去“泾渭分明”的金融功能逐渐出现融合，金融消费者将更加轻松安全地享受金融“超市”“专卖店”“网店”的服务，适应这种转变，金融中介部门除了继续优化资金配置、中介、咨询等功能之外，更多地转为第三方平台服务商，旨在提供网络时代的金融资源配置规则与交易生态体系。各种各样基于 P2P（peer-to-peer，点对点）原则的网络金融服务创新，正是其中的典型表现，有助于实现“长尾”型投资者与融资者的资源共享。另一方面，作为金融基础设施的支付清算、信息信用体系等，与金融中前台服务相比，则呈现融合趋势更甚的情况。这些金融基础设施体现出服务多元化与技术标准一致性的特点，形成顺畅承载金融资源流动的金融“水利设施”，同时引发金融后台服务外包、金融业“轻资产化”、基础设施全球化等新趋势。

四是平台金融模式下的多主体协调。互联网时代的最大成就之一就是平台经济的涌动，平台是以某种类型的网络外部性为特征的现实或虚拟组织。一方面，在平台经济的诸多特点之中，正外部性和多归属是典型代表。前者意味着当越多的主体进入到平台之中时，平台对于各方实现共赢的价值越大；后者则表明竞争性平台能给消费者带来效用最大的多重选择。这些理念也催生着平台金融的创新，意味着伴随共享金融理念的突破，只有“海纳百川”的开放型、包容性、多元化的金融平台，才能适应新经济时代的需要。另一方面，“内生性”的平台金融演变成为未来令人“脑洞大开”的探索，其本质在于基于公共网络的金融交易的基础性协议建设，使得自发式金融共享交易成为可能。例如，源自比特币的区块链技术价值远大于比特币自身，能够有效促进智能交易、分布式股权发布和资产转移；再如，美联储开始关注金融机构间基于使用通用协议和标准发送和接受支付的公共 IP（网络协议）网络直接清算，认为与通过中心辐射状网络结构清算交易相比，这种信息分布式架构有可能降低成本。

五是互联网产业链金融的共享式重构。产业链金融重在以核心企业为依托，针对产业链的各环节，设计个性化、标准化的金融服务产品，为整个产业链上的所有企业提供综合解决方案。在互联网环境下，产业链金融的边界进一步拓展，不仅着眼于核心企业与上下游的信用传递，而且关注产业链不同企业之间的金融资源共享。应该说，尽管互联网产业链金融的运作主体差异使得具体模式的起点与路径不同，但归根结底都有助于促使不同产业链构建成为可持续的金融服务生态圈，使得金融资源互助与共享成为主线，最终使及时、智能、便捷的金融服务嵌入到产业链与企业日常运作中。

六是金融风险的共享与分担。现代金融体系之所以存在许多功能缺失，原因之一就是风险的不可控或弥补的高成本。例如，在小微金融和普惠金融领域，信息的不确定、信用基础的缺乏等加重了金融服务困难，而如果实现不同组织与主体的信息系统交互、风险合理共担，则有助于介入那些传统的金融“空白区”。再如，系统性风险与非系统性风险的边界，其实并没有教科书中那样分明，在“动物精神”与“冰冷技术”共存的现代金融市场上，风险预期提升、普遍恐慌、羊群效应、以邻为壑等现象的存在，都容易助推风险的积累。由此，随着新技术使得微观金融行为的甄别能力上升及不确定性分析的愈加准确，通过某种技术与制度安排对风险进行合理分担和分散，而非“游牧民族”式的驱离或被投机利用，则成为共享金融有助于金融稳定的重要尝试。

七是共享型的产融结合探索。产业资本与金融资本的结合，一直是现代经济发展中的重要现象和研究重点，其动力在于解决金融交易中的信息不对称、降低交易成本，并且实现产业与金融的多元化经营，拉近金融与实体的内在联系等。在互联网信息时代，产融结合的内涵进一步得以丰富，除了股权渠道之外的债权、数据信息、渠道、技术、场景、战略等都出现了融合的可能性。在共享型的产融结合模式下，金融与实业部门的利益分歧达到最小，金融部门的绝对定价权受到约束。金融机构不再局限于在经济形势好时过度放贷，经济下滑时争先恐后地提前收贷，而是更多考虑长期合作共赢，以及给予企业“金钱”之外的附加服务，从而打造战略共享的新型金企关系。

由此我们看到，与当前“如日中天”的互联网金融相比，共享金融更体现了长期、深层的金融模式与功能变革。短期来看，互联网信息技术冲击下的金融运行，其真正的价值正是共享金融的突破；长远来看，无论技术自身怎样变革，金融的最终价值都在于摆脱自我服务的“毁灭之路”，重新回到与实体共享互助的轨道上。

归纳来看，在共享金融的概念梳理背后，我们可以期望其能够有助于缓解甚至根除现有金融体系的主要弊端。一是重点解决主流金融体系的服务“短板”，服务居民金融（消费金融和财富管理）和小企业金融（融资加信用）；二是促使金融摆脱“高大上”和“走下神坛”，推动分布式、规范式、自律性、公开透明的金融“软规则”建设，谋求低成本、高效率的新型金融交易市场；三是巩固 P2P 时代的共享金融模式，且逐渐向 B2B（企业对企业）、B2P（企业对个人）、P2B（个人对企业）等领域拓展，使合作性金融交易、信任型和信用保障型金融创新、消费者主动式金融服务等，都在现代经济金融运行中扮演更加重要的角色。

共享金融的架构、挑战及未来展望

作为全新的研究领域和方向，共享金融实际上涵盖了金融市场化、金融服务实体、互联网金融、普惠金融等一系列金融演进的方向和理念，也是适应后工业时代和消费者主权社会特点的“小、众、美”金融。当然由于其现实探索还具有许多不确定性，因此仍处于理论和实践的萌芽阶段。

首先，从整体逻辑架构来看，共享金融应具有两大影响主线与基础。

从宏观层面来看，共享金融的存在动因包括：在产能过剩与有效供给不足并存的情况下，金融资源也出现结构性供求失衡；人民币国际化和金融全球化加速，使得金融跨境优化配置的压力逐渐增大；金融创新在应对收入不平等方面乏善可陈，甚至带来许多不利于中低阶层的财富再分配；在长期高储蓄率环境下，主流金融体系配置资源的能力受到质疑；城镇化带来的人口集聚，人口老龄化带来剩余金融资源的积累，使得共享金融服务的可行性进一步提升；“创客”时代的就业结构转型，使得分散化、及时性、共享性金融服务变得更加必要。

从微观层面看，共享金融的基础在于：使得金融活动回归“草根”和公开透明，使公众直接感受对金融的参与互助受益过程；金融消费者从被动变为主导，能够参与到金融交易决策之中；金融产品和服务更加便利，贴近产业链、生活链中的节点；可共享的金融资源价值不仅包括资金，而且涵盖了更广泛的功能与要素；共享机制的建设成为核心问题，金融产品和服务的交易和分配模式决定了能否实现商业可持续和普惠目标的共存；共享金融的精神动力与理念，深刻改变了“丛林法则”支配下的金融竞争原则；网络社会下的信息沟通与传递成为完成共享金融活动的技术基础。

其次，共享金融发展也面临许多重要挑战，包括：共享金融产品或服务的定价机制建设，需市场化引导和制度保障的双重作用，考虑到金融交易的特殊性，也要避免互联网“狼文化”下“低价倾销”的破坏性；现实中各类金融服务平台往往存在割裂，体现出封闭性、排他性、数据共享不足，制约了共享金融的规模与效率；信用体系不够完善，对金融信任的重构尚需过程；当个体理性与集体理性存在矛盾时，金融机会主义者可能对共享金融的持续性带来伤害，如风险投资的主导可能是“双刃剑”；打破传统金融利益格局并不容易，而且必然对现有法律和规范带来冲击；共享金融在 P2P 阶段依靠的是信任，到 B2B 则需强调金融服务质量与用户体验；要避免出现“挂羊头卖狗肉”式创新，以及“改朝换代”式的新型金融垄断；大数据时代也要防止金融信息传递的“噪声”、扭曲和操纵；要跳出所有权与使用权分离的思维局限，避免“大锅饭”式的体制复归。

最后，展望未来，共享经济与共享金融的“齐头并进”趋势日益明显，例如伴随快递、家政、教育培训、生活服务、新闻、租赁、广告创意、医疗健康等出现共享化特征，对金融服务也带来新的要求。正如共享经济开始作用于消费领域，间接影响交换和分配，最后必然影响生产环节，共享金融从需求出发，也将改变金融厂商格局与金融供给方式。

归根结底，共享金融是以数据信息的流动性、交互性，带动商品流、金融流的一体化发展与提升配置效率。通过拓展金融自由主义与国家干预之间的“第三条道路”，实现基础设施与规则层面的自治型金融创新，共享金融完全能够带来新的制度变革“红利”，为金融结构优化及促进增长做出重要贡献。

小 结

本书汇集了关注共享经济与共享金融的各方专家在不同领域的成果，对于构建共享金融的研究框架与逻辑体系是一个初步的尝试。当然，由于这一领域的国内外研究资源储备都还比较缺乏，加上时间仓促，我们的准备并不够充分和严谨。对此，我们更多试图运用共享金融的逻辑主线，从理论上提出研究的重点、思路和方向，从实践中把令人眼花缭乱的金融现象和商业模式贯穿起来，从制度上强调完善外部环境与保障的重要性。当然，本书的目的更多是“抛砖引玉”，使共享金融这一重大理论与历史命题尽快展现在人们面前，使其穿透现在异常喧嚣的“互联网金融面纱”，使人们更关注新金融现象背后的制度与技术内涵，并且引起政策层、学界、业界和公众对于金融创新与改革的“共享式参与”，从而不断充实这一极具吸引力的金融研究“宝库”。

本书由姚余栋和杨涛担任主编，负责本书组织编写、部分章的撰写、统稿和审定工作。本书的主要架构包括三篇，共 13 章。其中，第一篇是共享金融的理论探讨，分为三章，包括共享经济的发展背景（彭文生、伍旭川），共享金融的理论机制（姚余栋、张黎娜），共享金融的技术与制度（杨涛）。第二篇是共享金融的实践考察，分为八章，分别是共享金融与金融基础设施（周金黄），共享金融与众筹（杨东、林楠、朱鹏炜、杨涛），共享金融与P2P网络借贷（赵大伟、符健），共享金融与供应链金融（邹平座），共享金融与相互保险（曹德云、凌亮），共享金融与大银行变革（侯本旗、赵飞），共享金融与资产证券化（林华、许余洁），共享金融与区块链（肖风）。第三篇是共享金融的制度建设，分为两章，包括共享金融的法律问题初探（唐晓雪、杨东、程志远），共享金融监管体系的初步思考（肖翔）。

在本书的完成过程中，我们参考了各界精英的众多优秀成果和前沿思想，得到了许多专家和朋友的热情建言和积极帮助，还有中信出版社各位同人的大力支持，在此一并表示真挚感谢。我们希望以本书作为一个“简陋”的研究平台，来加强与各方的交流，共同推动这一领域的深入研究，从而为我国金融事业的健康发展做出贡献。我们也会在后续时间里，围绕共享金融的理论基础、研究范式、实践运用、政策环境等，持续进行更加系统的研究，争取推出一系列更具学术严谨性的专业书籍。

姚余栋　杨　涛

第一篇

共享金融的理论探讨

第一章　共享经济的发展背景①

近几年，中国经济增长持续下行，稳增长将是“十三五”规划期间的基本任务之一。在人口红利消退、传统增长模式难以为继的情况下，新的增长动力是什么？自上而下来看，深化结构改革，以制度变革红利替代人口红利是一个方面。自下而上来讲，激发微观主体的活力，推进创新创业，有助于提高经济运行的效率，培育新的经济增长点。2015 年 3 月，李克强总理在政府工作报告中首次提出“互联网 +”行动计划，力图通过推动云计算、大数据、物联网、移动互联网等与现代制造业结合，创造新的经济增长点。国家发改委于 2015 年 7 月初印发的推进“互联网 +”行动意见中，也强调要形成更广泛的以互联网为基础设施和创新要素的经济社会发展新形态，发展共享经济。

共享经济是技术进步的结果，共享经济产权层面的特点是所有者暂时让渡使用权以获取收入的租赁经济，但是这种经济模式在互联网时代以前没有形成气候。云计算、大数据、物联网、移动互联网大大降低了租赁交易的信息成本，减少了信息不对称，使原本不可能达成的租赁交易成为可能。例如，当亚马逊和 eBay（易贝）分别于 1994 年、1995 年成立时，它们借助互联网的联通性创造出了一个崭新的、更有效率的市场。一开始时

① 本文作者为：彭文生，中信证券全球首席经济学家，研究部行政负责人，董事总经理；伍旭川，中国人民银行金融研究所经济学博士，研究员，互联网金融研究中心秘书长。

这不过意味着一种买卖书籍和收藏品的新方法，如今电子商务已经无处不在，向客户出售各类全新和二手商品，同时成为物流和零售领域的一股全球性力量。同样，虽然当今的共享经济公司可能处于起步阶段，但它们的服务总有一天会渗透到每个角落。再如，Airbnb 只有不过 600 名员工，却拥有数百万个房间可供出租，比世界上最大的连锁酒店还要庞大。当然，Airbnb 提供的产品与酒店是不同的，但如果它能提供例如家居清洁服务和餐饮服务等更多选项，就可能成为比预想中更相近的酒店的竞争对手。围绕类似 Airbnb 模式（新兴共享经济体）的深层次思考来看，世界上充斥着尚未充分利用的资产和资源。试想，在那些自己名下的东西上——无论是汽车、自行车、公寓、度假别墅、工具还是游艇——我们实际在使用中花费了多少时间？如果把写字楼或教室利用起来，一个晚上能创造多少价值？答案因资产、个人、家庭或组织而各不相同，但利用率往往低得惊人。最近，一个关于汽车利用率的答案是 8%①，而这对那些无须长途通勤的人来说已经很高了。但这些数字正在发生变化，因为互联网使得创新商业模式不仅增加了市场效率，还提升了各类资产的利用率，对此，人们也在进行数以百计的实验。显然，不是所有的项目都会涌现 Airbnb 和 Uber 的惊人增长，但其中某些像 Rent the Runway（美国一家服装租赁网站）这样的设计师品牌服饰及饰品租赁项目可能会有利可图，而其他则根本不可行。

然而，社会对共享经济这种新的经济模式褒贬不一。一方面，共享经济给消费者和直接从业者带来了实惠（除了收入，还有更多的从业自由），有人认为它的发展空间很大。比如，里夫金指出共享经济是一个方兴未艾的新体系，并预测共享经济将颠覆许多世界大公司的运行模式。另一方面，共享经济挑战了传统商业模式以及现有制度安排，可能损害了既有从业者利益，并引起了一些社会问题。例如，2015 年 6 月法国多个城市爆发

① 迈克尔·斯宾塞. 共享经济的逻辑［J］. 财经，2015（28）.

了针对 Uber 的抗议游行，导致大面积交通瘫痪，数十辆车受损，多名人员受伤；我国也出现过出租车司机围堵“打车软件”的专车司机的现象。

共享经济的经济学分析

从经济学的角度看，共享经济中相对成熟的分析模式，仍然是“分享经济”的内涵，即一种互联网时代的租赁经济模式，通过互联网第三方平台实现个体之间直接的闲置资源使用权的交易，其本质是使用权的暂时性转移。在本章中，我们更多从此概念范畴出发，试图厘清共享经济发展中的基础与出发点。当然，如何从分享经济到共享经济的更高阶段进行拓展，在共享经济理论中融合进去收入分配、经济可持续协调发展、消费者主权提升等一系列多元化的理念和内容，还有待于今后的继续挖掘和深入探讨。

“共享经济”的概念最早起源于《美国行为科学家》杂志上一篇题为《社区结构和协作消费》的文章。学者们对汽车共享进行了研究，首次意识到共享可能发展成一种独特的经济形态。闲置资源是共享经济产生的物质基础。比如，有些人有房却不常住，有车但不常开，长期闲置形成浪费。而另一些人则存在对资源使用权而非所有权的需求，比如，他们希望在某个时间段住在某地或在某地驾车出行，但预算有限。在这种情况下，如果双方能够有效对接，不但可以将闲置产能再利用，还可以为所有者带来货币收益。云计算、大数据、物联网、移动互联网（下文以“云大物移”技术作为互联网技术的统称）等互联网技术的发展使共享经济从理想成为可能。通过互联网平台，个体之间进行这种直接的商品和服务交易的成本大幅度下降。互联网的大数据分析以及智能移动终端的普及使资源的需求方和供给方能够快速进行匹配。同时，互联网平台上的支付手段、评价体系日趋成熟，交易双方能够迅速地建立起了解、信任和合约关系，加速了共享经济的发展。在互联网时代的大背景下，美国 Uber、Airbnb 等知名共享平台迅速崛起，带动共享经济迅速增长，并开始席卷全球。

共享经济会从哪些方面影响传统的商业模式？在哪些行业最容易得到发展？从新制度经济学的角度看，作为共享经济基础的互联网技术，大大减少了微观主体间的信息不对称，进而大幅降低了由信息不对称造成的搜寻、谈判、监督等方面的交易成本。伴随着交易成本的降低，在各自收益最大化的目标激励下，劳动者、企业家、消费者等微观主体自发博弈互动，打破原有的商业模式，重构相互关系，最终形成符合新的、低交易成本要求的新商业模式，也即完成对原有商业模式的颠覆或者"破坏式创新"。从供应方来看，个体经济借助互联网强势回归；从消费方来看，则从以买为主变为以租为主。这将提高资源利用效率，有利于经济增长。

供应方：个体经济强势回归

传统企业的形成跟交易成本紧密相关。在新制度经济学的鼻祖科斯（Ronald H. Coase）看来，市场和企业是两种可以相互替代的资源配置手段，"企业最显著的特征就是对价格机制的替代"，两者的区别在于：在市场上，资源配置由价格机制自动调节；在企业里，资源配置由权威的组织来完成。但无论用市场机制还是企业组织来协调生产，都有成本。企业之所以会出现，是因为有些交易在企业内部进行比通过市场进行所花费的成本要低，但是企业内部交易成本也随规模扩大而增长，而且企业越大，管理成本可能越大。当在企业内组织交易的成本增加到等于市场组织交易的成本时，企业与市场的界线也就划定，即企业的边界所在。

而共享经济的一个颠覆性影响，体现在互联网的普及降低了信息不对称，减少了交易成本，从而导致传统企业边界收缩。互联网提升了信号传递和信息甄别的效率，提高了匹配需求与供给的效率。同时，大数据有助于完善信用记录，增强市场自身的信用约束，而社交网络的快速扩展可以实现规模效应。在市场交易成本降低、企业成本不变的情况下，按照科斯的理论，传统的企业边界存在被市场挤压的倾向。随着传统企业边界收缩，"劳动者—企业—消费者"的传统商业模式逐渐被"劳动者—共享平台—消费者”的共享模式所取代，完成了共享经济对传统商业模式的破坏式创新。

一个具体表现是个体经济借助于互联网技术强势“回归”。以出租车市场为例，在出租车公司尚未形成、私家车开始普及的阶段，居民对出租车服务的需求只能通过非正规的出租车个体户来满足。然而，信息不对称带来的高昂交易成本使得这种由出租车个体户构成的市场一直难以扩大。出租车公司的出现带来了标准化、正规化的服务，降低了交易成本，激活了市场的需求，出租车公司取代出租车个体户占据市场主流地位。然而，滴滴、Uber 等共享平台填平了阻碍原始个体经济发展的“信息鸿沟”，信息成本下降、信息不对称减少使得市场型交易成本开始低于企业型交易成本，最终的结果就是，相比于传统出租车公司的出租车服务而言，机会成本具有天然优势的专车、顺风车等出租车个体户能够实现对消费者需求的更高效响应、更优质服务，最终促进出租车个体户强势回归出租车市场。简而言之，在共享经济的颠覆性作用下，个体经济借助于“云大物移”技术强势回归。

相应地，共享经济的颠覆性更多地体现在那些在技术条件上能够以个体户的形式存在，但由于交易成本过高，不得不以企业的方式提供产出的产业中。共享经济之所以能够颠覆传统企业模式，是因为这些企业的资本分割性较强，存在单个劳动者用一小部分，甚至无需资本就可以单独提供产出的可能性，也就是具备“个体经济”的技术可能性。例如，有一辆车就可以成为 Uber 或者滴滴司机，有一栋房子就可以成为 Airbnb 或者小猪短租房东，甚至没有什么实物资本也一样可以成为共享平台上的兼职厨师或者理发师，只要你的手艺过关。在目前的状态下，难以想象在炼钢这种资本分割性较差或者说不可分割的产业，一个劳动者单独用某个熔炉就可以为消费者提供钢铁产出。由于第二产业中企业的资本通常存在技术的不可分割性，而服务业或者说第三产业的资本可分割性较强，因此，共享经济的颠覆性影响更多地体现在服务业。

即便是在资本分割性较强的服务业内部，共享经济对不同企业模式的颠覆程度也不尽相同。这部分取决于现存的企业模式是如何形成的，是政府在判断市场交易费用和企业内部交易费用孰高孰低之后形成的，还是市场在比较这两类交易费用后形成的？如果是前者，这意味着企业模式的刚性较强，难以及时顺应新形势的变化，也难以及时消化吸收相关冲击。而通过后者形成的企业模式灵活性很强，能够及时消化吸收共享经济造成的冲击，抛弃旧模式，演化成适应共享经济的新模式。比如，特许经营制度形成的传统出租车行业，实际上长期依靠行政垄断生存，制度刚性强，市场意识差，面对滴滴、Uber 等共享经济的冲击，并没有及时进行运营形态的调整以适应新的挑战，导致出租车公司和司机与滴滴、Uber 等平台和司机之间的矛盾愈演愈烈，甚至演变为直接冲突。

而一个正面的例子来自网络电商与实体卖场之间从冲突到合作的变化。与共享经济一样，网络电商也是互联网时代出现的新生事物，一度是以实体卖场革命者的姿态出现，但是实体卖场作为市场自发形成的企业组织，灵活性强，能够及时响应新形势的挑战，迅速在互联网时代找到了如何发挥充足的线下渠道这一比较优势，从而使得网络电商非但没有革实体卖场的命，而是如马云所讲的形成了“互联网公司的机会未来 30 年一定在线下，而传统企业的希望一定是在线上”的共识，并出现了京东与永辉、阿里与苏宁各自联手打造成“O2O”（线上到线下）的新业态。

需求方：从以买为主到以租为主

从消费者的角度看，“使用”通常是他们购买商品的主要目的。对于汽车等耐用消费品而言，如果仅仅是为了使用，显然不一定必须拥有所有权。所有权所涵盖的权利要大于使用权，因此通常而言，为“购买所有权”（以下称“购买”）所要付出的成本通常要大于为“购买使用权”（以下称“租赁”）所付出的成本。以日常代步为例，购买汽车通常意味着要花十几万元的购买费用、每月数千元的养护费用等，但是通常每月几千元的养护费就已经能满足每个月的打车支出。

既然如此，为什么消费者依然普遍选择购买而不是租赁呢？一个原因就在于信息不对称和交易成本过高，阻碍了租赁交易的高效实现。消费者对车辆的使用需求通常具有随机性，即便是日常上下班代步，由于种种原因也难以做到每天同一时间出门上班或者下班回家。在互联网时代以前，由于存在难以逾越的信息鸿沟，交易成本高昂，打车这种租赁模式难以做到及时匹配消费者的随机需求。一旦租赁的交易成本超过了购买的交易成本，那么消费者的理性选择就是买而不是租，在确保了使用需求及时有效地得到满足的同时，还可以获得占有、收益等效用。这种消费者偏好造就了汽车市场的传统商业模式，即汽车市场以买为主而非以租为主。

共享经济正在对这种以买为主的传统商业模式造成颠覆性影响，以买为主正在向以租为主转变，同时产生了“消费者剩余”。“云大物移”技术大大降低了汽车租赁市场的信息不对称与交易成本，使得共享平台能够低廉、有效、及时地实现汽车租赁供求匹配。相比购买而言，共享经济的网络效应使得租赁的交易成本伴随着参与人数的增多而不断下降，在中国这样大的国家尤其如此。共享经济使得消费者不必再为了满足“使用”的需求而去购买商品，只需支付少量成本租赁即可。共享经济产生了“消费者剩余”，是因为它的“闲置资源、闲置时间”模式决定了它的生产要素机会成本较低，所要求的回报率也相对较低。在这种情况下，消费者支付的费用要比传统模式中支付的费用低，也就是说消费者实际支付的要小于他原本愿意支付的费用，在消费者愿意支付的最高价格不变的情况下，这两者之差就形成了“消费者剩余”。

消费者偏好的转变正在改变制造商的观念。比如，汽车生产商正在从单纯地销售汽车向出租汽车拓展。例如，作为传统的汽车制造商，德国戴姆勒－奔驰集团已于2009年开始探索汽车租赁的共享经济模式，并成立了全资子公司戴姆勒智能交通服务集团，作为奔驰 smart 车型的汽车共享平台，这一平台目前已经成为全球最大汽车共享品牌 car2go（智能租车项目）。根据里夫金的研究，“汽车共享的成本只是私家车成本的20%，却可以使总体福利水平最大化。尽管这样一来汽车的产量和销量有可能减少80%，但依然非常值得推广”，而汽车制造商“之所以对从私家车向协同共享汽车的转变抱以如此大的热情和支持，是因为他们知道这样的服务会使行驶在公路上的汽车数量急剧减少”。除此之外，考虑到中国大城市限号限行等造成的汽车所有权“打折”，未来中国汽车租赁对汽车购买造成的颠覆影响可能更大。

共享经济的宏观经济效应

共享经济在高度机械化、纪律化、标准化的社会化大生产之外，给了供求双方更自由选择、更自由供给、更个性定制的可能性，从而在一定程度上使得共享经济具有“自由人”的联合意味。共享经济这种“自由人”的联合形式，有助于供求双方跨越信用缺失障碍，更自由地达成交易。

第一，共享经济能快速提升总供给能力。共享经济通过三种途径提高总供给能力：提高现有资源存量的使用率；提升未来新增产能利用率；提升自然资源的使用效率。很多设备、住房等本身就存在自然折旧，增加使用强度（例如房子增加一定的实用频率，私家车拼车），并不能大幅度增加这类资本的折旧速度。因此，共享存量资源的边际成本可能接近零（即使不为零，其边际成本也极低），所以在相对低的补偿情况下，总供给会快速地提高，即总供给曲线变得更加平坦。一辆私家车的平均使用公里数大约为20万公里，而一辆出租车的平均使用公里数超过60万公里，就使用效率而言，私家车明显过低。

当然，对于新增产能而言，意味着较少的资本投入就能产生更多的商品和服务（主要是服务），例如，由于共享经济的存在，未来新建住房的使用效率可能更高（因为居民自有住房可以提供相应的服务）。共享经济提高自然资源的使用效率，有利于经济的可持续发展，由此对大宗商品价格可能产生影响。目前来看，共享经济是一个新增的抑制大宗商品需求的长期因素，具有抑制大宗商品价格上升的作用。

第二，资本利用率上升，投资需求可能下降。共享经济提高了存量资本的使用效率，意味着提供一定量有效供给所需的新增投资减少，投资需求将下降。例如，截至 2015 年 7 月，估值已达约 255 亿美元的 Airbnb 致力于将全球的闲置房屋都变成酒店，供旅行者使用。2015 年初，Airbnb 已拥有超过 100 万间房间，因其采用的是盘活存量住房，而非买地盖楼等重资本投入，所以降低了酒店业的新增投资需求。从增量资本方面来看，由于利用效率提高，同等产出增量需要的投资也会减少。

第三，消费者实际购买力提升，消费需求增加，尤其是服务消费。由于共享存量资源的边际成本较低，甚至接近于零，共享经济提供的商品和服务的价格也较低。在相同名义收入水平下，商品和服务价格的下降将提高实际收入，带动总购买能力的上升，从而增加需求。例如，Airbnb 使用的是闲置房屋，空置成本很低，营收预期不高，因此其价格对于传统酒店有杀伤力。而 Uber 和滴滴、快的等打车软件因为盘活了存量的私家车，降低了打车出行的成本，因此更多消费者选择打车消费，挤出部分自助购车需求。

从这个意义上讲，共享经济对一些耐用消费品的需求的影响类似于对资本品的投资，也就是说，共享经济提升了消费需求，但这主要是通过提高现有的资本品（耐用消费品）的利用率来满足的。例如，我国 2015 年 3 月以来社会零售总额中汽车购买持续低个位数增长，是拖累整体零售的主要因素之一。这是否反映了滴滴、快的等打车软件的影响呢？其原因值得分析和观察。

第四，共享经济能带来物价总水平下行压力。通过提高闲置资源的利用率，共享经济的最直接和主要影响是增加了总供给。在需求端，如上所述，消费需求尤其是服务消费需求上升，但投资需求包括对一些耐用消费品的购买下降。总体来讲，需求的扩张无法跟上供给扩张的步伐，总需求相对总供给不足，对物价总水平带来下行压力。从结构上看，物价下行压力主要体现在投资品和一些耐用消费品上，一个引申的含义是，共享经济的扩张可能是抑制大宗商品价格的一个新增因素。不过，共享经济导致物价下降是资源更有效利用的结果，反映的是供给增加，是好的现象。这与劳动人口减少、贫富分化，或者资产泡沫破裂带来的需求疲弱有本质的区别。在当前主要经济体中（包括中国），这两种性质的物价下行压力均存在，但由于共享经济总体规模仍然较小，物价下行压力主要还是需求疲弱的结果。随着共享经济的扩张，准确衡量其规模和影响，对宏观政策的制定和操作很重要，也可以说共享经济给“十三五”规划期间的宏观经济政策带来了新的挑战。

第五，共享经济能降低均衡利率水平。如前所述，共享经济盘活存量资本并提高新增资本的利用率，降低了投资需求。另外，共享经济提高了消费需求，降低了储蓄需求。那么对利率意味着什么呢？基于总需求相对于总供给不足的判断，整个经济应该呈现储蓄相对于投资需求过剩的压力，带动均衡利率水平下降。

第六，共享经济有利于解决信用缺失问题。信任对网络效应来说是至关重要的。因此需要有双向评价体系，鼓励买家和卖家成为相关平台的重复用户。随着时间推移，小参与者的数量逐渐可观，并逐渐聚集成大型市场。而通过大幅提高市场信号密度，进而克服信息不对称状况，这些市场开始拥有自身的力量。所以，共享经济是高度依赖信用的经济模式，没有信用，难以想象一个消费者会放心地去乘坐陌生人的车或者住到陌生人的家里。从博弈的角度来看，一次性博弈难以淘汰信用缺失的玩家，只有无限重复博弈才能暴露每个参与者的信用度，进而激励整体信用水平的提升。在“云大物移”互联网时代到来之前，这种理想的重复博弈方式难以实现，而“云大物移”技术使得每一个普通消费者（供给者）可以便捷低廉地观察到潜在供给者（需求者）的信用度，从而做出理性的抉择。“云大物移”技术使得每一个作为互联网节点的个人时刻处于无限重复博弈的交易环境下，珍惜并提高自己的信用度成为理性抉择，最终导致一次博弈下互相不诚信的“囚徒困境”被打破。共享经济这种“提高诚信、有利自己”的正向激励特点，将会通过在个体之间重建、新建信用关系，逐步在全社会形成信用意识，不断提升整个社会的诚信水平，平滑因信用缺失造成的经济摩擦，最终促进市场经济运行效率的提升。

第七，共享经济可缓解人的“异化”问题。实际上，互联网主导的开发低利用率资源的过程——无论是实物和金融资本，还是人力资本和人才——已经不可阻挡且不断加速推进。以此产生的长期收益不仅包括效率和生产率的提升（大到足以体现在宏观数据上），还包括急需的、具备广泛技能的新就业机会。社会化大生产在极大地促进生产力发展的同时，也造成了人的异化问题。流水线上高度紧张、机械的作业方式，让人“异化”为工具，引发了各种社会问题。马克思说过，“只要分工还不是出于自愿，而是自然形成的，那么人本身的活动对人来说就成为一种异己的、同他对立的力量，这种力量压迫着人，而不是人驾驭着这种力量”。相比于正规就业而言，共享经济在闲置时间使用闲置资源赚些“闲钱”的特点，让从业者比较自由地进入或退出社会生产过程，因个人对社会的依赖而导致的强制劳动和被迫劳动问题也随之缓解。共享经济增加了普通人的发言权，增强了劳动者对个人生活的掌控度与自由度，更符合经济发展需提高人的幸福感这一本质目的，有利于促进经济和谐发展。

第八，共享经济有利于推动制度改革。作为一种强制性力量，即便是不合理的制度也难以及时转变或撤销，将会严重抑制经济活力。以出租车行业为例，出于确保服务质量、缓解交通拥堵的考虑，出租车实行特许经营制度，但是巨大的寻租空间导致了一线司机与出租车公司之间的矛盾。抗议高额份子钱的罢工事件时有发生，并衍生了规模庞大、混乱经营的黑车市场。由于制度高度固化，即便有这些严重的问题，特许经营制度也难以看到改变的趋势。以滴滴打车、Uber 为代表的共享经济正在迅速改变这种局面，混乱经营的黑车市场在互联网的重组下开始自发地规范化发展，“云大物移”技术在疏解交通拥堵、提高服务质量方面展现了“科学技术是第一生产力”的巨大能量，对出租车特许经营制度正在构成最沉重的打击，有可能促进这一制度的优化，释放出租车行业的巨大活力。

共享经济“成长的烦恼”

第一，共享经济与传统经济存在不公平竞争现象。由于共享经济发展迅速，许多国家还没有明确是否应允许其合法化，更不用说思考如何促进其正规化发展的问题。在此期间，共享经济的发展事实上逃避了正规经济应该负担的税收、社保等义务，对正规经济构成了不公平竞争，对正规经济从业者的利益造成了较大冲击，引发了一些社会问题。

第二，劳动者缺乏“安全网”保障。现代社会对资本主义原始积累的一大反思就是构建了社会安全网，作为保障经济冲击下社会稳定的最后一道防线。大部分共享经济的“自由”从业模式，通常意味着劳动者缺乏“安全网”，从业者没有养老保险、医疗保险、失业保险等的保障。一旦发生严重的负面冲击，这部分自由劳动者将为“自由”付出较大的生存代价。

第三，消费者利益保障机制不健全。共享经济增进社会信用的效果需要在“重复博弈、信息积累、优胜劣汰”的过程中逐步实现，因此共享经济有利于增进人与人之间的信用并不意味着每一时点、每一笔交易中的信用都是可靠的。尤其是在博弈开始的初期，由于共享经济缺乏有效的信息积累而无法甄别供求双方的信用度，这个时候很有可能发生侵犯消费者利益的事件，目前并没有明确谁应该对这种悲剧后果承担责任。此外，由于目前共享经济大多游离在正规的监管之外，难以对消费者利益进行充分保障。以专车业务为例，很多专车平台并没有办理营运保险，一旦发生事故，消费者权益很难得到充分保障。

第四，大数据壁垒可能导致新的行业垄断。共享经济高度依赖大数据来及时匹配供求，以达到减少信息不对称、降低交易成本的效果。从事共享经济的企业一般需要大量初期投入以获得初始数据，不过一旦业务顺利展开，“云大物移”技术就会使数据成为生产过程的副产品。并且，“云大物移”的技术特点，决定了大数据采集、加工、储存与使用具有明显的规模经济与网络经济特性，也即伴随着参与主体数量的日益增多、主体间联系的日益广泛，单位数据生产成本将以更快速度下降，数据质量将以更快速度提升。这种特点决定了共享经济在位者的竞争力将得益于大数据生产的规模效应与网络效应日益增长，最终凭借不断自我增强的大数据优势获得行业垄断地位，并且这种由大数据造成的产业壁垒，仅靠资金投入难以在短时间内克服。除此之外，这种垄断结构还存在垄断企业滥用市场势力的可能性，也即共享型企业凭借积累的海量供求数据，或许会侵犯个人隐私或其他利益。

第五，共享经济影响我们对宏观经济形势的分析和把握。当前的统计数据并不能充分反映共享经济对增长与就业的影响。由于现有国民经济核算体系对于共享经济的统计并不全面，甚至可以说是空白，所以现有的统计体系所核算的 GDP（国内生产总值）或许存在低估问题。

对就业的统计也有类似问题。以美国为例，美国自由职业者联盟（Freelancers Union）的统计显示，目前美国有 5300 万名自由职业者，已经占到美国劳动力的 34%。同时，填报 1099 报税单的自雇人员比例在近几年也在不断上升。但是标准方式统计的自雇型就业和多工作者（self employment and multiple job holding）在总就业中的占比却在不断下降。这一矛盾反映了那些拥有 1099 收入的人可能认为这些不是常规工作而没有披露。英国就业数据同样显示，过去一年，英国临时工作者、自雇型就业者和多工作者在总就业中的比例均有所下降。现阶段，由于共享经济的规模还比较小，对总量 GDP 的衡量的影响不大，但随着共享经济范围不断扩大，加上统计科目的滞后性，经济增长被低估的可能性不容忽视。

相对而言，物价数据受共享经济的扭曲影响较小。这是因为现有的被 CPI（消费者物价指数）和 PPI（生产价格指数）统计覆盖的商品和服务的价格，反映了总供给增加带来的竞争压力的影响。现在的国民经济统计体系对共享经济还没有有效地统计和估算。GDP 增长率可能低估了实际的经济活动的增长，但 CPI 所受的影响相对较小。共享经济带来的低 GDP 增长和低 CPI 通胀的组合，和金融周期下半场（资产泡沫破裂）导致的低增长、低通胀，对宏观政策的含义是不一样的。共享经济的快速发展要求国民经济统计体系与时俱进，准确衡量共享经济的规模和影响对“十三五”期间的宏观政策的平衡很重要。

共享经济的未来发展前景

虽然共享经济还不够成熟，短期内还有一些问题需要解决，但是长期来看，它在解决信息不对称、降低交易成本方面的巨大优势将有利于经济整体效率的提升。即便未来共享经济承担了税收、保险等方面的社会责任，它的竞争力也会依旧，因为它的“闲置资源、闲置时间”模式，决定了它的生产要素机会成本较低，所要求的回报率也相对较低，有天然优势。未来，随着共享经济持续发展，这些“成长的烦恼”将在共享经济的进一步成长中逐步得到解决。

第一，共享经济与传统经济的不公平竞争、劳动者“安全网”缺失、消费者权益保障不健全，都是典型的制度与监管缺位造成的，这种缺位必将不是常态。也许监管问题也会不可避免地涌现，正如 Uber 如今在美国加州和欧洲所面对的那样。由于要申请牌照运营，出租车和豪华轿车行业在一定程度上受到竞争保护，同时也基于乘客的安全对其进行了规范。但随后 Uber 用一个不同的产品入侵了它们的市场，并在很大程度上用自己制定的规则来管理车辆和司机。在这个过程中，它对牌照贬值的威胁就跟任何政府发放新牌照的决定一样真实有效。难怪巴黎和其他法国城市的出租车司机——迄今处于竞争保护之下——会如此激烈地抗议。再以房屋共享为例，2014 年初，荷兰阿姆斯特丹对 Airbnb 进行立法，征收 5% 的旅游税；2014 年底，美国旧金山对私人住宅从事共享经济也进行了立法，要求房屋整体出租时间每年不超过 90 天，同时征收 14% 的酒店税。从 2015 年开始，我国的嘀嗒拼车也开始为乘客提供累计限额 20 万人民币的人身伤亡保险。

第二，技术特点造成的行业垄断风险不会是长期现象。由技术进步造成的垄断超额利润有利于激励创新与经济发展，并不是一件坏事，而由技术和数据优势造成的垄断属于市场垄断，而非难以打破的行政垄断和自然垄断。一旦在位者丧失持续创新的动力，必将为锐意进取的后来者所超越，其垄断地位也将不复存在。曾经的科技巨头诺基亚曾占据着手机市场的绝对垄断地位，但是触屏时代的创新落后迅速导致这一垄断巨头覆亡。

第三，金融业如何拥抱共享经济，是我们面临的重大挑战。其中，P2P 贷款和集资已经展现出连接投资人和借款人的新途径。显然，所有共享经济模式——尤其是金融类——都必须解决有关责任和保险的问题，但这些都不是难以逾越的障碍。

第二章　共享金融的理论机制[①]

共享金融的理论剖析

理论脉络的梳理

当前共享经济的发展业已具备了充足的物质和技术条件。一是人口向虚拟空间的转移为经济共享提供了空间基础。从人类学和“互联网+”的双重视角下来审视，这次转移可谓人类的第四次迁徙，如果说十万年前人走出非洲迈出了人类史上重要的一步，那么今日的迁徙则实现了人与人、人与物、人与场景之间的跨空间连接。据市场研究公司 eMarketer 研究，预计到 2018 年，全球近半人口（36 亿人）将可每月至少一次接入互联网。二是云计算、大数据、物联网、移动互联网等现代信息技术平台为共享经济的发展提供了技术条件，大大降低了租赁交易的信息成本，减少了信息不对称，使原本不可能达成的租赁交易成为可能。技术的飞跃式发展对人类的生活方式、组织方式、治理方式产生了巨大的影响。三是经济的高度发展和大量闲置资源的存在是共享经济产生的物质前提。在这些条件下，

① 本文作者为：姚余栋，中国人民银行金融研究所所长；张黎娜，中国人民银行金融研究所博士后。

共享经济迅速发展。时至今日，投资者对共享经济的追捧已经到了无以复加的境地。Uber 的估值已经高达 500 亿美元，Airbnb 的估值也已经达到 255 亿美元，Uber 的竞争对手 Lyft（美国一款打车应用软件）估值也达到 25 亿美元。购物配送公司 Instacart 估值 20 亿美元，其竞争对手 Postmates 估值也在 1.5 亿到 2 亿美元。

金融作为现代经济的核心，共享经济的发展潮流必然渗透到金融领域，从而使传统金融向“共享金融”发展。人们最为关注的“共享金融”新特点，借鉴南希·科恩（Nancy Koehn）共享经济的概念，就是金融资源的供需个体通过云计算、大数据、物联网、移动互联网等构筑的现代信息技术平台实现金融资源与服务的直接交易系统。从现实情况来看，金融资源的供求双方主要有三类主体：居民、非金融机构（包括非金融企业、政府机构，以及其他的非政府、非金融类机构）、金融机构，因此共享金融也就分为三个层面：一是居民、非金融企业、机构等金融资源的供求个体间的金融共享；二是居民、非金融企业、机构等金融资源的供求个体与金融机构间的金融共享；三是金融机构间的金融共享，包括同业和跨业。

共享金融的发展能够缓解传统金融机构的“流动性”困境。传统的金融运行方式，是以银行等金融中介机构为中心的，尤其是银行，通过吸收资金富余者的资金，形成庞大的资金池，然后将这些资金通过发放贷款等方式进行投资。由于期限错配、外部冲击等一系列原因导致银行的短期资产不能清偿短期负债，从而出现所谓的“流动性风险”，严重的流动性风险会引致“挤兑”，使银行破产，而且“挤兑”具有传染性，甚至会引起整个金融系统的危机。共享金融是资金供求双方的直接交易系统，具有去媒介、去中心的特点，共享金融能够解决现代金融内部的问题，从而部分解决外部的问题。

归纳来看，“共享金融”有助于缓解甚至根除现有金融体系的主要弊端。但在积极推动共享金融发展的同时，也要清楚地看到共享金融自身也蕴含着一定的风险，比如技术风险、资产价格波动风险和法律风险等。以现代信息技术为依托的共享金融，开展和执行的各项交易都是基于技术的支撑，因而技术本身存在的安全问题就成为共享金融潜在的技术风险。另外，在先确定投资收益，后开展生产的共享金融模式下，资产价格波动风险的表现尤为明显。如产品众筹等，一旦后期产品或原料价格发生大幅波动，那么投资者和筹资者的利益分配格局将会受到较大的影响，当然这些风险也可以通过更为完备的合同来缓解。法律风险也是共享金融发展过程中亟须解决的问题，由于共享金融发展迅速，相关法律存在滞后的现象，这会导致一些为谋求利益而钻法律空子的不法活动出现，所以在现有法律未修订的情形下，不能越过《公司法》和《证券法》规定的股东人数200人的法律红线。坚守两个底线，即不设资金池，不提供担保（包括隐性担保）。

共享金融的网络基础

共享金融的形成与发展必然基于一定的网络基础，网络的定义较为宽泛，主要描述诸多对象及其之间的相互联系。从最初社交网络中存在的“弱链接”，到当前共享金融参与者之间通过互联网、大数据、物联网、移动互联网等信息技术直接实现的链接，以及通过以现代信息技术构筑的平台进行的链接，都赋予了网络不同层面上的内涵。大网络时代，金融资源的所有者和使用者，即所有金融行为的参与者在进入网络前后的行为规范及演化，很大程度上遵循着网络发展的一般特征。

具体来看，最重要的就是社交网络中的小世界原理（又称六度分隔）。自从互联网的亲密结合后已显示出巨大的商业价值，“社会性软件”的研发和应用，展示了一种聚合产生的效应。人、社会、商业都有无数种排列组合的方式，如果没有信息手段聚合在一起，就很容易损耗掉。环球信息网成功地将文本、图形聚合在一起，使互联网真正走向应用；即时通信将人聚合在一起，开发一种使人与人在互联网上能够快速直接交流的软件。网络世界的虚拟性和商业社会所要求的实名、信用隔着一条鸿沟，但是通过熟人，利用“六度分隔”产生的聚合会产生一个可信任的网络，这其中的商业潜能无可估量。当前运用六度分隔的领域有：直销网络、社交网站、博客网站等。

同时，我们不难发现在现实生活中存在这样一种现象，尽管中国向7900万网民提供的网站接近60万个，但只有为数不多的网站才拥有网民一次访问难以穷尽的丰富内容，拥有接纳许多人同时访问的足够带宽，进而有条件演化成热门网站，拥有极高的点击率，像新浪、搜狐、网易等门户网站。以网页被点击次数的分布为例，网页被点击次数的幂律分布其幂指数在0.60～1.03，而网站访问量的幂律分布其幂指数则接近于1。简单来说，幂律（Power law）就是两个通俗的定律：一个是“长尾”理论，只有少数大的门户网站是很多人关注的，但是还有一个长长的尾巴，就是小网站、小公司。长尾理论就是对幂律通俗化的解释。另外一个通俗解释就是马太效应，穷者愈穷，富者愈富。发生这样的现象其实跟网络的外部性和锚定效应（Anchoring effect）有很大的关系，这促使互联网企业更加注重市场的培育，尤其在初创期，企业会投入大量的财力去培育一个稀薄的市场，这也就是所谓的先入优势。卡茨和夏皮罗（Katz and Shapiro）对网络外部性进行了经典论述。他们认为，当消费者的效用水平不仅是商品数量的函数，而且是已有用户数量的函数时，就存在网络外部性。使用一种产品的消费者越多，每个消费者从该产品中得到的效用就越大。网络外部性理论认为，存在一个消费者数量的临界群，当使用人数达到或超过既定临界数量时，消费者规模就会急剧扩大。这一现象可用梅特卡夫（Metcalfe）法则总结：网络的价值以用户数量的平方这一速度增长。锚定效应是指在存在很多同类产品的情况下，由于存在转换成本，使用一种产品的消费者不愿意或很难进行转换去使用另一种产品。所以，我们不难理解一旦一家互联网企业优先进入一个领域（如第三方支付市场），或者由于技术和营销优势首先占据一个领域的较大份额，那么由于网络外部性和锚定效应，这家企业的规模就会越来越大，出现强者愈强的局面。网络激发了大众信息服务的需求，形成了无所不在的在线搜索、实时交互、即时通信和协同，催生了一系列新的网络文化和行为。越来越多的网络大众合作完成部分任务，涌现出了一种群体智能。以维基百科为例，词条从初始阶段（低质量词条）逐渐演化到高级阶段（高质量词条），体现了群体编辑交互协作群体智能的涌现。在线群体协作颠覆了传统的知识产权理解，利用规则保证每个参与协作的人都可以分享知识，以共同达到某个目的，并将分布在各地的知识主体联系起来，交流思想和信息，交换资源，鼓励多样化创新。而网络演进的主要驱动力是参与者行为，参与者不断变化的需求和协作促使网络不断地演进和变化。

除此之外，技术的不断创新和进步也保证了共享金融的未来发展的良好前景，尤其是区块链（Blockchain）技术的引入。区块链是一个开放式自制账簿系统（open autonomous ledger），主要分为公共区块链和私有区块链，通过对公共区块链的使用，减少了大部分经济交易对现有金融机构的依赖，而金融机构内部则可以充分利用私有区块链提高工作效率和降低成本，促使网络时代的经济活动变得更简洁容易，将极大地拓展共享金融的广度和深度。

共享金融的表现形式

从内容上看，共享金融可以有多种研究视角和分析思路，其中从金融要素和功能的共享来切入，或许能够与现实模式更好地进行结合。粗略来看，我们主要关注包括资金、金融基础设施、人才、信息、平台等在内的各类金融要素。从形式上看，主要有基础设施共享、众筹、网贷、供应链金融、相互保险、财富管理，以及未来区块链主导的共享金融模式。

第一，金融基础设施的共享。金融基础设施是指金融运行的硬件设施和制度安排，主要包括支付体系、法律环境、公司治理、会计准则、信用环境、反洗钱以及由金融监管、中央银行最后贷款人职能、投资者保护制度组成的金融安全网等。法律环境、信用环境、会计准则等基础设施从当前的金融运行来看已经基本上实现共享，但支付系统这一关键基础设施目前还是封闭的，居民、企业等之间的支付还需要通过银行等金融中介才能实现，而不能直接共享其支付系统。因此，金融基础设施共享的关键点还在于支付系统的共享，居民、企业等非金融机构可以直接使用当前的支付系统，实现各经济主体间的直接支付。

第二，众筹。众筹一词来源于英文的“Crowdfunding”，意为大众筹资，或群众集资，是一群人为一个项目或一个公司募集资金，为其生产经营、技术开发或者创意的实现等生产活动提供资助。我国自古就有众筹的文化传统，据文献资料和碑文记载，许多香客筹资以重建庙宇、重铸佛像等方式积累功德。世界上最早的现代众筹融资是2001年英国建立的众筹网ArtistShare，2003年开始运营，被称为众筹金融的先锋，标志着互联网众筹模式的诞生。之后众筹网站不断涌现，其中，2009年在美国成立的Kickstarter是当前影响力最大的众筹网站，被认为是互联网众筹发展的里程碑。从运行的方式来看，现代众筹主要是通过互联网平台或其他的社交网络平台，发布小企业、艺术家或者其他个体的创意，吸引大家关注，进而募集所需资金。众筹融资是典型的共享金融模式，它是资金的供求双方通过融资平台直接实现资本融通的有效形式，从具体形式上看，主要有商品众筹、股权众筹，还有其他的如奖励型众筹、捐赠型众筹等。国内互联网众筹起步较晚：2011年7月国内第一家众筹融资平台“点名时间”开始上线；2013年中国版的“众筹网”上线，现在成为中国影响力最大的众筹网站；2014年京东也涉足众筹，到目前有淘宝众筹、影视众筹、创意鼓等数十家众筹网站。据统计，2014年上半年全国众筹融资1423起，融资金额18791.07万元。[①] 据世界银行预测，到2025年全球众筹融资将达到3000亿美元，发展中国家为960亿美元，其中中国为500亿美元。[②]

第三，网贷。英文叫Peer to Peer Lending，是共享金融的另一个重要

① 数据来源于清科联合众筹网发布的《2014年中国众筹模式上半年运行统计分析报告》。

② 数据来源于Crowdfunding's Potential for the Developing World，World Bank，2013。

形式，是指不以银行等金融机构为媒介，借贷双方直接通过互联网进行交易的无担保贷款。与众筹相比，网贷是点对点的交易，即资金供求双方都是一个主体，而众筹是多对一的，即在一个众筹项目中，资金供给方是多个，需求方是一个主体。网贷起源于英国，Zopa 作为全球第一个 P2P 网络借贷平台，截至 2014 年，贷款发生额已经超过 2 亿英镑，美国 P2P 网络借贷平台 Prosper 的贷款发生额也已经超过 4 亿美元[①]。我国从 2007 年开始引入网贷，拍拍贷是国内首家注册成立的 P2P 公司。虽然市场进入得比较晚，但发展迅速。2010 年我国网贷平台仅有 10 家，2012 年就增加到 200 家，2013 年为 800 家，到 2014 年年底网贷运营平台已达 1575 家；2014 年网贷余额为 1036 亿元，首次突破千亿元大关，是 2013 年的 3.83 倍；参与投资的人数和借款的人数分别为 116 万人和 63 万人，与 2013 年相比，分别增加了 364% 和 320% 。[②]

第四，供应链金融。供应链金融（Supply Chain Financing）是银行根据特定产品供应链上的真实贸易背景和供应链主导企业的信用水平，以企业贸易行为所产生的确定未来现金流为直接还款来源，配合银行的短期金融产品和封闭贷款操作所进行的单笔或额度授信方式的融资业务（胡跃飞、黄少卿，2009）。近年来，互联网、大数据、物联网、移动支付网等信息技术的飞速发展，供应链金融正由线下向线上转型，其经营理念由最初的“1 + N”，发展到现在线上化的信息流、物流、资金流的“三流合一”。供应链金融的外部环境也发生了较大的变化：一是供应链的全链条信息化正在进行；二是金融服务越来越重视交易数据和行为数据的收集和挖掘；三是平台建设越发重要（唐时达，2015）。线上供应链金融是金融业与基于供应链管理的实体产业之间，通过信息化协同合作的供应链金融的新趋势和高级阶段，包含电子商务交易、在线支付、交易融资和物流管理等多个环节，是复杂性金融创新产品（黄丹，2012）。供应链金融通过

① 数据来源于 Zopa 官网。

② 数据来源于网贷之家发布的《2014 年中国网贷行业年报》。

信息流、资金流、物流等在供应链企业和金融机构间的共享，把单个企业的不可控风险转变为供应链企业整体的可控风险，通过立体获取各类信息，将风险控制在最低限度。从供应链金融发展的实践来看，主要有三种模式。一是银行供应链金融 2.0。如民生银行的保理即供应链系统，将保理业务和非标准化仓单业务实现了从“线下手工处理”到“线上多系统集成”；中信银行的新一代电子供应链金融，提供电子化、网络化、自动化的供应链金融服务，功能涵盖供应链管理、订货计划管理、收款及发货管理、融资管理、资金管理、质物管理、信息共享、风险预警等众多方面。二是电商供应链金融，如自 2010 年起，阿里巴巴、苏宁、京东先后获得小贷牌照，并先后成立浙江阿里小贷、重庆阿里小贷、重庆苏宁小贷、京汇小贷等小贷公司，逐步拓展供应链金融业务。三是基于电商平台的银行供应链金融，中国银行通过聪明购平台向消费者订单融资。

第五，相互保险。相互保险又称为互助保险，是指由一些对同一危险有某种保障要求的人所组成的组织，以互相帮助为目的，实行“共享收益，共摊风险”。集团成员缴纳保费形成基金，发生灾害损失时用这笔基金来弥补灾害损失。相互保险是保险人之间共享保险收益与风险的共享金融形式，实现了保险人与被保险人的一体化，可以解决保险人与被保险人利益不一致的问题，由于信息不对称产生的道德风险也将不存在，可以实现更低成本的运行。1956 年成立于英国的公平保险公司和 1978 年成立于德国汉堡的 Hamurgische Allgemeine Versorgungs-Arstalt 通常被认为是现代相互保险公司形态的起源。2014 年，按照资产规模排名，扣除再保险公司，排名前 50 位的保险公司中共有 9 家相互型保险公司，其中位于日本的有 2 家，位于美国的有 7 家。相互保险组织在我国处于起步阶段，目前只有阳光农业相互保险公司经营财产险，以及慈溪市龙山镇伏龙农村保险互助社和慈溪市龙山农村互助保险联社两家相互保险组织。

第六，财富管理。财富管理主要是针对高净值客户的定制化服务，是指以客户为中心，设计出一套全面的财务规划，通过向客户提供现金、信用、保险、投资组合等一系列金融服务，对客户的资产、负债、流动性进行管理，以满足客户不同阶段的财务需求，帮助客户达到降低风险、实现财富增值的目的（李君平，2014）。财富管理范围包括：现金储蓄及管理、债务管理、个人风险管理、保险计划、投资组合管理、退休计划及遗产安排。在银行、证券、保险等金融机构向客户提供立体化服务的过程中，实现人才、技术、服务等的共享，是以客户为中心构筑的金融机构间以及金融机构与个人之间的金融共享形式。近年来，中国财富市场快速发展，财富市场总值已超过 16.5 万亿美元，位居全球第三，并以 25% 的年均复合增长率快速增长，远远超过世界平均增长率 13.4%，中国财富人口达 1746 万，面向高净值客户的全方位财富管理服务成为必然（林采宜，2012）。

第七，区块链主导的共享金融。区块链金融可能是未来共享金融的高级形式。区块链本质上就是交易各方信任机制建设的一个完美的数学解决方案，而比特币就是区块链技术的第一个伟大的应用。区块链的基本结构是，把一段时间内的信息，包括数据或代码打包成一个区块，盖上时间戳，与上一个区块衔接在一起，每下一个区块的页首都包含了上一个区块的索引（哈希值），然后再在页中写入新的信息，从而形成新的区块，首尾相连，最终形成了区块链。以区块链为基础，再加以一系列建立在区块链上的辅助方法，人们正在互联网上建立一整套互联网治理机制，包括：工作量证明机制、互联网共识机制、智能合约机制、互联网透明机制、社交网络的互动评分机制、密码学公私钥匙等。在这些技术成熟后，未来区块链金融可能具有下面的特点：一是智能化，金融交换载体由数据变为代码，传统金融成为可编程的智能金融。二是去中心化的组织结构，点对点、端到端。三是算法驱动，摩擦系数接近于零。四是一体化特征，身份识别、资产登记、交易交换、支付结算都在区块链一个系统上一账打通。五是实时化、场景化、7×24 小时、现实世界与虚拟世界、物理世界与数字世界无缝衔接。

共享金融的共享机制

共享金融通过实现居民和企业等个体金融参与者之间、金融机构之间，以及金融机构与个体金融参与者之间三个层面金融资源的共享，能够扩大金融服务的覆盖面，尤其是满足中小企业、个人创业等零碎资金的需求。下面以众筹为例，从理论上阐释共享金融的共享机制。

假设互联网众筹融资平台上有 N 个筹资者，第 i 个筹资者项目启动，扣除各种成本，以及发起者的恰当利润后，可获得的收益率 r_i 是个随机分布，其密度函数为 $f_i(r_i)$ 。与此同时，在互联网众筹平台上还有 M 个投资者，他们的风险偏好是异质性的，当第 j 个投资者投资于第 i 个项目时，其效用函数为：

$$U_j = U_j'(r_i x_{ji}) + R \tag{2.1}$$

其中，x_{ji} 为投资于第 i 个项目的金额，R 为投资者将资金用于其他领域时获得的效用，这里假设投资者的总收入是 I ，为简化分析，可假设货币在其他领域的边际效用为 1，同时假设每个投资者只对一个项目投资，那么：

$$x_{ji} + R = I \tag{2.2}$$

在这一约束下，投资者的效用函数可改写为：

$$U_j = u_j(r_i x_{ji}) + I - x_{ji} \tag{2.3}$$

理性的投资者将选择一个最优的 x_i ，使其期望效用达到最大，即：

$$\max_{x_i} \int_0^{+\infty} [u_j(r_i x_{ji}) + I - x_{ji}] f_i(r_i)\ dr_i \tag{2.4}$$

其一阶条件为：

$$\int_0^{+\infty} u_j'(r_i x_{ji}) r_i f_i(r_i)\ dr_i - 1 = 0 \tag{2.5}$$

可令满足（2.5）式的 x_{ji} 为：

$$x_{ji} = F[u_j(\cdot), f_i(\cdot)] \tag{2.6}$$

即第 j 个投资者对第 i 个项目的投资额取决于其风险偏好函数 $u_j(\cdot)$ 和

该项目本身的风险分布函数 $f_i(\cdot)$ ，也就是说，在互联网众筹条件下，对于任一风险分布的项目，某一特定的投资者在理论上都有一个最优的投资水平与之相对应，这就是互联网众筹融资的风险匹配机制。与传统的风险中性银行融资相比，其只对满足特定条件的项目融资，即：

$$E(r_i) = \int_0^{+\infty} r_i f(r_i)\ dr_i \geqslant r_0 \tag{2.7}$$

只有其期望收益达到一定水平的项目才能获得银行融资，互联网众筹可以大大拓展融资空间。当然并不是每个筹资者最终都能获得融资，根据众筹融资的规则，在给定的时间内，只有当融资额 T 达到或超过筹资者的要求时 T_0 ，才能成功获得资金，即：

$$T \geqslant T_0 \tag{2.8}$$

第 j 个投资者如果对第 i 个项目进行投资，那么他会按照（2.6）式进行最优规模的投资，但他是否投资具有不确定性，这里假设其概率为 $P_{ji}(N, \mathrm{inf}_i, \mathrm{Pre}_{ji}, \cdots)$ ，这一概率与筹资者的数量 N 负相关，与筹资者的信号传递能力和强度 inf_i 正相关，与投资者对该类项目的偏好程度 Pre_{ji} 正相关，以及其他一些因素，由此可知，筹资者 i 能筹到资金的期望值为：

$$E(T_i) = \sum_{j=1}^{M} [P_{ji}(N, \mathrm{inf}_i, \mathrm{Pre}_{ji}, \cdots) F(u_j(\cdot), f_i(\cdot))] \tag{2.9}$$

其筹集到资金的期望值不仅取决于单个投资者的最优投资水平和投资的概率水平，同时这个市场的投资者数量也对筹资水平有巨大的影响，当市场厚度增加时，可以显著地提高筹资水平。

众筹通过风险匹配扩展融资空间的共享机制，也可以用几何图形来表示，图 2.1 是特定偏好的金融机构融资时所能够覆盖的需求。图中每个不规则的星号都代表一定特质的资金需求方，包括规模、风险等特质，对于特定的金融机构，其总有一个风险偏好，只能覆盖少部分的资金需求，即使对整个市场而言，金融机构较多，有一定的互补性，但面对千差万别的市场需求，还是显得不足。

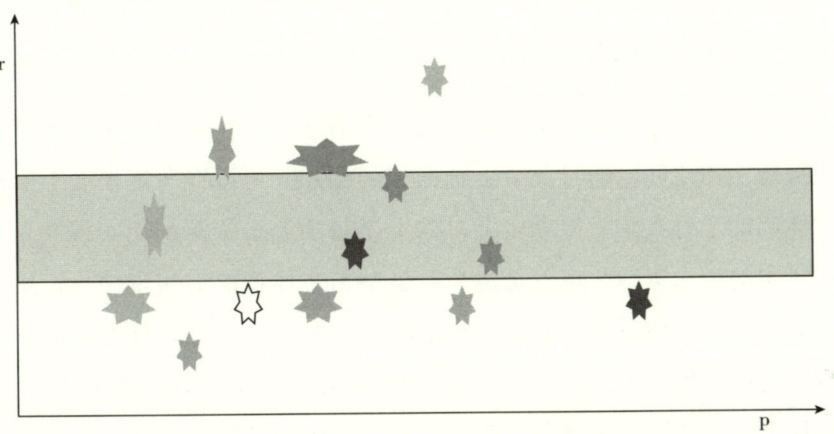

图 2.1　特定偏好金融机构的融资模式

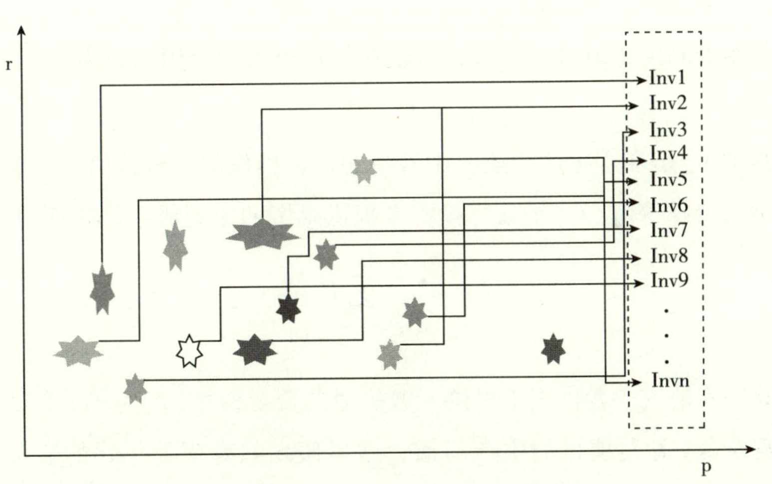

图 2.2　众筹融资模式

图 2.2 是众筹模式下能覆盖的市场需求，众筹可以直接将资金的需求者和供给者连接起来，匹配资金供给者与需求者的偏好，与有限金融机构的偏好相比，众筹投资者的偏好要多得多，因此能够实现更好的匹配，并且随着众筹平台规模的扩大，这种匹配优度会呈几何级数加速上升。

共享金融的共享度分析

资金、信息、渠道等金融资源分散在各个居民、企业、金融机构、国家机关等主体之间，通过共享金融框架的构建，可以在一定程度上实现各个主体间的金融共享。但事实上，并不是每项金融资源都能实现共享；对某一特定的金融资源，也不是每个金融参与主体都能够实现共享；更进一步，某些特定主体试图去共享一些金融资源时，也不是百分之百能够成功实现。这些现象反映的就是共享金融的贡献度问题，即金融共享的程度。从整体上讲是指所有金融资源在金融参与主体间的共享程度，从微观上讲是指某项金融资源实现共享的概率。下面以互联网众筹为例，从微观上分析共享金融的共享度问题。

借鉴 Hardy（2013）模型，假设众筹投资者的效用函数为：

$$U_C = V_G + V_I - C_C \tag{2.10}$$

其中 V_G 是众筹生产企业使用筹集的资金提供的一般价值，V_I 是众筹企业提供的特殊价值，C_C 是众筹投资者提供融资的主观成本。并且，

$$V_G = \delta \frac{\sum_{i=1}^{N} P_i}{T} v_0 \tag{2.11}$$

其中 δ 是生产者将用于提供一般价值的资金份额，P_i 是第 i 个投资者提供的资金额，T 是项目的生产门槛，这里假设只有当筹集到的资金高于 T 时，项目才能启动，否则，若在规定的时间内，生产者没有募集到足够的资金，则生产不能进行，并且须将已募集的资金退还给投资者，v_0 为生产者提供产品或服务的基础价值。为简化分析，这里假设生产者为投资者提供的特殊价值为：

$$V_{IC} = \delta P_C \tag{2.12}$$

V_{IC} 可以理解为生产者为第 i 个投资者提供的个性化增值服务，用第 i 个投资者投资额的 δ 份额来提供，所以称之为特殊价值。投资者的主观成

本函数为：

$$C_C = P_C \cdot \frac{P_C}{M_C} \tag{2.13}$$

M_C 是投资者在购买该产品和参与众筹项目之间无差异的价格水平，当 $P_C > M_C$ 时，投资者会感觉参与众筹的收入过多，其主观成本会高于实际支出，反之，当 $P_C < M_C$ 时，投资者会感觉投资比较少，主观成本低于实际支出。综合上面四个式子，当众筹项目获得启动时，投资者的效用函数为：

$$U_C = \delta \frac{\sum_{i=1}^{N} P_i}{T} v_0 + \delta P_C - P_C \cdot \frac{P_C}{M_C} \tag{2.14}$$

生产者的利润函数为：

$$\pi = \sum_{i=1}^{N} P_i - \delta \sum_{i=1}^{N} P_i - \sum_{i=1}^{N} \delta P_i \tag{2.15}$$

只有当生产者募集到的资金超过 T 时，生产才会进行，给定生产者的生产设计计划 δ，假设生产者能够吸引来的投资者的数目 N 服从 0 到 δM 的均匀分布，则：

$$P(N \leqslant n = \frac{n}{\delta M}) \tag{2.16}$$

其中 M 为互联网融资平台上的投资者总量，由（2.16）式可知，随着 δ 的增加，该筹资者对投资者的吸引力在增加。同时，该筹资者吸引到的投资者数量的期望值为：

$$E(N) = \frac{\delta M}{2} \tag{2.17}$$

为简化分析，假设投资者是同质的，则均衡时，每个投资者的出资额是相等的，那么项目启动的条件为：

$$NP_C \geqslant T \tag{2.18}$$

那么，项目能够获得启动的概率为：

$$P(N \geqslant \frac{T}{P_C}) = 1 - \frac{T/P_C}{\delta M} \tag{2.19}$$

那么，投资者能够获得的期望效用为：

$$E(U_C) = (1 - \frac{T/P_C}{\delta M})(\frac{\delta^2 M v_0}{2T}P_C + \delta P_C - P_C \frac{P_C}{M_C}) \tag{2.20}$$

则 $\max\limits_{P_C}[(1 - \frac{T/P_C}{\delta M})(\frac{\delta^2 M v_0}{2T}P_C + \delta P_C - P_C \frac{P_C}{M_C})]$，可得：

$$P_C = \frac{MM_C v_0 \delta^2}{4T} + \frac{M_C \delta}{2} + \frac{T}{2M\delta} \tag{2.21}$$

（2.15）式和（2.17）式联立，可得企业的期望利润为：

$$E(\pi) = \frac{\delta M}{2}P_C(1 - 2\delta) \tag{2.22}$$

将（2.21）式代入（2.22）式，可得，

$$E(\pi) = \frac{\delta M}{2}(\frac{MM_C v_0 \delta^2}{4T} + \frac{M_C \delta}{2} + \frac{T}{2M\delta})(1 - 2\delta) \tag{2.23}$$

$\max\limits_{\delta}[E(\pi)]$，可得其一阶条件为：

$$8MM_C v_0 \delta^3 + (12M_C T - 3MM_C v_0)\delta^2 - 4M_C T\delta + \frac{4T}{M} = 0 \tag{2.24}$$

由（2.24）式可以得到均衡时筹资者的众筹设计方案 $\delta*$，可知：

$$\delta* = f(M, M_C, T, v_0) \tag{2.25}$$

从而将 $\delta*$ 代入（2.21）式子可得均衡时投资者的最优投资额为：

$$P_C* = g(M, M_C, T, v_0) \tag{2.26}$$

将（2.26）式代入（2.19）式，可得，均衡时筹资者成功筹资的概率为：

$$P* = h(M, M_C, T, v_0) \tag{2.27}$$

由于（2.25）、（2.26）、（2.27）函数关系比较复杂，故具体的参数分析可以借助计算机进行模拟。这里可以简单分析金融共享度指标 $P*$ 的变化情况，从（2.27）可以看出与 $P*$ 相关的变量有四个：融资平台上的投资者人数（M）、投资者对该商品的主观价值评估（M_C）、项目启动所需的临界资本水平（T）、该产品的基础价值（v_0）。

由以上分析可知：第一，共享金融的共享度与 M 正相关，即随着网络

平台上的投资者人数的增加，项目成功筹资的概率会提高，因为对于一个特定的项目，其启动的门槛资本是固定的，当平台上投资者密度增加时，对该项目感兴趣的人数也会增加，那么其吸引到的筹资者自然也会增加；第二，金融共享度 $P*$ 与投资者对项目的主观估值 M_C 正相关，随着 M_C 的上升，该产品给投资者带来的主观价值升高，那么投资者愿意出资的数量就会增加，那么筹资超过项目启动的临界资本的概率就会上升；第三，金融共享度 $P*$ 与项目启动的临界资本水平负相关，即小项目更容易启动；第四，金融共享度 $P*$ 与产品的基础价值正相关，较高的基础价值意味着该产品能够给投资者带来更高的效用，那么就能吸引到更多的投资者，单个投资者的投资额也会上升，从而提高筹资的成功率。

第三章　共享金融的技术与制度①

共享经济时代的金融挑战

当前，从分享经济到共享经济的整体转换，还面临一系列困难与挑战。然而不可否认的是，共享经济时代的来临已经不可阻挡，这源自于经济社会运行效率提升、市场经济伦理问题日渐突出的双重压力和动力。

就我国来看，与共享经济的发展相对应，共享金融的创新源泉，归根结底在于为了更好地应对宏观和微观两个层面的矛盾与挑战。其发展思路，既包括有效支持共享型经济发展的新金融模式，也包括金融自身的可持续、均衡、多方共赢式发展。

首先，从宏观层面来看，有六大因素导致了共享金融的迫切性不断提升。一是我国当前面临“新常态”的发展格局，经济增长的长期问题与周期波动的短期问题纠缠在一起，调整产能过剩的压力与有效供给不足的问题并存，相应来看金融资源的供求也出现结构性失衡，即在金融业和金融运行规模不断扩大的背景下，某些领域的金融供给过剩，某些领域的金融需求却难以得到满足。由此，共享金融对于解决这些经济资源与金融资源

---

① 本文作者为：杨涛，中国社会科学院金融研究所所长助理、产业金融研究基地主任、支付清算研究中心主任。

的“错配”难题，提供了一条重要途径。二是虽然仍然面临一些困难和障碍，但是人民币国际化和金融国际化已经“箭在弦上”，这就使得原来国内相对封闭环境下的金融资源配置面临更多外部挑战，同时也带来跨境金融优化的现实机遇，通过运用共享金融的创新模式，可以给跨境的资金融通、财富管理等带来全新的天地。三是近年来主流金融体系发展快速，但与此同时经济中的许多问题却“积重难返”，这使得其配置资源的能力受到质疑。伴随主流金融机构的“脱媒”趋势，更加体现“人人”特点的体制外金融模式“崭露头角”，共享金融正是联系这些“新金融”的核心主线。四是与经济发展中的不平等性相似，迄今为止的金融创新在应对收入不平等方面乏善可陈，甚至带来许多不利于中低阶层的财富再分配，例如长期大起大落的股市。对此，如何真正使得企业部门和居民部门中的“弱势群体”享受更加合理的金融服务，得到自身应有的金融权利，成为共享金融的重要突破点。五是城镇化带来的人口集聚、人口老龄化引起剩余金融资源的积累、金融市场化的不断推进，都有可能拓展金融活动的边界，打破原来无所不在的金融垄断，重构金融交易的价格形成机制，使得共享金融服务的可行性进一步提升。六是新经济时代逐渐体现为“创客”时代，大规模、集中性的产业集聚模式和企业扩张模式，不再成为必然的趋势，同时大量涌现“小而美”的产业与企业形态，相应的劳动力就业结构也在时间、空间上发生转变，作为“经济人和社会人”的功能和职责也不再是“一个萝卜一个坑”，这些都使得分散化、及时性、智能化、合作共赢的共享金融服务变得更加必要。

其次，就微观层面看，共享金融的基础也有六个方面因素。一是令人眼花缭乱的金融创新在提升金融效率的同时，也使得金融交易变得更加复杂，在许多情况下距离普通人越来越远，逐渐成为少数金融“精英”的游戏，也带来金融脱离实体的困境。由此，共享金融的重要着力点，也是促使金融活动“走下神坛”，回归“草根”和公开透明，使公众直接感受对金融的参与互助受益过程。二是使得金融消费者从被动变为主导，能够参与到金融交易决策之中，这也是共享金融的着力点。换句话说，也是如何使得金融发展与创新从“厂商时代”的“供给决定需求”，转向“消费者时代”的“需求导向”，从而使得金融产品及服务实现“标准化”与“定制化”的平衡，真正使公众能够主动分享现代金融发展的成就。三是共享金融通过对技术的充分运用，能够进一步打破金融供给与需求之间的“薄膜”，使得金融产品和服务更加便利和智能化，充分贴近和融入产业链、生活链中的节点，使得金融成为“身边触手可及”的服务。同时可共享的金融资源价值不仅包括资金，而且涵盖了更广泛的功能与要素，从而成为每个主体都可选择更加自由、低门槛和安全进入的“金融服务便利店”。四是共享经济的发展最终要落在商业模式建设上，从而实现商业可持续与经济社会可持续的有效结合。共享金融同样须做到这一点，其机制和模式建设就成为核心问题。对于金融产品和服务的交易和分配来说，需要充分探索依托不同平台的模式、平台之间的开放式协调、完全去平台的分散化模式等，从而最终实现金融的商业和普惠目标的共存。五是在金融资本追求超额利润的“贪婪”之下，许多金融创新也在侵蚀着自己得以生存和发展的经济社会基础，因此才需要各种“好的金融”来体现市场经济伦理，为美好社会的实现进行“弥补”和“调节”。对此，共享金融的精神动力与理念，正是为了深刻改变“丛林法则”支配下的金融竞争原则。六是新技术的快速发展，实际上降低了金融活动的搜寻成本和交易费用，提升了金融匹配效率，并且带来正的外部性和网络效应，因此使得金融活动能够进一步嵌入到经济社会的角落里，这种网络社会下的信息沟通与传递，就成为完成共享金融活动的技术基础。

共享金融背后的技术与制度动力

变革的技术与金融

从金融角度来说，互联网金融的热潮已经连续几年冲击着人们的理念和现有金融体系，在“互联网 +”的视角下，同样开始面临新的机遇和挑战。作为起点，我们需要对概念本身进行辨析。无论是互联网金融、金融互联网、互联网金融对传统金融的冲击或替代，种种说法背后，似乎逐渐呈现出“伪命题”的迹象。当提到这些概念时，我们脑海中想象的真实内涵，其实是互联网信息技术对金融体系的冲击和影响，这里没有“新金融”和“传统金融”，只有在技术影响下不断变化的金融。

进一步来看，所谓的互联网信息技术，大概可以用 ICT 来更加准确地描述。ICT 即信息、通信和技术（Information，Communication，Technology）的英文简称。21 世纪初，八国集团在冲绳发表的《全球信息社会冲绳宪章》中认为：“信息通信技术是 21 世纪社会发展的最强有力动力之一，并将迅速成为世界经济增长的重要动力。”当然，各界对 ICT 的理解并不统一，通常的理解是 ICT 不仅可提供基于宽带、高速通信网的多种业务，也不仅是信息的传递和共享，而且是一种通用的智能工具。

无论如何，作为当前时代的前沿技术范式，不管在硬件还是软件层面，ICT 对于金融运行、金融活动的影响是毋庸置疑的，我们姑且用“互联网金融”来描述这一变革。但是把历史视线向前和向后追溯，可能会看到技术变革线索下的、更加长远的金融蓝图。例如，在 19 世纪上半期，股票交易信号的传递，是由经纪人信号站的工作人员通过望远镜观察信号灯，了解股票价格等重要信息，然后将信息从一个信号站传到另一个信号站，信息从费城传到纽约只需 10 分钟，远比马车快，这一改变曾掀起了一轮小小的“炒股”热。直到 1867 年，美国电报公司将第一部股票行情自动收报机与纽约交易所连接，其便捷与连续性深刻地激发了大众对股票的兴趣。1869 年，纽约证券交易所实现与伦敦证券交易所的电缆连接，使交易所行情迅速传到欧洲大陆，纽约的资本交易中心地位进一步凸显。由此来看，这一时期，最令人振奋的技术对于金融的冲击，或许可以称之为“电报金融”。再如，2015 年 1 月，谷歌总裁埃里克·施密特（Eric Schmidt）在瑞士达沃斯世界经济论坛上称“互联网将消失”，其含义是互联网将会与我们的生活无缝衔接，成为无处不在的“物联网”，这里面或许同样隐含着对现有技术的重大突破，直到其改变未来的金融活动与金融功能，或许人们会用更加新奇的技术概念来描述对金融的冲击。

更具有科幻视角的是，当未来技术获得极大变革和突破，以至于从根本上改变人类社会的组织形式、管理模式、信息传递、资源配置时，甚至达到一种在理想模型中才存在的、稳定有序的、最优的宏观均衡时，货币与金融的存在可能便没有了意义，到此阶段，技术才在真正意义上“颠覆”和“消灭”了金融。

可以说，把焦点放到包括互联网金融在内的一系列令人眼花缭乱的概念上面，其意义并不大。当我们谈到这些仿佛带有“魔力”的新范畴时，无论基于感性还是理性的认识，都应当更聚焦于每个时代的“新技术”对于金融要素（金融机构、金融产品、金融市场、金融制度、金融文化）、金融功能（货币、资金融通与资源配置、支付清算、风险管理、信息提供、激励约束等）带来的“变与不变”。

金融技术与制度演变的理论基础

如果要进行理论追溯的话，关于技术对经济和金融的创新贡献，其理论起点可以从约瑟夫·熊彼特（Joseph Alois Schumpeter）的创新视角展开。他提到“大规模、集群式的科技创新对经济发展和市场运行有着根本性影响。技术创新周期持续影响着社会经济周期和金融结构的变迁。故而唯有充分把握重大科学技术变革及其产业化的基本方向和态势，方可准确解释实体经济以及为其服务的金融体系的种种基本格局性的变化。”技术对于经济金融影响的本源，始终体现在“创新”二字之上。

作为当前时代的伟大技术，互联网信息技术本身的创新特征包括：共享性、多元性、互动性、即时性。这些特点落到经济层面，已经开始带来深刻的变革。如宏观经济层面：改变了搜寻成本、匹配效应、交易成本、外部性和网络效应；微观经济层面：改变了微观主体的信息管理、激励约束机制、技术进步和治理环境、企业组织的边界；制度经济学层面：在信息高速流动和传播的时代，传统的各类制度规则都遭遇了挑战；伦理经济学层面：原本难以解决市场经济伦理矛盾，在新技术条件下的可行性在上升。

当前互联网信息技术对经济运行的影响，进一步映射到金融层面，我们则看到了：多样性（新型机构、新型业务、新型方法）；草根化（直接面对大众需求、低进入成本）；“小即是美”（小而专业的金融机构）；行业融合（实体经济对金融领域的进入）；挑战权威（非标准的行业规则、电子货币）等。与之相应的理论解释如：市场集中度降低、去中介化、实体经济企业与金融机构的一体化、双边交易平台的竞争、货币替代等。

可以说，从理论和方法的不同层面上，互联网信息技术已经潜移默化地影响着现代货币经济学和金融经济学这两大学科体系。举例来看，如下几个研究领域就体现出令人兴奋的探索前景。

现实理论冲击一：新货币经济学研究范式

所谓哈恩难题，是英国经济学家哈恩（F. H. Hahn）在1965年提出的问题，即为什么没有内在价值的纸币与商品和劳务相交换的过程中会具有正的价值？从20世纪60年代开始，经济学家们开始对货币理论缺乏有效的微观基础而感到不满，并且提出了许多理论来试图解决。其中，“新货币经济学”是由美国经济学家罗伯特·霍尔（Robert Hall）在20世纪80年代提出的概念，用来描述一种经济分析方法，该方法最初是由费希尔·布莱克（Fischer Black，1970）、尤金·法马（Eugene Fama，1980）及罗伯特·霍尔本人（1982）在其各自的论述中用来解决关于货币经济学的一些基本问题。

新货币经济学作为一种经济分析方法，是在既有货币理论面临巨大挑战的背景下提出来的。主要是电子货币产生和快速发展之后，缺乏理论基础的有效支持，并且主流经济学家沿着传统理论研究路径不断探索。即，如果货币最终消失，或法定纸币不再是唯一的交易媒介，并且最终被产生货币收益的由私人部门发行的金融资产所取代，或者货币全面电子化，那么我们将如何描述一个没有传统货币假设前提的货币经济学？这正是新货币经济学带来的悖论与难题。

尤其值得关注的是在货币政策层面的冲击。在电子货币日新月异的今天，其形式也不断演化，甚至出现了脱离央行控制的网络货币形态。在新技术的冲击下，货币概念、范畴、转移机制都在发生变化。其中，大额与小额、银行与非银行、央行控制与非央行控制，构成了不同形态的货币及货币转移带来的深刻政策影响，这体现在对货币数量、价格、货币流通速度、货币乘数，以及存款准备金等制度的冲击。如 BIS（国际清算银行）早在 1996 年就开展了一系列研究，并认为电子货币可能会影响到中央银行的货币政策，如影响央行控制的利率和主要市场利率的联系。BIS（2004）的调查发现，虽然在一段时间内预计电子货币不会对货币政策产生重大影响，但调查中的中央银行都开始密切关注电子货币的发展。BIS（2012）认为非银行机构发行的电子货币对中央银行的货币控制有一定影响，如影响短期利率水平等变量，但央行可以运用多种方式来保持电子货币与央行货币的紧密联系，从而控制短期利率水平。

现实理论冲击二：引入货币信用的宏观分析

哥特勒（Gertler，1988）指出，宏观经济理论通常隐含地假设金融体系顺利地运作，以至于可以忽略不计。在总体上忽视信用和金融系统的大背景下，也有少数文献主张信用或者金融体系（银行）十分重要，但将二者在主流宏观理论模型中结合在一起，是 2008 年金融危机之后的事情（瞿强、王磊）。由此，当前宏观经济学分析的一个重要前沿领域，就是结合信息时代的来临，如何基于新的技术路径、在宏观分析模型中引入货币和信用。例如，20 世纪后期出现的真实经济周期理论认为，造成经济波动的最根本的原因是真实冲击（real shocks）的扰动，包括技术进步的速度、制度变化、天气等。虽然这些因素可以解释相当部分的经济波动，但是忽略了金融系统的重要作用。那么，在互联网信息技术快速发展的当前，是否会对熨平周期波动带来新的更复杂影响？是否会使金融系统带来新的周期扰动？这些都给我们提出了新的思路和命题。

此外，在宏观分析中如何充分考虑和预测金融危机，也是当前的重要挑战。一方面，互联网信息技术有助于解决这一矛盾，如在动态随机一般均衡模型这一主流分析工具中进一步引入复杂系统仿真、复杂系统与网络结构等；另一方面，互联网信息技术同样能产生新的风险与危机动因，给金融监管带来新的挑战，如股市的高频交易、场外衍生品市场的风险快速传染等。

现实理论冲击三：金融功能的融合

按照传统金融功能理论，金融体系的基本功能是互补的关系，同时不同金融子行业之前虽然出现融合倾向，但并未出现大规模混业的趋势。但是互联网信息技术在潜移默化地改变着这一格局。新技术使得金融业务的平台化融合成为可能。一方面，互联网加速了混业经营时代的降临。随着将来我国金融业综合经营程度不断提高，有的机构会越来越专业化，有的可能会转向金融控股或银行控股集团。互联网信息和金融技术飞速发展，一是促进了以支付清算为代表的金融基础设施的一体化融合，二是使得网络金融活动同时深刻影响银行业、证券业、保险业等传统业态，并且给其带来类似的风险和挑战，使得涵盖不同金融业态的大金融服务平台在制度和技术上逐渐显现。另一方面，伴随着各类金融企业和非金融企业以数据、信息和渠道为基础的深度融合，融资、投资、支付清算、风险管理、信息提供等不同的金融功能与需求，也逐渐能够融合在一起。从客户角度来看，则是各种各样的、大型或移动版的“金融与消费服务超市型”综合平台。所有这些扑面而来的变化，都使得人们难以忽视金融功能的理论与实证研究。

现实理论冲击四：行为金融学的深化

传统金融理论认为，人们的决策是建立在理性预期、风险回避、效用最大化以及相机抉择等假设基础之上的。而随着行为金融学的兴起，传统微观金融理论的有效市场假说基础遭遇挑战。行为金融学是金融学、心理学、行为学、社会学等学科相交叉的边缘学科，力图揭示金融市场的非理性行为和决策规律。长期以来，关于行为金融的一个普遍性批评，就是缺乏合乎经济学研究范式的模型和实证体系。造成这一困境的原因之一，就是在技术缺乏有效支撑的前提下，无法对市场主体进行更加细致的信息搜集和实证检验。随着信息化和大数据时代的到来，这一约束已在改变。例如，许多对冲基金开始从 Twitter（推特）、Facebook（脸书）、聊天室和博客等社交媒体中提取市场情绪信息，开发交易算法。例如一旦从中发现有自然灾害或恐怖袭击等意外信息公布，便立即抛出订单。再如，无论是高频交易还是量化投资的盛行，都体现出行为金融学理论在资本市场实践中的应用。

现实理论冲击五：金融发展理论的演变

随着国际经济格局和发展中国家增长模式的日趋复杂，20 世纪中后期以麦金农（Mckinnon）、肖（Show）和戈德史密斯（Goldsmith）等为代表的早期金融发展理论，逐渐在研究方法和现实考察等方面都体现出“滞后性”，无法更好地解释和指导新的问题和变化。此后，逐渐出现了几个方面的演变。其一，在金融发展和经济增长的关系上，20 世纪 90 年代金融发展理论家批判地继承并发展了麦金农和肖等人的观点，在内生增长理论的框架下，抛开完全竞争的假设，在模型中引入诸如不确定性、不对称信息和监督成本之类的因素，这些都与互联网信息技术的演变密不可分。其二，许多学者开始从新制度经济学和政治经济学角度来看待金融发展，这些都是传统技术范畴所难以解释的变量。其三，计量验证的兴起也对论证和检查金融发展理论的结论和政策主张，提供了更加丰富的土壤。所有这些，从技术和制度两个层面上，都可以看到互联网信息技术的引入和影响。在信息时代，对于发展中国家的金融适度性、金融深化与金融抑制的概念摒弃或重新应用、发展中与发达国家的金融竞争与合作等，都提出了诸多具有挑战性的研究难题和可能性。

现实理论冲击六：金融伦理与普惠金融

进入21世纪，市场经济伦理和金融伦理也受到越来越多的关注。如森《伦理学与经济学》（Amartya Sen，2001），博特赖特《金融伦理学》（J. R. Boatright，2002），齐格蒙特·鲍曼《后现代伦理学》（Zygmunt Bauman，2003），阿兰·斯密德《制度与行为经济学》（Allan A. Schmid，2004）等。这些学者从不同角度研究了金融伦理问题，直到2005年普惠金融体系（Inclusive Finance System）的兴起，开始提出了金融运行中一直得不到重视的问题，即如何在金融活动中充分体现道德伦理价值。

以普惠金融在中国为代表的新兴经济体，被赋予了更加复杂而含混的表述，其核心矛盾问题在于：解决特定对象的资金需求还是其他金融需求？解决资金价格还是资金可得性？优先服务资金需求者还是资金供给者？依靠技术还是制度因素为主？可以看到，从金融服务的信用判断、风险控制、成本与渠道约束等方面，互联网信息技术都带来了新的思路和解决方案，既有长期的技术影响，也有短期的制度优化。

现实中的局限性与多重挑战

虽然从理论层面看，对互联网信息技术给金融带来的影响还缺乏深入的基础性分析，但是从实践来看，它已经在深刻地改变着每个人的生活，因此更容易形成感性的直观认识。这里需要强调的是，与发达市场经济国家不同的是，我国的金融是在短期内自上而下、经过“顶层设计”而形成的，不是经历长期的、从民间和草根、实体部门而逐渐自下而上发展起来的，因此互联网金融在我国的一个重要价值，就是把“高高在上”的金融“高富帅”拉下神坛。但是与此同时，也要避免创造新的金融神话，包括在技术或制度层面。

首先需要回答的是，基于互联网的某些新型金融模式一定会取得成功吗？以互联网信息技术发展最快的美国为例，到2012年底，其网络直销银行的存款总额达到4430亿美元①，虽然增速令人瞩目，但是在美国银行业存款大约10.2万亿美元②的总额中，其占据份额仍然有限。同时，据美国FDIC（联邦存款保险公司）的统计表明，实际上近年来大银行业务网点并没有减少，相反在城市中心还有所增加。由此，一方面，银行业对互联网的重视毋庸置疑；另一方面，许多人认定的、对银行物理机构的网络化替代，似乎在技术最快发展的过去20年里也并未出现，原因是什么？也有人认为，网络银行在中国面临的特点完全不同，因为我们的金融结构有缺陷，存在难以满足的巨大金融需求。但是，这恰恰说明，如果某些互联网金融形态在我国更加繁荣，或许是因为短期制度因素而非技术因素，这种变革的持续性究竟如何呢？所有这些问题，都是为了打破“非此即彼”的逻辑和简单的“拿来主义”，需要深究金融变革与演进的真正情况与内在逻辑。

其次，在技术引发的金融变革之中，传统的势力也是非常强大的。例如，移动支付是当前最具挑战性的金融技术前沿领域，也是被认为能够对传统金融模式给予颠覆式影响的重要渠道。然而，诸多研究表明，在全球移动支付扩张的盛宴中，银行仍然牢固占据着主要份额，然后是传统的电信运营商，还有依托电商平台的支付企业，最后才是单一的支付机构。再如，当我们被Lending Club（美国一家网络借贷平台）的上市所鼓舞时，很多人没有注意到，它可能距离P2P的精神越来越远，逐渐成为大机构和大投资者的舞台；也没有人注意到，Lending Club的业务创新实际上依托于与犹他州特许银行WebBank的合作，也难以摆脱银行中介的渠道化烙印。同时，前段时间其股价大跌，因为其2014财年亏损3290万美元。之所以出现这一状况，主要是因为随着营业收入翻番到2.13亿美元，其营销和产品开发成本远超贷款费用。

由此看来，互联网金融如何能够真正打破“大而丑”的传统金融势

---

① 刘智国，魏劭琨．互联网金融背景下的直销银行发展现状［J］．银行家，2014（10）．

② 数据引自美国联邦存款保险公司（FDIC）。

力，迫使大金融机构更加重视提供“物美价廉”的金融产品与服务，避免陷入无休止的暴利追求之中，是给我们提出的重大历史命题。与此同时，当业务规模超过“小而美”时，现有的许多互联网金融模式能否迎来蓬勃的商业扩张性也值得我们深思。

讨论这些问题，并非意味着对互联网金融的悲观主义，而是希望更加理性地看待技术带来的金融变革，避免陷入新的投机、泡沫或狂热。因为，符合大势所趋，并不意味着当下一定正确。同时，无论是传统机构还是新兴组织，都面临新技术的快速变革，短期内新兴组织“船小好掉头”，大机构更加“笨重难转身”，但在中长期的“赛跑”中，二者最终都会在面对挑战中获得其合理的功能定位。在技术变革导致金融混业常态化、机构组织边界模糊化的情况下，我们应该更加关注金融功能、业务和产品的变化。

从金融功能的角度来看，至于互联网信息技术对于金融更加深刻的冲击，我们认为还是在金融基础设施领域，如信息提供、支付清算等，尤其是基于大数据的信用信息管理，对于优化金融产品定价和提高金融交易的匹配效率，都具有不可替代的重要意义。此外，对于资金和资源配置、风险管理等领域的挑战，还远没有呈现出颠覆性特征。就资金和资源配置本身来说，互联网信息技术对直接金融市场的影响，也远大于对间接金融体系的冲击，并开始改变资本市场结构、定价机制、交易行为等。

当然，中国所面临的环境与美国并不相同，新技术带来的金融业变革与金融市场化所带来的影响混杂在一起，使人难以看清其本质。但不管怎样，衡量金融变革是否成功的标准，包括能否真正改变结构性金融供求失衡和期限错配；强化对弱势部门和主体的金融支持；有效改善金融基础设施和信用环境；打破刚性兑付前提下的加强金融消费者保护；市场竞争性提升与风险有效控制等。在此原则基础上，需要对技术所引起的金融效率、成本、风控的变化，与具有弥补市场缺损和制度套利型的创新区分开来，以此确定分别基于长期或短期视角的应对策略与监管思路。

值得一提的是，许多所谓互联网金融创新的价值，都建立在“金融有益社会”这一命题上。与诺奖得主罗伯特·希勒（Robert J. Shiller）所希望的以金融民主化来打造美好社会有所不同，美国金融年会（AFA）主席路易吉·津加莱斯（Luigi Zingales）在2015年初的就职演说中，提出了值得思考的另一面，即在主流经济学对该命题给予肯定的同时，社会公众是否会给出不同答案，以及在实证研究中或许会犯经验主义、先验主义的错误。之所以讨论这个，是因为期望从不同视角来分析各种似乎确定无疑的命题，而非陷入简单的比较借鉴或固定思维，这也符合互联网信息时代带来的开放性、多元化特质。具有讽刺意味的是，基于中国视角，这或许可以提示我们，金融的重要性可能并没有人们所想象得那样光鲜炫目。一方面，我们不能忘记金融所依托的实体部门本身，而陷入全民“搞金融”的热潮；另一方面，中国经济社会发展的很多矛盾，根源不在于金融自身，而是财税体制、收入分配、政府与市场关系等老生常谈的问题，缺少了这些制度性的“水利设施”，“金融之水”的灌溉也无法真正达到顺畅。

从互联网金融到共享金融

如前所述，可以说，无论从技术还是制度来看，互联网金融体现出的都是共享金融的核心理念。时光向前追溯，早期促使金融得以变革的技术与互联网无关，可能是电报、电话等，而源自草根的金融萌芽却一直带有互助共享的色彩，直到被大资本的贪婪所淹没；未来的物联网可能替代当前的互联网形态，主流的信息技术也可能发生难以想象的演变，但是金融的发展目标，仍然是如何进一步在金融运行中体现出个性与民主，遏制金融巨鳄的“丑恶”与金融面纱的“虚妄”，在决策共举、各方共赢、利益共分、机制共建、风险共担、事业共助的基础之上，构建真正有利于美好社会的“好金融”。由此来看，即便互联网金融一词终将消逝在历史长河之中，共享金融的生命力也能够伴随金融理性、道德、自律的成长而延续下去。

与当前“如日中天”的互联网金融相比，共享金融更体现了长期、深层的金融模式与功能变革。短期来看，互联网信息技术冲击下的金融运行，其真正的价值所在正是共享金融的突破；长远来看，无论技术自身怎样变革，金融的最终意义都在于摆脱自我服务的“毁灭之路”，重新回到与实体共享互助的轨道上。

具体而言，就互联网金融的发展来看，最后都可归结为技术与制度两大驱动力和主线。一方面，无论是 IT（信息技术）还是 DT（数据技术）的变革，都在很大程度上改变着金融资源的生产（产品设计与制造）、分配（风险收益的归属与控制）、交换（直接或间接的金融交易）、消费（客户对产品的使用及反馈），虽然也引起了某些新型的潜在风险积累，但在许多方面都带来效率的大幅提升、成本和费用的下降、系统可控性的强化、不确定性的减少。技术变革使得原有金融运行中的“百慕大三角”地带变得不再神秘。例如，在面对小微企业融资这一全球性难题时，可以更好地运用大数据来解决信用融资中的“信息不对称”困局。也可使金融活动的门槛进一步降低，使得每个投资者可以用众筹的方式更容易地体验到大财富管理时代的精彩，并且使相应的风险可控。再如，通过大数据支撑的复杂算法，Uber 等新型租车模式能够更好地对相关服务进行定价，使得交易价格能够充分反映服务供给增加所带来的成本下降，从而达到新的市场均衡，也使平台各方都有所受益。有鉴于此，大数据和新技术完全可能对金融资源的定价带来冲击，通过更加准确地挖掘金融产品或服务中的潜在风险，使得风险补偿与定价变得更易具有个性化特征，金融资源价格也能够更贴近于其内在价值而减少波动幅度。应该说，所有这些遵循“摩尔定律”或建立在“开放式脑洞”基础上的新技术，将从根本上改变制约金融活动的信息不对称、相关不确定性及监管成本问题，使个体信息在金融交易定价中的作用逐渐提升，可以更好地展现个体话语权，使越来越脱离实体的“供给创造需求”式的单向金融服务，逐渐转化为公开规则与信用约束下的供求双向、多维金融互动，实现共赢、共助的共享金融目标。

另一方面，在各国的互联网金融发展中，无论采用的概念如何，其价值除了关系到对金融交易自身的影响之外，更是对可持续协调发展与实现经济金融伦理做出了贡献，这些则属于制度层面的驱动力。例如，美联储在2012年的一份报告中指出，美国消费者中有11%享受不到银行服务（unbanked），另有11%享受的银行服务不足（underbanked），而伴随着智能手机的普及化，这些人群更容易也愿意运用移动设备来享受电子银行或支付服务。我们看到，这就是新技术带来的普惠金融功能的实现，有助于弥补现有金融体系的功能“短板”。再如，现代金融活动或多或少都离不开央行对于信用的最终支撑，这也带来了巨大的监管成本和风险责任归属。而在基于互联网的分布式支付方式挑战下，分布式的货币与金融交易变得更具可行性。例如，当前比特币及其“后继者”开始更加关注货币的支付功能，如同Ripple（瑞波币）等对于分布式清算协议的探索，长远来看有助于推动新兴电子支付效率的提升、交易成本的下降。尤其在小额零售支付领域，将通过促进电子商务与居民消费发展，带来新的经济增长动力。在比特币的背后，区块链技术的价值远大于比特币本身，其能够有效促进智能交易、分布式股权发布和资产转移。如由摩根大通前高管布莉斯·马斯特斯（Blythe Masters）领衔的Digital Asset Holdings公司，正在开发基于区块链系统的证券和资金转移系统；甚至美国纳斯达克集团也希望可以将区块链技术运用到股票市场之中。虽然这些制度变革距离“颠覆”现有货币金融体系还非常遥远，但人们已经开始关注其可能性。美联储在2015年初发布的《美国支付体系提升战略》报告中，就谈到要创造条件，便于金融机构间基于使用通用协议和标准发送和接受支付的公共IP网络直接清算，因为与通过中心辐射状网络结构清算交易相比，金融机构间基于公共IP网络的信息分布式架构有可能降低成本。回到我国，无论是现有金融体系在制度层面仍有许多“跛脚之处”，还是期望在全球竞争中获得金融功能的

"追赶式"超越，都需要有效甄别和关注与技术并行的制度因素，剔除只是披上技术外衣的、金融市场化转轨大潮中的"沙砾"与"泡沫"。

共享金融的梦想与挑战

对于共享金融来说，技术的"突飞猛进"为商业模式创新"插上了翅膀"，制度（包括正式规则和非正式规则）的变迁则创造了良好的金融新生态环境。展望未来，共享金融应该呈现如下五大发展路径。

第一，金融终端的资源与功能共享。从国家资金流量表（金融交易）来看，在非金融企业、金融机构、政府、住户这四大部门中，住户部门是典型的资金净流出，也是金融资源交易链条的起点。在主流金融运行模式下，住户资金只能通过间接融资市场（银行为主）、直接融资市场（股票和债券市场为主）、结构性融资（复合型的证券化产品）等，进入到一国的"金融血管"之中。在此过程中，住户部门往往缺乏有效的话语权，只能作为金融机构"厂商"的"原材料"提供者。在共享金融发展模式下，首先意味着作为金融产业链上游的住户部门，应该在金融产品和服务的提供中发挥更大的作用、拥有更高的地位。因为，住户部门可以借助于互联网技术、开放的平台、众律性的规则，而低门槛直接成为金融资源的供给者，使得金融产业链进一步"前移"，从而对主流金融部门的"谈判权"形成制约。这就意味着对于住户部门来说，实现了与金融部门的责权"共享"。

第二，金融媒介与渠道的共享。互联网的发展带来了一个全新的大平台经济时代，平台的参与主体越多，对于供给、需求、中介各方的利益和价值就越大。平台经济的开放特征与传统金融部门的封闭式发展本来就形成鲜明的对比。平台经济与金融的发展，恰恰反映了共享金融的核心思想。一方面，传统的金融与非金融部门的边界进一步模糊，主流金融机构面临更加明显的"脱媒"，越来越多的主体参与到金融产品与服务的提供中，成为重要的金融资源流转中介。另一方面，越来越多的"金融厂商"转换成"金融平台服务商"，平台经济效应使得"自金融"模式在效率和风控上成为可能。所有这些变化虽然仍处于萌芽阶段，但是对于传统金融中介与新兴金融中介围绕渠道的共享，对于金融供给者、需求者、中介依托合作平台的共享，都创造了令人振奋的发展基础。

第三，金融消费与需求的共享。对于金融消费和需求来说，面临的是日益复杂多样的金融产业链，而新技术和制度变化将有助于其“拨云见日”，更充分地参与到金融运作之中。一则，对于需要金融资源流入来维持的企业部门来说，其中的小微企业是最为“饥渴”的需求者，有限的金融资源支撑着其在就业方面的巨大贡献。共享金融的理念和模式，必须着眼于为其创造可持续的金融“输血”模式。二则，正如我们前面所言，金融资源的流动并非单向，而是双向甚至多向，在众多维度上同时交织在一起。例如，居民也是消费金融的资金需求者，企业可能是资产管理的资金供给者，在此过程中，既需要着力实现不同角色功能的共享与转移，也应促进以共享理念来提升不同定位中的企业和居民对于金融中介的“谈判权”。三则，推动金融创新更加重视需求导向，在技术可行的支持下，实现“流水线”式的标准化“金融快餐”与“口味各异”的“金融风味小吃与大餐”并行发展。

第四，金融风险与监管的共享。一方面，现代金融体系之所以存在许多功能缺失，原因之一就是风险的不可控或弥补的高成本。例如，在小微金融和普惠金融领域，信息的不确定、信用基础的缺乏等加重了金融服务困难，而如果实现不同组织与主体的信息系统交互、风险合理共担，则有助于介入那些传统的金融“空白区”。再如，系统性风险与非系统性风险的边界，其实并没有教科书中那样分明，在“动物精神”与“冰冷技术”共存的现代金融市场上，风险预期提升、普遍恐慌、羊群效应、以邻为壑等现象的存在，都容易助推风险的积累。由此，随着新技术使得微观金融行为的甄别能力上升及不确定性分析的愈加准确，通过某种技术与制度安排对风险进行合理分担和分散，而非“游牧民族”式的驱离或被投机利用，则成为共享金融有助于金融稳定的重要尝试。另一方面，共享金融的探索可以推动社会信用体系的完善，尤其是对于难以进入到传统金融体系来积累信用的主体来说，介入共享金融实践可以为其创建金融信用基础。同时在“人人参与”的新模式中，自律与他律成为能否继续参与的前提，这也使得传统金融监管难以覆盖的“盲区”受到公共金融规则的约束，从而实现新旧监管模式的共存。

第五，金融与实体的共享式发展。无论在经济还是统计意义上，金融与非金融部门在本质上就是相依相存的，金融部门的利润很大程度上是与实体部门交易完成的，只是随着金融部门权力的扩张和衍生金融产品创新失控，才出现了某些“自我游戏”式的交易。共享金融强调的是与实体部门的共赢发展，包括：使多数微观主体充分享受经济增长与金融发展的成果；有利于实体部门规模和结构的完善，而非强化已有的矛盾；避免内部结构失衡和金融创新的失控；解决好金融部门与实体部门之间的分配问题；减少行政性干预，强调市场化运行机制和自律环境优化。可以看到，在共享金融理念的引导下，现代金融发展将从“脱实向虚”转向“以实为主、以虚为辅”。

总之，大数据、云计算、平台经济、移动支付改变着我们的经济与生活，也使过去“乌托邦”式的经济金融梦想成为现实。虽然仍面临众多外在挑战和障碍，也有内在的缺陷和不足，但共享金融完全能够探索出一条通往《金融与好的社会》的梦想之路。

第二篇

共享金融的实践考察

第四章　共享金融与金融基础设施[①]

金融基础设施的概念与构成

金融基础设施是金融领域的物质技术基础设施和相关制度安排，是现代金融业赖以运行和发展的基础。共享金融的创新和发展，不仅着眼于投资、融资等资金配置层面，而且离不开作为金融体系的"道路和桥梁"的金融基础设施建设。

金融基础设施包括如下内容。

一是支付体系。又称资金管道系统。具体包括：（1）现金及其发行、流通、管理系统；（2）账户管理系统，账户是货币资金存取、转移、管理媒介，也是货币资金栖息地；（3）支付清算网络或渠道；（4）支付工具；（5）支付结算制度和相关业务、技术标准；（6）支付清算服务机构。

二是征信体系。具体包括：（1）通过对法人、单位或自然人的历史信用记录，以及构成其资质、品质的各要素、状态、行为等综合信息进行测算、分析、研究；（2）在（1）的基础上，判断经济行为人当前信用状态，是否具有履行信用责任能力所进行的评价估算活动。

三是金融统计和会计标准体系。

① 本文作者为：周金黄，中国人民银行支付结算司原副司长。

四是金融信息化和标准化管理体系。

五是金融风险识别、计量、检测、评估、报告标准体系。

六是金融法律和监管体系。

按照国际惯例和标准，金融基础设施主要指支付结算体系和信用体系。本章主要从共享金融的研究视角出发，重点讨论这两个要素的共享型发展问题。

世界支付体系发展现状

当今主流金融体系的特点是：所有金融资产在专业金融机构托管、计量、交易，但资金的最终存管机构是银行。所以，银行系统的互联互通是金融基础设施顺畅运行的前提。就现状而言，银行间互联互通分为以下几个层面：

第一个层面是中央银行层面。商业银行或存款类金融机构在中央银行开立准备金或清算备付金账户，实现跨行支付。例如，中国人民银行总行和分支行建设并运行的各类跨行支付系统，美联储的 FEDWIRE 系统（美联储转移大额付款系统），欧盟的 TARGET2（Trans-European Automated Real-time Gross settlement Express Transfer system，泛欧自动实时总额清算系统），英国的 CHAPS（伦敦银行自动清算支付系统），日本的日银大额支付系统和轧差结算系统，以及其他国家或地区中央银行或货币监管当局的跨行支付系统。

第二个层面是央行授权或认可的清算机构从事跨银行资金清算，如中国银联、美国的 VISA（维萨卡）、MASTER（万事达卡）等银行卡跨行清算系统，美国的 CHIPS（纽约清算所银行间支付系统）等。其中 CHIPS 等系统要求直接参与者开设清算备付金账户并进行流动性管理。

第三个层面是第三方支付机构建设运行的跨行支付系统，如支付宝、财付通、电信运营商的支付机构等国内 100 多家互联网支付机构、预付卡机构。这些机构与电子商务结合得较紧，有的机构链接了一家银行，更多的机构链接了多家银行，充当了跨银行资金转移支付角色。在担保支付、预付以及 T + N 清算模式下，收付款人在支付机构开立支付账户，形成了沉淀资金，而沉淀资金又以支付机构名义存入商业银行（也称存管银行）。

第四个层面是基于电信网络的跨境支付系统，如美国的 CHIPS 和世界最大的多币种外汇交易结算系统 CLS（持续联系结算系统）。CLS 主要从事跨国、跨地区外汇交易清结算业务。CLS 一方面与超过 20 个主要经济体中央银行的支付系统对接，打通了央行间支付渠道，另一方面与国际上最大的一些金融机构（超过 70 家）建立对接，实现这些机构间的跨境、跨币种支付清算，打通了银行间外汇市场。此外，CLS 的直接参与机构还通过代理方式，将世界上成千上万的企业接入外汇交易市场。不仅如此，CLS 还支持企业间商品和服务贸易项下的跨境或跨币种支付结算。此外，支持跨境支付服务的还有西联汇款网。SWIFT（环球银行金融电信协会）仅提供支付信息传输服务，其本身不从事支付清算业务。

第五个层面是基于互联网的创新货币与支付网络。典型的例子是比特币及其交易支付网络和 Ripple Lab（旧金山数字支付公司）网络。比特币试图走出一条区别于传统货币的发行与流通机制，采取较为复杂的密码算法和开源的软件生产，并形成一种区块链，防止伪造和变造。比特币建立在 P2P 网络上，其支付系统则分布在各个网络节点上，这些相互联系的节点构成比特币生产和交易数据库。数据库中记录着账号和结余总账。任何用户都可以查阅这些信息，可以读取网络中的所有交易活动记录。比特币能否成为被普遍接受的货币取决于两个因素：一是货币当局并主权国家法律的认可，二是其可市场化程度或广泛接受性。目前看来，这两个因素暂不具备。

Ripple Lab 的设计原理类似于比特币，也可以生产一种名为 Ripple - Coin 的数字货币，并基于共识机制，但其开源机制要比比特币简单。Ripple Lab 通过建立基于互联网的支付机制，支持法定货币的支付、清算和货币兑换。Ripple 网络不仅可以处理各国法币交易与兑换，而且可以处理比特币、莱特币等虚拟货币，乃至商品积分、电话时长数等有价物，可以搭建一个完全自由流通转换的“价值网络”。Ripple 协议可以将所有金融机构的清算连到一起，消除了人工记账环节，使其交易确认时间为秒级，网络交易费用几乎为零。

在互联网时代共享金融基础设施

与传统金融相比，互联网金融的本质仍然是资金融通，包括存、贷、汇、投、信息服务、风险管理，但互联网金融是金融服务共享客户、客户共享金融服务。置身于互联网空间的金融业态，能够充分利用互联网的特质，包括通信的标准化、开放性、共享性、互联互通。在互联网之上，可以定制交互网络或交互空间，形成海量客户、通用介质、交互规则。基于这些特质，互联网金融能够克服传统金融的一系列缺陷：第一，突破物理网点在覆盖面、空间、营业时间上的限制，依靠网络神经末梢（个人电脑端、移动终端）扩展获客空间，促使被动营销向主动营销转变。第二，线上金融业务主体之间呈现多维点阵结构，互联互通，点对点交互，直通处理。第三，金融混合经营降低交易成本，颠覆传统的分业经营格局。第四，小微企业、普通网民获得了没有边界的金融交易、支付平台，使得普惠金融——为低收入普通大众提供精细化服务的金融——成为一种能够广泛覆盖的常态。

互联网金融基础设施的构建

与传统金融一样，互联网金融也需要基础设施的支持。互联网通过通用的 TCP/IP（网络协议）这种标准化方式，解决了传统金融信息渠道不畅、物理网点限制、信息交互障碍等问题，能够实现点对点支付、点对点融资。然而，金融机构间的互联互通、金融标准化、金融风险的管理尤其是账户监管、金融信息和征信管理、数据收集分析运用、云计算设施提供等，仍然需要专业化运作。在经济高度市场化的今天，经济人总是要追求最佳投资机会、最低成本、最满意收益、最可控风险，必须有翔实可靠的信息、数据及相关来源的支持，必须有高可靠性的信用支持，这些都离不开专业的基础设施和相关制度安排。

支付系统的共享

互联网金融时代是金融服务共享客户的时代，也是客户共享金融服务的时代。金融领域专业化分工形成的行业体系，将在互联网金融时代逐步被共享体系所取代。这种趋势必然要求具备共享型的金融基础设施。

传统的支付清算系统，如银行间大额实时支付系统、净额轧差结算系统、银行卡跨行清算系统、票据跨行清算系统等，解决了客户跨行支付清算问题和银行流动性管理问题。第三方支付机构通过协议和接口方式，在互联网环境下，构建了互联网跨行支付系统模式。但由于竞争和监管的原因，这些系统之间错位连接，标准不统一，相互之间不能直通处理。国内最大的两个私营互联网支付系统——支付宝和微信支付（财付通），覆盖的服务对象人群，其并集可能超过 5 亿人，但其服务的产品主要在小额零售支付领域。随着 B2B 业务的互联网化，共享的、基于互联网的大额跨行支付清算系统以及跨境支付系统将成为必需。因此，中央银行运行的支付系统互联网化也将成为必需。

随着数字货币充当互联网时代的交易媒介、价值尺度（记账单位）和价值储存手段，以及货币的存管、转移服务机构多元化，实物货币与电子货币的转换数量、频率越来越低，最终有可能会消失。一方面，中央银行需要制造央行数字货币，确保货币发行权、调控权和货币转移机制的安全，确保真实性和不可篡改。另一方面，世界经济多极化和主要经济体货币政策的协同困难，导致货币、外汇市场剧烈波动，并强烈影响着各国经济运行。这种状态使得基于某种共同本位币的机制呼之欲出。像比特币这样的数字货币网络正在形成，这种基于共识机制的货币创造、转移机制对传统货币体系带来潜在挑战。要保障货币主导权，央行数字货币的发行和流通必然需要共享的基于互联网的区块链支付系统及其配套的防伪技术、安全认证机制。

征信信用体系的共享

金融活动伴随着信用的生产和消费。衡量信用状况的指标包括：货币本身、交易记录、守法记录，以及照章纳税、遵守公共秩序规则的记录等。

首先，货币可以作为信用载体。在法币本位制时代，整个货币体系的信用由经营货币的主体共同决定，包括中央银行、银行业金融机构、非银行金融机构、非金融类支付服务机构（第三方支付机构）。因此，货币又被划分为中央银行货币、商业银行货币、企业货币。虽然使用相同的记账单位和交易媒介（如美元、人民币等），但由于货币经营主体不同，其所经营的货币具有不同等级的信用，风险溢价也不同。除非使用现钞，建立在账户基础上的货币会由于信息不对称、不共享，而产生信用风险。

在传统银行时代，不同银行或金融机构之间不能共享客户账户信息，资金存储和流通的信息不连续，使得信贷和投资资金的风险溢价往往纯粹由借款人或投资对象的信用水平决定。通常，征信体系针对借款人或投资对象的违约状况而建立，并不关心账户资金的流向、流量、轨迹。这样造成的后果是信用取决于经验数据，而不是实时数据。然而，只有实时数据才能跟踪经济人的行为。对账户资金及其流转实时监督，是互联网时代信用体系的根本，也是比特币、Ripple 网络的精髓。

2008 年全球金融危机之后，二十国集团和金融稳定理事会（FSB）在完善金融基础设施、提高信息透明度、加强金融监管方面，制定和发布了一系列准则、标准。其中包括，建立全球统一的组织机构代码和社会信用代码体系，建立场外金融衍生品交易数据库（TR），制定落实《金融市场基础设施原则》（PFMI）。这些工作为建立货币资金账户的实时监测以及金融机构间共享相关信息夯实了基础。

共享信用体系的第一要务，就是金融机构间在保障客户应有的隐私权、符合有关法律法规的前提下，共享客户账户信息及资金信息。比特币和 Ripple 的一个共同特点就是共识机制，保证网络上的任何客户账户和资金能够得到所有其他客户的监督。Ripple 还提供了传统法币的共享账户信息和资金信息模式。沿着这种思想，应当在互联网上构造共享账户信息系统。这需要账户服务提供者，尤其是银行之间对开账户，并相互链接客户账户信息，促使产业链和商务链上的资金透明循环。这样做会大大降低抵押担保的成本和资产处置成本，做到客户共享金融服务，金融服务共享客户。

其次，共享信用体系的第二个层面，是信贷征信信息、纳税信息、不良记录信息的共享。

最后，共享信用体系的第三个层面，是通过收集企业和个人的日常经济活动所形成的大数据的共享。然而，大数据的形成来自不同的数据源，能否覆盖任何个人或企业的所有行为，取决于大数据收集者是否能够共享数据成果。相比较而言，通过非现金支付工具进行的经济交易更容易收集数据。如果能够把物流与信息流、资金流信息进行匹配、实施比对，则共享信用体系将是革命性的。

金融统计数据和会计、审计数据的共享

统一金融统计和会计标准，并共享相关数据，是共享金融基础设施的重要组成部分。国内外形形色色的金融统计数据和信息披露，在指标选取、数据提取、会计标准、数据挖掘与集成、聚类分析、模型构建等方面存在较大差异，经济学家、政治家、企业家、民众等对数据的真实性、准确性莫衷一是。而数据披露的多元性和随意性，对预期的影响不容忽视。

对共享金融基础设施的成本和效率分析

市场经济以产权清晰、公平竞争、市场主体利益最大化为特征。市场竞争以价格为杠杆，当竞争达到帕累托最优时，私人福利和社会福利同时达到最优。正如亚当·斯密所言："每个人都不断努力，为自己所能支配的资本找到最有力的用途。当然，他所考虑的是自身利益。但是，他对自身利益的关注自然会，或者说，必然会使他青睐最利于社会的用途。"的确，在传统的分散独立经营环境中，以私人企业、公司制企业为基本经济单元的市场主体，追求利润最大化，直到边际利润为零。只要产权是清晰的，市场竞争规则和相关法律是有效的，市场的负外部性和免费搭车问题就能够消除。

然而，随着网络经济尤其是互联网和电子商务的发展，经济主体的生产、消费边界因为物理隔离的消失而逐步产生了共生和融合。有生命力的产品和服务会由于网络传播和蔓延的高速度而造成赢家通吃。共享客户、共享渠道能够大大降低成本，提高效率，社会福利的改进反过来提高了私人福利。有鉴于此，共享基础设施的提供者，其所追求的目标不一定是私人利润最大化，而是社会福利或社会价值最大化，因为社会认同度会生成巨大的投资价值。这样的例子不胜枚举，或许这正是促进"我为人人，人人为我"的某种机制。

中央银行建设和运营的支付清算系统，正是典型的共享金融基础设施。央行通常实施成本回收原则，不以营利为目的，其参与者囊括了国（境）内所有银行机构、特许参与机构、特许清算机构。如中国人民银行建设运行的大额实时支付系统参与者除商业银行外，还有中国银联、外汇交易中心、上海清算所、中央国债登记结算公司、城市商业银行资金清算中心等特许参与机构。

在央行支付系统中，大额支付系统收费方式为每笔5.5元。央行小额支付（轧差结算）系统，实行7×24小时运行，贷记转账每笔金额上限5

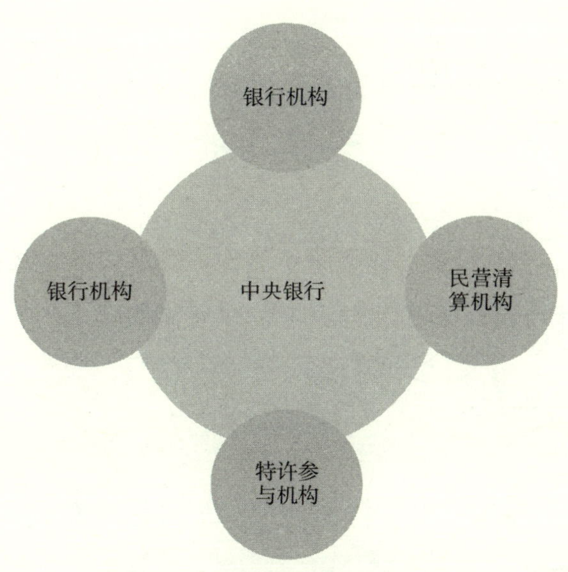

图 4.1　央行支付系统的共享参与主体

万元，借记金额不限，收费方式是每包（笔）不高于 1 元；央行互联网跨行实时支付系统每笔转账金额上限 5 万元，免收费；境内外币跨行支付清算系统免收费；支票影像交换系统免收费。央行支付系统和特许清算系统解决了银行间支付清算与结算问题，总体成本与国际同行相比较低。

但央行支付系统在支持电子商务方面，不及支付宝等第三方支付机构的效率和覆盖面。微信支付的推出和普及极大地提高了小额快捷支付网络辐射范围。微信支付通过绑卡开户，打通了各家发卡银行，微信账号之间的相互转账、付款效率更高，成本更低。目前，许多中小银行依赖移动端微信功能获客，提供一揽子金融服务。从规模、交互量考察，支付宝、微信已成为共享支付平台，实际承担了准公共服务职能。

由于可变成本极低，支付宝、微信支付能够支持任意低额度的支付。这些平台依靠股东补贴的方式，可以指数级获客。但支付宝和微信支付都是中心化的，沉淀资金巨大，面临的流动性风险和信用风险不可低估，应当按照系统重要性支付系统进行监管。

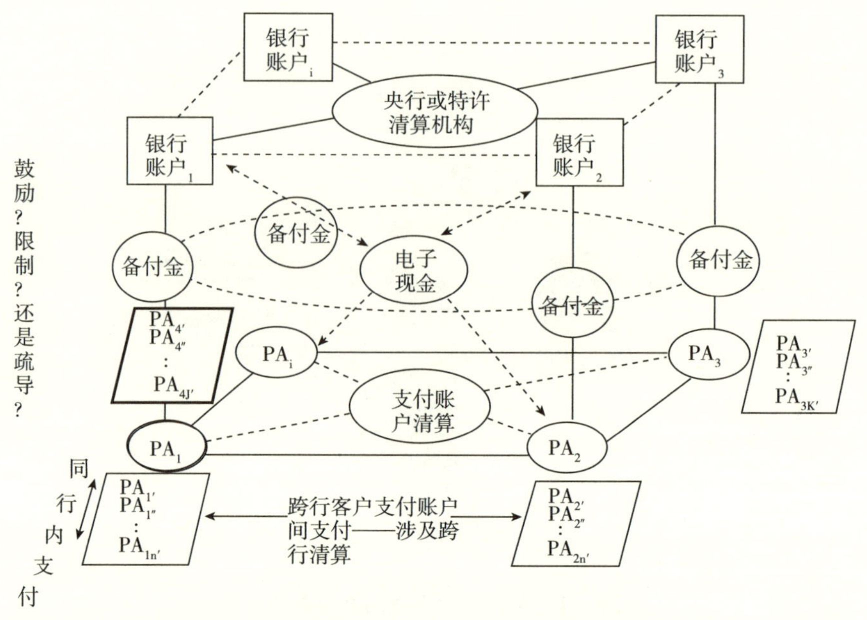

图 4.2　新型的共享式支付清算服务平台

通过考察当代货币体系的演化进程，我们发现，自布雷顿森林体系解体后，无内在价值的法币主导了全球货币体。数十年来，美元虽然仍然是全球最主要的货币，但世界经济格局的消长带来的多种货币竞争的格局越来越明显。货币和汇率风险促使经济主体在计价货币（记账单位）、支付货币、储备货币之间做出选择，以至于货币三位一体的职能发生分离。CLS 采取 PVP（Payment VS Payment）方式，防范外汇交易中的结算风险。但货物和服务贸易总是在物品（服务）流转与货币给付之间存在时差，而信用担保和抵押物本身也存在时间风险，这使得风险计量和识别比较困难。为了解决这种风险或成本，通常会附加金融衍生品交易。然而，衍生品交易与基础资产交易也难以做到对应和同步，结果是，经济主体试图从微观上解决风险问题，却造成宏观层面更大的风险。在物联网时代，如果使用交易信息共享技术，采纳一种中性的交易媒介和记账单位，使其不受法币之间汇率波动的影响，交易成本会明显降低。

对共享金融基础设施的展望

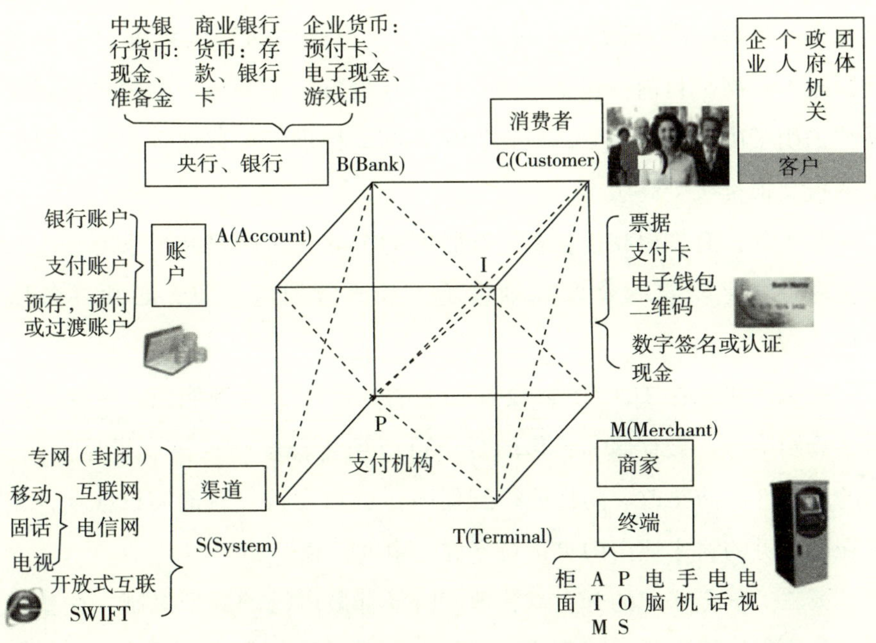

图 4.3　支付清算体系共享发展的前景

关于支付清算体系的共享

共享的金融基础设施似乎需要共同的接入标准（协议）和共同的交互标准。就像全球邮件系统能够做到点对点、一对多、多对多的连接一样，支付结算网络的共享，以至于账户系统网络的共享、普惠金融的扩展，同样需要类似的标准和网络。支付宝模式以及微信支付模式具备了共享支付基础设施的特质，是具有平台中心的模式。在这类模式下，资金沉淀似乎不可避免，使得支付网络运营商在获得沉淀资金运营权的同时，也面临很大的结算风险和运行风险。同时，这类具有私人竞争性的网络会受到传统从事支付结算业务的银行的抵制和排斥。SWIFT 为跨境支付和汇款提供了有效的、大范围的电信基础设施，有数以万计的金融机构和跨国企业集团成为 SWIFT 的成员，资金汇划成本也已大大降低。然而，SWIFT 仅仅是一个资金信息传输网络，本身并不担当支付结算职能。而且，SWIFT 在报文标准、接口标准方面与不同国家、地区、机构通行的标准之间需要转换，成本较高。目前，包括中国在内，有少数国家和地区的中央银行支付系统采用了由 SWIFT 牵头制订的 ISO20022 标准，可以向下兼容。但低版本的报文很难接受高版本。

基于此，有理由相信，基于互联网的全球支付网络共享系统是未来满足金融全球化需要的金融基础设施。但要做到这一点，必须具备以下条件：

第一，建立在 TCP/IP 协议基础上的货币资金管理能力。在共享的支付结算网络中，被存储和转移的货币可市场化程度高（高度可兑换），货币的真实性、防篡改、防作假得到保障。货币发行具有最高权威性，尤其是在可预见的将来还由中央银行掌握货币发行权。

第二，资金账户的开立、管理、监督有最广泛的共识机制。在基于互联网的支付结算网络中，账户的开立和资金存管是保证货币资金真实性、不可篡改性的关键。由单一机构运行管理这样的账户系统存在道德风险，还会触发流动性风险、信用风险、操作风险等。只有支付网络中每一节点，或至少超过 50% 的节点上的参与者共同认可和监督，方能保证账户的真实性和资金转移的准确性。这要求节点上每个参与者账户有足够的透明度，尤其是交易轨迹透明。

第三，共享金融基础设施要求提供金融服务的机构互联互通，让金融服务机构更多地成为信息生产和服务商。任何金融工具从本质上讲都是支付工具，只是在时间维度上有差别而已，如预付、即付、延迟支付等。时间上的差异使得这些支付工具成为金融工具，产生利益空间。在互联网时代，特别是物联网时代，支付变得越来越随时、随地、随意，金融工具也将被定制化，这将导致金融服务机构之间的界限模糊。金融服务商通过掌握代理人的交易信息及投融资需求，为客户提供更加个性化的服务。这必然涉及信息提供的效率和成本，使金融服务沿着最短路径、最高效率来提供，比如点对点支付、P2P、众筹、众融、供应链金融等，而满足这些金融形式的最重要前提是交易账户因而金融账户之间的互联互通。

第四，需要克服地缘经济、政治、法律和文化方面的阻碍。在完全实现互联网节点账户之间依协议互联互通之前，建立基于现状的共享支付结算基础设施，要求共享支付网络系统把各个国家和地区的区域网作为一个单元连接在一起。一是要求各国和地区的相关立法部门和监管当局认可；二是要统一接口和报文标准，至少能够达到高度灵活高效的报文转换性；三是要满足不同国家或地区对金融信息安全的要求，以及反洗钱、反恐怖融资要求；四是要尊重不同地域在宗教文化方面的诉求。当前，基督文明、儒家文明等在经济领域的交会、碰撞不可避免，并与地缘经济、政治混合在一起，民族、宗教、文化差异和国家、地区利益碰撞，对共享支付结算网络基础设施构成现实的巨大挑战。既然不可逾越，就要设法适应，对共享的内容、方式和手段做出灵活性和适应性安排，寻找最大公约数。

第五，进一步提高互联网渗透率和网络金融参与者渗透率。对于互联网金融这个概念，目前仍未看到权威、统一的定义。现有的所谓互联网金融形式，如P2P、众筹、供应链金融等，只能称得上是半互联网金融，因为没有形成纯互联网投融资体系，绝大多数业务是一半在线上一半在线下。实际上，在互联网金融时代，投资方和融资方、借款人与出借人、汇款人与收款人的互联互通才具有真正意义，金融中介机构可以是组织者，也可以是中央对手方。然而，由于账户的开立和管理具有法律法规约束，只有依法取得金融账户服务资格的机构，才能为客户开立并管理金融账户。建立在金融服务机构之间互联互通基础上的投融资机构间互联，将为共享金融基础设施提供主要能量。

关于社会信用体系基础设施共享

货币信用体系

构建在消费物价和批发物价指数基础上的主权货币发行制度和体系，在开放经济环境下，经济人面临着无时不在的通胀率、利率、汇率波动冲击。货币供求不能保持令人满意的均衡，使货币作为交易手段、记账单位（价值尺度）、价值储藏手段三位一体的功能发生分离。当今的一些主要主权货币之间就面临着储备货币、计价（记账）货币、支付（结算）货币地位的竞争。除发币国家或经济体的经济实力消长是这种竞争的主要原因外，货币稳定性、对外开放度是另一个重要原因。掌握货币发行权的中央银行作为外生变量，其调控行为不易被市场预期充分吸收，使得社会信用体系的核心——货币面临何去何从的挑战。另外，随着支付体系的发展，提供支付结算服务的机构层级增多，货币在不同层次上产生派生功能，内生性增强，这又使得央行控制货币供给的能力下降。货币信用体系面临难以掌控的局面。

波及世界的金融危机，根源在于货币信用体系崩溃。因为金融工具的创新尤其是衍生金融工具的创新发展带来虚拟市场的大发展。虚拟市场辐射到货币资金市场，形成货币不当创造机制（即所谓市值管理），与实体经济货币流通相混合，形成泡沫。泡沫刺激投资者欲望，形成更大规模的泡沫。泡沫经济实际上造成了虚幻和信息失真、金融财富虚长。这是当今世界货币信用体系最大的顽疾。

货币信用基础设施的共享，根本上是货币储存体（主要是账户）的信息共享和货币交易轨迹的检测。货币的本源是为实体经济提供支付手段和记账手段。如前所述，金融工具在本质上也都属于支付工具，只是在时间维度和链条长短上有差异而已。除现金外，电子化的支付工具均对应于某个账户或货币储存体。要使得货币能够充分承担交易媒介职能，与生产、交换、消费在时间和空间上相匹配，采取货币账户信息监测共享是最佳选择。金融投资和风险管理如果以此为基础，会大大降低风险和不确定性。比特币所采用的机制，正是这样一种模式，通过去中心化、共识机制、激励机制，克服传统货币体系的弊端。然而，比特币在市场化程度上，特别是在生产、交易便利性方面与合法性方面都有无法克服的缺陷，很难大范围推广。作为替代手段，由各国中央银行主导设计数字货币，并借鉴比特币和 Ripple 的方法论，形成货币发行流通的区块链，更容易推广、检测、掌握。

交易和融资信用体系共享

商品交易过程中的信用风险主要涉及资金借贷。信贷征信信息一般通过信贷机构采集。征信系统能否全面展示经济人的信用状况，取决于征信信息是否足够广泛、足够有代表性。竞争性征信系统有利于数据收集、客户服务体验的改进、信用信息服务价格竞争和降低客户信息服务成本；不足之处则在于多个征信系统收集的信息不一定全面系统，不利于充分展示企业和个人的全方位信用状态。对此，应建立统一的、无缝隙的征信体系，将具有竞争性和互补性的征信系统链接，由所有利益相关者共享。

在金融体系中，货币资金的流转与金融资产买卖有时同步，有时异步。债权等证券交易市场常用简称 DVP（Delivery VS Payment，券款对付），外汇市场常用 PVP 模式。DVP 模式能避免流动性风险和结算风险，但流动性成本高。异步模式可以节约流动性成本，但结算风险较大，违约概率较高。解决办法包括引入做市商和中央对手方（CCP）。然而，做市商和中央对手方进一步集中了风险。如何解决纯粹金融体系中的各类风险，需要建立金融交易数据库，提高透明度，增强金融交易的可追溯性和可测性。金融交易数据库不仅由监管者使用，也应当成为投融资双方共享的平台。

法律法规与监管体系共享

共享金融基础设施，除必须遵守共同的交易规则、协议、标准等约束外，还要共享法律法规和监管。在互联网环境下，从物质技术角度看，一般基础设施的共享和交易的完成可以做到无国界。但国家之间由于政治制度、法律制度和信仰的不同，管辖权是分散的、不连贯的。解决这一问题的关键，是共享法律法规、标准和监管体系，正如 CLS 和 SWIFT 所做的那样。跨经济体的监管机制和组织机构、参与者（用户）协会、标准化组织等，共同构成了 CLS 和 SWIFT 在全球范围内运营的法律规则基础。与此相反的例子是比特币。由于比特币本身可能对现行法币制度带来挑战和冲击，尤其带来反洗钱和反恐怖融资难题，相关国家或经济体的立法部门和监管当局基本采取排斥态度：有些国家或地区宣布其为非法，也有的国家和地区监管部门阻止正规金融体系为比特币交易提供服务。突破共享金融基础设施的法律、监管难题，可行办法是“用脚投票”，建立科学的理论体系，和立法与监管部门之间沟通合作，以及发挥行业协会的作用，从易到难。

第一步是技术、业务标准（协议）的推出和推广。当前的跨境金融基础设施运行成本高，标准不一致，直通式处理覆盖面小。基于互联网的跨境支付清算基础设施尚未形成规模。应当利用最新的数字技术，如区块链技术，统一支付标准，使得法币顺畅流转，迅速降低跨境支付清算成本，扩展网络覆盖面，这一点是监管当局所欢迎的。第二步是建设行业和用户协会，实行行业自律。行业协会是连接市场与政府之间的纽带，来自于民间的需求与供给驱动，通过民间自律机制来维护，有利于减缓法律与创新之间的不适乃至冲突，有利于创新业务和创新产品的保护和推广。第三步是立法和配套监管，这个过程耗时较长。

第五章　共享金融与众筹①

众筹的发展与演变

共享金融与众筹的关联

众筹即大众筹资，是利用网络良好的传播性，向网络投资人募集资金的金融模式。美国的沃顿商学院将众筹定义为："创业者或团队通过互联网等非标准化金融中介模式向大众进行募集资金，为其文化、社会或是商业项目进行融资。"

可以说，众筹是共享金融的重要组成部分，因为其不仅强调脱离传统金融中介组织来开展资金的配置，而且使得众多个人能够通过"自金融"的模式充分参与到金融产业链之中，成为个性化的资金直接供给者，也有可能改变传统直接金融模式，降低金融中介获取的过高成本费用，从而使得资金供给者与需求者真正从中获益。

当然，与众筹相比，共享金融具有更加广泛的内涵和外延。从技术

① 本文作者为：杨东，中国人民大学法学院教授、博导、副院长，众筹金融研究院院长；林楠，中国社会科学院金融研究所国际金融与国际经济研究室；朱鹏炜，深圳市众投邦股份有限公司董事长；杨涛，中国社会科学院金融研究所所长助理、产业金融研究基地主任、支付清算研究中心主任。

层面来看，众筹更多的是依赖于新型的网络渠道或电子化途径，使得资金直接通过股权或产品形式被传递到迫切需要融资的主体手中，其技术特点主要在于信息传递渠道的优化；而共享金融则涵盖了更加广泛的技术运用，涉及信息技术、金融产品技术等诸多层面。从制度方面来看，众筹旨在完善金融体系的资金配置功能，实现更有效的、不同期限和金额的资金供求对接，而共享金融则涵盖包括资金配置、支付清算、风险管理等多元化的功能，着眼于整个金融功能结构的优化与完善。此外，众筹更多地体现了从传统金融体系之外、扎根于实体经济需求、依托于互联网信息技术所产生的新金融模式，与之相对应，共享金融则不仅包括这些民间具有生命力的新金融模式，而且也提出对传统金融体系进行改造的迫切要求。

无论如何，我们所推动的众筹发展，并非只着眼于服务大项目、大企业，或对传统股权融资市场的某种替代，而是为了突出通过互联网实现“人人参与金融”的意图，也是为了改变现有金融体系的诸多功能扭曲现象，更有效地服务于中小微企业和个人这些金融“弱势群体”。

众筹的海外发展历程

众筹融资主要是互联网上的股权和类股权融资，不仅是获得资金的渠道，还是评价、判断产品设计和市场前景的平台。众筹的商业模式是：项目发起人通过视频、文字、图片介绍把自己希望实现的创意或梦想展示在网站上，并设定需要的目标金额及达成目标的时限。喜欢该项目的人可以承诺捐献一定数量的资金，当项目在目标期限内达到了目标金额，项目才算成功，支持者的资金才算真正付出，网站会从中抽取一定比例的服务费用，而支持者则会获得发起人一定的非资金类的回报。从演变模式来看，众筹主要包括项目众筹、股权众筹、股权交易所众筹和债权众筹等（见图5.1）。

起源于美国的众筹在逐步发展成熟为商业模式之后，在美国和欧洲国

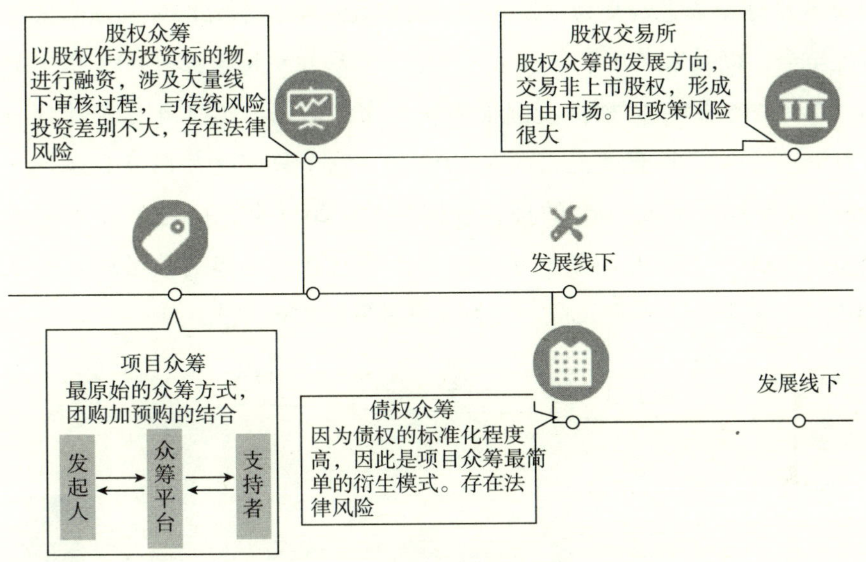

图 5.1　众筹融资的模式演变

资料来源：iResearch（艾瑞咨询）

家迎来了攀升的黄金发展时期，发展速度不断加快，并迅速向欧美以外的国家和地区传播扩散。众筹就整体发展而言虽然尚属新生事物，但其发展的速度和态势值得关注。

众筹在欧美国家较早得到发展后，真正推动众筹模式得以实质性发展的则普遍认为应归功于美国的互联网众筹平台 Kickstarter 的成功。在欧美的诸多众筹平台之中，作为公认的众筹网站鼻祖的 Kickstarter 创立于 2009 年 4 月，已经成为人们熟知的最具代表性的众筹平台，而且被认为是当今世界上最有效率的募集资金平台。Kickstarter 的创始人发起众筹模式的初衷在于为艰难奋斗的艺术家们搭建一个可以筹措资金实现梦想的平台，随着日后不断地发展才逐渐演变成企业和个人为项目争取资金的渠道。

众筹的出现为众多中小微企业以及个人创业者进行某项活动提供了必要的资金援助，深刻地影响了资本领域的格局。据 Massolution 数据显示，

2012 年全球众筹融资交易规模达到 168 亿元，增长率为 83%。从众筹平台诞生至今，以及未来几年，全球众筹融资交易几乎每年都有 60% 以上的增幅（参见图 5.2）。而根据美国福布斯发布的数据，2013 年，全球众筹平台筹资总额接近 60 亿美元，而在 2011 年，这个数字仅为 14.7 亿美元。行业网站 Crowdsourcing.org 的报告数据显示，2013 年底，在线众筹平台已经超过 2000 个，在此前的五年间，众筹平台在全世界的数量增长达到了 600%①。未来，众筹模式将会成为项目融资的主要方式。

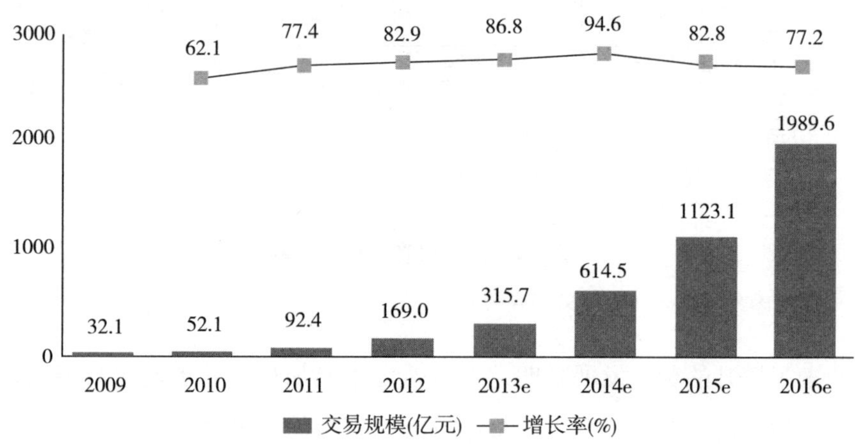

图 5.2　2009～2016 年全球众筹融资交易规模及增长率

资料来源：iResearch

对此，iResearch 分析认为，未来推动众筹融资交易规模增长的原因有以下两个方面：一方面是投资理念的成熟，经过几年的发展，用户对众筹融资理念接受度更强，促使更多用户进行众筹融资；另一方面是机构投资者的介入，随着众筹逐步正规化，以及平台内项目质量的提升，一些传统金融机构亦会进入寻找投资机会，这将为未来众筹融资交易规模的提升提供重要助力。尽管全球众筹融资产业规模从 2009 年的 36.1 亿元飙升至 2012 年的 173 亿元，三年增长了近 380%。但是 2012 年亚洲地区仅占

① 龚映清．互联网金融对证券行业的影响与对策［N］．证券市场导报，2013（11）．

1.2%。影响亚洲众筹发展的因素可能是：一方面，亚洲还没有出现有重要影响力的众筹平台，因此无法形成规模效应；另一方面，亚洲地区用户投资理念趋于保守，创新金融方式的接受能力较弱。

2013年，世界银行资助进行了题为“发展世界中的众筹潜力”的调查，并在所发布的同名报告中披露了很多重要的调查数据。报告显示，美国共拥有344家众筹平台，其中众筹平台的活跃数量位居世界领先地位，而名列第二位的英国与美国的差距甚大，仅拥有87家众筹平台，法国则以53家众筹平台名列第三位。该报告将2008年的金融危机看作是众筹，特别是美国的股权众筹兴起的主要催化剂之一。事实上，在此次金融危机爆发之后，传统资本衍生出更加强烈的资金需求用于发展新兴产业并同时扩大已有产业。

该报告指出，众筹市场目前尚处于发展初期，尤其是在发展中国家，但其潜在市场非常巨大。据世界银行的估测，在发展中国家有多达3.44亿个家庭可以对社区商务进行小规模的众筹投资。这些家庭的收入每年至少可达10000美元，并且拥有至少三个月的储蓄或者三个月的股权资本储备。以此推算，到2025年这些家庭有能力一起构建大约每年960亿美元的众筹投资规模。而世界银行认为众筹最大的潜在市场就在中国，其市场规模可高达500亿美元。其后依次是东亚其他地区、中欧、拉丁美洲、加勒比海地区、中东和北非地区。从2009年到2012年，众筹在各个地区范围内的规模以年复合增长率63%的速度迅速扩张。具体到各类众筹平台，其年复合增长率分别为：基于股权的投资型众筹平台为114%，基于债权的投资型众筹平台为78%，公益型众筹平台为43%，购买型众筹平台则为524%。

随着股权众筹和债权众筹的真正兴起，众筹平台的数量近年来也呈现出不断增加的趋势，尤其在北美地区，2012年的增长率达到了91%。2010年以来，众筹在拉丁美洲和加勒比海地区的增长超过了其他地区，众筹平台的数量从5家增加到了41家。纵观众筹在世界各国的发展，从世界第一大众筹平台 Kickstarter 创立的 2009 年算起，众筹在发达国家的发展仅仅比中国等发展中国家开始发展众筹平台的时间早了两三年而已。由此看来，至少在众筹这一领域，中国与美英等发达国家的差距不仅非常有限，而且众筹在中国的发展速度以及今后的发展潜力更是值得期待。

美国的众筹发展及监管创新

回到美国的情况来看，其最早的股权众筹平台 Kickstarter 网站，从 2009 年创立至今推出的成功案件已逾 38000 件，所有融资成功金额超过 4 亿美元。主要为初创企业募集资金的成立于 2011 年的美国股权众筹平台 Angellist，至今已经为 1000 多家初创企业成功融资，总额超过 3.5 亿美元。美国的股权众筹网站 Wefunder，据其官方数据显示，自 2011 年成立以来，截至 2015 年 10 月中旬，已累计超过 46500 位注册投资人，其投资组合价值于 2013 年 8 月已经超过 5 亿美元。

为了让股权众筹行业健康发展，美国颁布了相应的国家支持政策对股权类众筹平台及公司给予规范。2012 年 4 月 5 日，美国总统签署了《初创期创业企业推动法案》（简称 JOBS 法案），该法案旨在通过适当放松管制，完善美国小型公司与资本市场的对接，改善小型公司的融资环境，提高微企业的融资能力。2013 年 10 月，美国证券交易委员会（SEC）根据 JOBS 法案第三章（Title III）的规定正式发布了针对股权众筹的提案，但由于不少人对众筹融资是否会对传统的证券监管造成威胁等问题存有疑虑，该提案迟迟未获得美国证券交易委员会的批准。

2015 年 3 月 25 日，SEC 发布了 JOBS 法案第四章 A + 条例（Regulation A + ）细则，成长型企业可以面向大众融资最多 5000 万美元。

2015 年 10 月 30 日，SEC 正式通过此项提案，该提案将于 2016 年 1 月 29 日正式实施。JOBS 法案第三章核心内容 SEC 允许初创企业通过众筹的方式来发行和销售证券，该规则给予小企业额外的资金筹集渠道，并制定了对投资者的必要保护措施，主要通过初创企业 12 个月内的最高融资额、投资者12个月内最高投资额、发行人信息披露的要求、众筹中介平台的职责等方面进行监管，确保众筹融资不会造成大范围的金融风险（见表5.1）。

表5.1　SEC落实股权众筹的基本规则

	美国《众筹规划》
企业融资限制	公司在12个月内通过股权众筹筹集资金的上限为100万美元，每次融资只能通过一个中介平台进行
投资者身份	无合格投资者要求，只根据投资者年收入和净资产，区分可以用于股权众筹的投资额度
投资者投资限制	个人投资者年收入或净资产的任意一项少于10万美元，则12个月内股权众筹投资的最高额为以下两个数额的较高者：（ⅰ）2000美元或（ⅱ）其年收入或者资产净值较低者的5%。个人投资者年收入和个人资产净值等于或大于10万美元，则12个月内股权众筹投资的最高额为其年收入或者资产净值较低者的10%。但任何个人投资者在12个月内通过股权众筹的投资额合计不得超过10万美元
中介平台	众筹融资必须在经由美国证券交易委员会注册的中介平台进行，该平台为经纪商或集资门户
中介平台职责	包括但不限于提供投资者教育、采取措施减少欺诈、及时披露众筹信息、披露中介收取的报酬等；如果中介平台为集资门户的，不得提供投资建议或进行推荐；不得推销购买、出售证券的要约；基于推销或证券的销售，向推销商或其他人支付报酬；持有、拥有或处理投资者的资金或证券
信息披露要求	包括但不限于众筹金额、众筹期限、是否接受超额募资、募集资金用途说明、财务报告、管理人员和董事以及持有20%及以上公司股份的股东信息、年度报告等

进一步来看，此新规一是为初创企业提供融资便利，也降低了企业的融资成本。之前，企业公开发行证券需要在SEC登记，进行严格的信息披露，发行后每年还要提供严格的财务报表等，整个过程耗时耗力，对于小企业来说，需要付出高昂的成本，使得本来就融资难、融资贵的问题越发严重。二是为个人投资者提供参与股权投资的机会。之前，个人投资者进

行股权投资有严格的要求，只有净资产超过100万美元，或者至少连续两年收入超过20万美元的人群才可以进行投资；现在放宽了这一限制，使普通大众都可以参与到股权投资中来，可以享受创业企业增长的红利；为了保护个人投资者，法规对他们的投资金额加以限制，即使投资者投资项目失败也不会影响正常生活。

众筹在我国的发展现状及面临的挑战

发展状况及监管环境

近年来，国内的众筹市场发展迅速。截至2015年初，京东、阿里、平安、苏宁等多家行业巨头携巨资大力进军股权众筹领域，使得众筹以迅猛的发展阵势进一步迈向互联网金融业态变化的风口，行业竞争日益激烈。根据《2015中国股权众筹行业发展报告》数据表明，截至2015年7月31日，中国共有股权众筹平台113家。

2014年10月24日，李克强总理在国务院常务会议上指出，“决定创新重点领域投融资机制”，力求鼓励企业寻找投融资的创新机制，改善和解决企业融资难的问题。2014年11月19日，李克强总理在国务院常务会议上指出，“建立资本市场小额再融资快速机制，开展股权众筹融资试点”，此次公开提到股权众筹并且鼓励试点，探索中小企业融资的新渠道，缓解企业融资成本高的问题。2014年12月18日，中国证券业协会受中国证监会委托，起草、发布了《私募股权众筹融资管理办法（试行）（征求意见稿）》，明确了股权众筹行业的法律地位。2015年3月12日，《国务院办公厅关于发展众创空间　推进大众创新创业的指导意见》鼓励股权众筹融资试点。2015年6月16日，《国务院关于大力推进大众创业万众创新若干政策措施的意见》，鼓励众筹融资平台发展，推进“双创”。2015年6月25日，国务院会议通过了《“互联网+”行动指导意见》，确定了开展股权众筹试点，支持互联网企业上市。2015年9月26日，国务院发布了

《国务院关于加快构建大众创业万众创新支撑平台的指导意见》，通过十大方面三十个措施来鼓励支持“四众”（众创、众包、众扶、众筹）的发展，鼓励互联网企业在新三板上市。

值得重点关注的是，2015 年 7 月 18 日，央行等十部委发布的《关于促进互联网金融健康发展的指导意见》对股权众筹融资做出了定性，明确了股权众筹融资主要是指通过互联网形式进行公开小额股权融资的活动。股权众筹融资必须通过股权众筹融资中介机构平台（互联网网站或其他类似的电子媒介）进行。以上规定与美国《众筹规则》的要求是一致的。而随后证监会发布的《关于对通过互联网开展股权融资活动的机构进行专项检查的通知》（证监办发〔2015〕44 号），明确了公、私募分开监管，现有的“股权众筹”平台不得超出私募的范畴，即在出台关于从事股权众筹融资的中介机构监管细则之前，现时的中介平台只能定位为“互联网非公开股权融资平台”，此举在很大程度上约束了现有中介平台的发展。

股权众筹作为新型的融资方式，是多层次资本市场的重要组成部分，股权众筹应当服务于创新创业企业。有意进行股权众筹的小微企业应当通过合法的股权众筹中介平台向大众如实披露企业的商业模式、经营管理、财务、资金使用等关键信息，不得误导或欺诈投资者，还要教育投资者，确保参与股权众筹的投资者具备一定的风险识别和风险承受能力。而大众投资者在投资前应当充分了解股权众筹的投资风险，在确认自己具备相应的风险承受能力后进行小额投资。值得一提的是，股权众筹应当与私募市场建立密切联系，为股权众筹的投资者提供多元化的退出渠道，比如机构间私募产品报价与服务系统、证券公司的柜台市场等，都可以积极探索与股权众筹对接，既能帮助企业获得私募融资，也能实现众筹投资者的阶段性退出。

当前，股权众筹“小额”“公开”“大众”的特点已经得到了中美两国监管部门的肯定，美国 JOBS 法案已经为我国股权众筹监管提出了有效的思路与借鉴。

首先，对企业开展股权众筹融资的监管。为降低融资企业的进入门槛和融资成本，可设定条款规定：(1)哪类企业可以开展股权众筹融资；(2）企业一年内可通过股权众筹进行融资的上限金额是多少；(3）企业融资低于多少金额可以获得证券发行和交易豁免制度，不必向证监会提交申请；(4）企业需要披露的信息至少包含哪些。

其次，对个人投资者的投资规定。为方便个人投资者进行股权投资，可以适当降低投资者的进入门槛和投资门槛。之前，我国股权投资者的投资门槛比较高，一般是300万元净资产或连续三年净收入超过50万元，投资单一产品最低100万元。为保护个人投资者，需限制一年内总的投资金额。

放松监管虽然降低了小微企业发行证券融资的成本，带来了融资便利，但实质上增加了小微企业发行证券的不透明性和不确定性。投资小微企业本来风险就较大，加上中小投资者由于风险意识较低，没有能力和精力到企业进行现场调研，企业信息披露程度较低，中小投资者更难判断企业的优劣，中小投资者进行股权投资的风险将进一步加大。

因此，企业信息披露要求是证券监管体制的核心，企业信息披露需要真实、准确、完整，企业信息披露不当或披露信息造假均会加大投资者的损失。为切实保护个人投资者的利益，我国监管部门在放松企业进行股权众筹发行证券条款的同时，应该加强企业信息披露和对中介平台的监管，加大事后违规、违法处罚力度，使企业和中介机构的违规信息披露成本增加，不敢违规。

发展的重点与方向

虽然众筹模式的火爆程度与P2P网络借贷还有差距，国内发展也远不及欧美，但是同样成为国内互联网金融热潮中的“亮点”。似乎一夜之间，许多人的微信朋友圈里都出现了各种各样的“众筹”宣传，从个人创作艺术品到书籍作品，无所不包，让人眼花缭乱。

在当前流行的、最令人关注的股权众筹兴起之前，国外早期的众筹实际上更多地体现在利用网络为各种创意、创作、产品进行小额筹资，例如 Kickstarter 旨在帮助回报有限的项目获得融资，并且一直反对转向股权众筹。此外，在欧美还有一些旨在推动公益和慈善活动的网站平台有时也被纳入到众筹模式里。从更加广义上看，有的国家还把 P2P 网络借贷作为一种债权式的众筹平台。

应该说，众筹本意是指向大众进行集资，也就是“凑份子”，但是这种筹资与传统模式的区别，在于通过互联网平台进行，不仅使零散的资金更容易集聚起来，而且提供了相较传统风险投资更加灵活的机制。本质上看，P2P 网络借贷与股权众筹的模式及风险特征差异巨大，前者归为所谓债权类众筹，实际难以区分二者的不同特质。

进一步来看，在我国的经济社会环境下，真正值得关注的，无非是以股权对应的众筹活动，以及以商品或服务返还的众筹。后者是近些年来国内存在规则约束的情况下，为了避免触及政策“红线”，许多众筹平台所采取的模式，就其实质看，体现了“团购”“预购”的特点。与融资性的金融功能相比，这些模式更接近于商业运营模式，只是结合了一部分商业信用因素。前者的命运则在很大程度上取决于监管规则的可能变化。主要红线有两方面：一是是否公开发行，对不特定的对象发行；二是发行对象是否超过 200 人。否则，就可能陷入非法集资或非法证券活动的陷阱。如果在政策支持的“东风”下，证监会能够尽快出台类似美国 JOBS 法案等用来规范股权众筹的法规，则这一领域将迎来巨大的发展空间。

综合来看，互联网信息技术的快速发展为股权众筹提供了可能，但这类线上金融创新的基本支撑，还是充足的信用环境与约束机制，这也是 P2P 网贷和众筹之所以在欧美出现和繁荣的原因。《纽约客》1993 年 7 月 5 日刊登的一则由彼得·施泰纳所做的漫画，提出了“在互联网上，没人知道你是一条狗”这样一个令人深思的命题。时过境迁，互联网变成了能够发掘信息、整合信息、利用信息、披露信息的重要场所，尤其是企业和居民的金融信用信息，当然其前提条件是有特定的制度规则来予以保障。与欧美相比，我国的信用信息环境、企业和个人信用环境等都还处于“初级阶段”，各种各样的“线上”金融创新，都还离不开“线下”传统方式的直接或间接支撑。

与其他服务于资金配置的金融模式一样，众筹涉及三方面的主体：资金供给者、资金需求者和资金中介。

第一，从资金供给者来看，虽然美国已在降低股权众筹的投资者资格，但正如美国证券交易监督委员会曾经的解释表明，股权众筹需要一定的投资者门槛。应该说，股权众筹在一定程度上需要投资者具有对投资项目的鉴别力，以及额外风险的承担能力，特别在我国，可能短期内不应走向社会化和大众化，还应坚持适度的投资人门槛。在此过程中，加强金融消费者保护成为重中之重，从而彻底改变过去的金融创新思路，即在资金供给、需求、中介三者中，更注重后两者的利益。

第二，从资金需求者来看，众筹的根本还是坚持“小而美”，即服务于小微企业的金融需求。小微企业融资难是全球性难题，即便在美国这样发达的金融体系中，也还存在金融支持的“空白区”。应该说，我国发展众筹的合理定位，仍然是多层次资本市场中的草根金融部分，而非服务于房地产、工业项目等大型、中长期资金需求领域。当然，实践中的很多案例也证明，这种“线上 VC”的项目和企业可能并非最拔尖的，或许“线下 VC”被认为是风险较高的，所以加强信息披露和防欺诈也是监管重点。

第三，从资金中介来看，考虑到股权众筹等中介平台的金融服务性质，也应当给予特定的行业或牌照约束。例如在美国，众筹监管的核心还是对中介机构，法律规定其必须在 SEC 注册为经纪自营商或集资门户，还要求其必须提供包括风险披露、投资者教育等其他材料。

需要注意的是，众筹的兴起也有特定环境支撑。Crowdfunder 联合创始人 Chance Barnette 认为，众筹的流行与硅谷活跃的创投环境有关。在我国目前有大量创业者在找投资、众多投资人在看项目的背景下，众筹便成为重要的沟通平台。

俗话说："橘生淮南则为橘，生于淮北则为枳。"在做大做强我国经济金融文化的背景下，更需要在包括众筹在内的互联网金融狂热中保持冷静和谨慎。例如，与基于互联网开放性、广泛性的大平台发展思路相比，短期内把众筹作为开拓社区金融服务的一个组成部分，作为区域小微金融创新的试验田，或许更容易实现效率与风险的平衡。

第六章　共享金融与 P2P 网络借贷[①]

共享金融与 P2P 网络借贷的关联

互联网金融的异军突起加速了传统金融向共享金融演变的进程，为共享金融加速发展提供了肥沃的土壤，对于扩大社会融资、加速“金融脱媒”、改善金融资源配置效率、提高金融普惠程度都大有裨益。

伴随着社会的发展，传统经济发展过程中产能过剩与资源稀缺的矛盾愈演愈烈，幸运的是，共享经济带给世界新的发展方向。在微观商业模式上，共享经济是指利用任何有价值的闲置资源、零散时间和特殊技能创造新的价值。从一个更加宏观的角度来看，共享经济是一个建立在人类和物资共享基础上的社会经济系统。在共享经济的发展方向下，随着互联网、大数据、移动支付的快速成长，共享金融应运而生，其特征包含资源共享、要素共享、风险共享和利益共享。

P2P 网络借贷是点对点的借贷，意指个体与个体之间的金融交易，通过互联网平台实现资金借贷双方在利率、期限等方面的匹配。P2P 网络借贷是通过互联网平台实现的直接借贷，其内在的精神背景是普惠金融，意

---

① 本文作者为：赵大伟，经济学博士，中国人民银行金融研究所互联网金融研究中心副秘书长；符健，国泰君安证券研究所计算机行业首席分析师。

指在公开、公平、公正的互联网背景下，降低金融门槛，让更多人共享金融服务。金融业自产生以来，其宗旨就是促进实体经济发展，为资金流通提供支持，其内在就有“共享”需求。P2P 网络借贷作为共享金融的典型表现形式，正是以大数据、云计算等移动互联网技术为手段和渠道，在完整的交易规则框架内，有效联通金融资源供求双方，提高金融资源与服务的配置效率，合理分担金融风险，增加金融产品和服务的可获得性，缓解小微企业“融资难、融资贵”问题。

总体来看，P2P 网络借贷利用互联网，在资源、渠道、风险等方面实现了公众共享，表现出典型的共享金融特征，是共享经济的一个重要分支，已经成为共享经济在金融行业中的典型表现形式。

国外 P2P 网络借贷发展的考察

P2P 网络借贷最初的线下雏形是孟加拉国的穆罕默德·尤努斯（Muhammad Yunus）为无法获得传统银行贷款的农村困难农户解决融资问题所创立的格莱珉银行。自全球首家 P2P 网络借贷平台 Zopa 于 2005 年在英国成立以来，这一创新型的借贷模式以快速、便捷、低成本的交易模式、广阔的融资空间以及个性化、定制化的产品等优势，迅速获得了市场认可，在世界范围内广泛展开并展现出良好的发展前景。

目前国外 P2P 网络借贷平台也在不断进行尝试，平台类型大致分为四种：征信型网络平台，如 Zopa；纯中介型网络平台，这种平台只提供借贷双方的信息，典型代表是 Prosper；信息型网络平台，此类平台利用第三方机构、社交平台为客户提供征信等数据，但不会对客户提供担保，典型代表是 Lending Club；公益型平台，主要帮助发展中国家低收入企业融资，典型代表是 Kiva。

全球首家 P2P 网络借贷平台——Zopa

自 2005 年 3 月成立以来，经过 11 年的发展，Zopa 已经成长为英国最大的 P2P 网络借贷平台。目前，Zopa 已在美国、意大利、日本等国开设了分公司，拥有约 21 万名出借人和借款人，累计向超过 11 万借款人提供约 10.97 亿英镑的低息贷款，向出借人支付利息收入约 6200 万英镑，坏账率仅为 0.6%。

Zopa 的经营理念

Zopa 秉承“更聪明的理财——出借人直接向理性借款人贷款，让资金持续增值；向符合标准、善于理财的借款人提供低息贷款”的经营理念，用互联网平台取代传统银行，将更多寻找低息贷款的借款人和寻找高资金收益率的出借人联系到一起，带来了更好的经济效益。

Zopa 的出借人

根据 Zopa 官网数据统计，Zopa 拥有大约 59000 名出借人，其中约 51000 人处于长期活跃状态，出借人只需完成开户、选择投资偏好等步骤，Zopa 将负责出借人在退出平台前的理财业务。

（1）开户：在网络上注册，出借人将资金从银行转入 Zopa 个人账户。

（2）选择投资偏好：出借人可以选择“灵活的短期投资——2 年和 3 年周期，平均收益率 3.8%”，也可以选择“高收益率的长期投资——4 年和 5 年周期，平均收益率 5%”。出借人随时可以修改投资偏好，修改后的偏好将自动适用于下一笔投资。

（3）“Zopa 为你理财”：资金自动进入序列，准备与借款人匹配；资金拆分成小额后发放给不同的借款人；借款人按月还本付息，这部分钱出借人可以继续出借或取回；每一笔投资都将适用最新收益率。

（4）借款人按月还本付息后，出借人可以随时取回投资；如果需要一次性取回投资，出借人可以在支付投资总额 1% 的费用后，将债权转让给平台上其他出借人。

Zopa 的借款人

借款人可以在 Zopa 获得 1000 ~ 25000 英镑的低息贷款，借贷周期为 1 ~ 5 年，根据贷款额和借贷周期的不同，利率固定在 4.8% ~ 7.9%。借款人贷款利率是 Zopa 根据信用评分确定的，出借人和借款人之间无法直接联系，出借人无法看到自己的资金借给了哪些借款人，完全是由 Zopa 平台负责将资金借出去。

成为 Zopa 借款人需满足以下条件：

（1）通过身份确认；

（2）年满 20 周岁；

（3）有可查的信用记录；

（4）有良好的债务偿还记录；

（5）目前是英国居民，在英国有三年以上居住史；

（6）年收入 12000 英镑以上；

（7）有能力偿还贷款。

如图 6.1 所示，借款人可将贷款用于购买汽车、改善住房、偿还信用卡债务等。自 2013 年 7 月起，Zopa 开始向小微企业发放贷款，发放给借款人的贷款亦可用于创业。

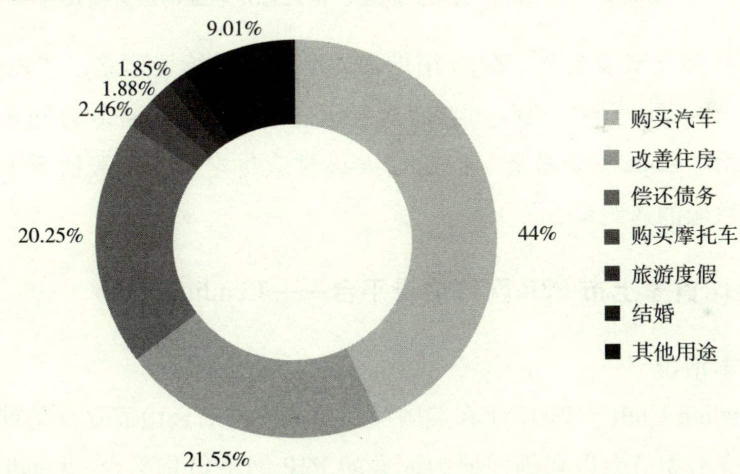

图 6.1 Zopa 贷款主要用途与贷款金额占比

Zopa 风控

Zopa 从以下三个方面为出借人降低风险：

（1）严格筛选借款人，只向符合标准的借款人发放贷款；

（2）如图 6.2 所示，Zopa 将出借人资金拆分成小额后发放给不同的借款人，确保每个借款人只持有每个出借人一部分资金，从而确保为出借人降低风险的同时带来较为稳定的收益。

出借人投资未超过 2000 英镑的，将资金分成 N 份（每份 10 英镑）借给不同的借款人；投资超过 2000 英镑的，则平均借给 200 个借款人。

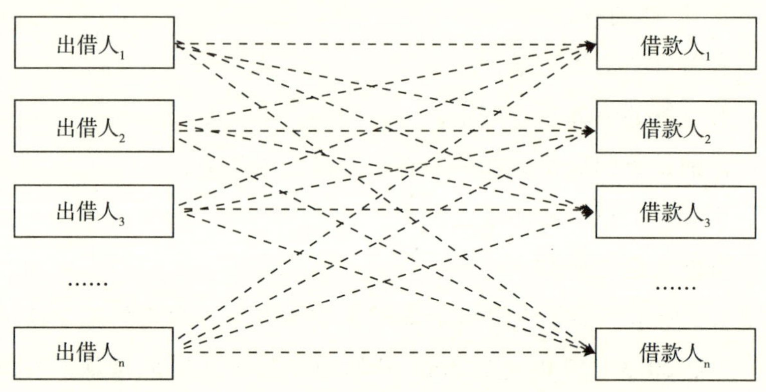

图 6.2　Zopa 降低出借人风险、保证稳定收益的放贷模式

（3）建立安全基金。Zopa 用借款人缴纳的手续费建立了“Zopa 安全基金”，用于防范潜在风险。当借款人超过四个月未按贷款合同还本付息时，则由“Zopa 安全基金”向出借人垫付应付本息，一般情况下还会支付一定数额的违约金。

全球首家上市 P2P 网络借贷平台——Lending Club

基本情况

Lending Club 于 2007 年在美国加利福尼亚州旧金山成立，是首家于美国证券交易委员会以票据注册为证券的 P2P 网络借贷平台。Lending Club 以点对点借贷模式汇集了符合信用的借款人和精明的出借人，提供更加快捷、更加便利的渠道，取代高成本和复杂的银行贷款方式，从而摆脱了银行在借贷中的核心媒介作用。Lending Club 已发展成为全球最大的 P2P 网络借贷平台。Lending Club 采用纯线上模式，未设立任何线下分支机构，不仅向个人提供贷款，也向企业提供资金支持。2014 年 12 月，Lending Club 在美国纽交所正式挂牌交易，成为全球首家上市的 P2P 网络借贷平台，其总融资金额达到了 8.7 亿美元，总市值约为 80 亿美元。

根据 Lending Club 官网统计，截至 2015 年第二季度，平台累计贷款量达到 111.67 亿美元，仅 2015 年第二季度就发放约 19.11 亿美元贷款，占据美国 P2P 网络借贷行业超过 75% 的市场份额。

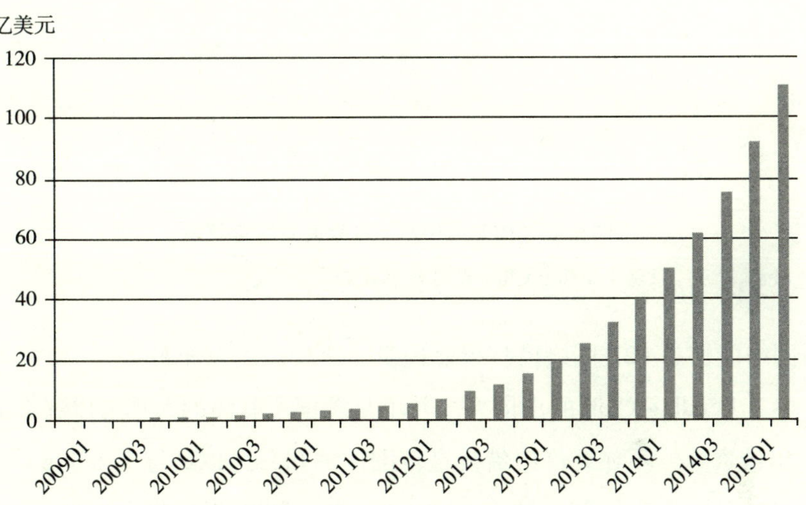

图 6.3　2009 ~ 2015 年累计贷款量增长情况

数据来源：根据 Lending Club 官网数据整理

参与主体

Lending Club 改变了借贷行业的面貌，利用精简的机构、低成本的科技，使贷款更容易获得，致力于开展透明、高效、客户友好型的借贷业务，使出借人和借款人都能通过平台受益——向出借人提供更高回报率的投资渠道，向借款人提供低成本、便利的借贷渠道。

2007 年 5 月，Lending Club 登录 Facebook，这成为奠定 Lending Club 借贷行业龙头地位的契机。Lending Club 创始人坚信，P2P 网络借贷行业通过社交网络能够更快更广地发展，社交网络带来的庞大社交图谱和人际

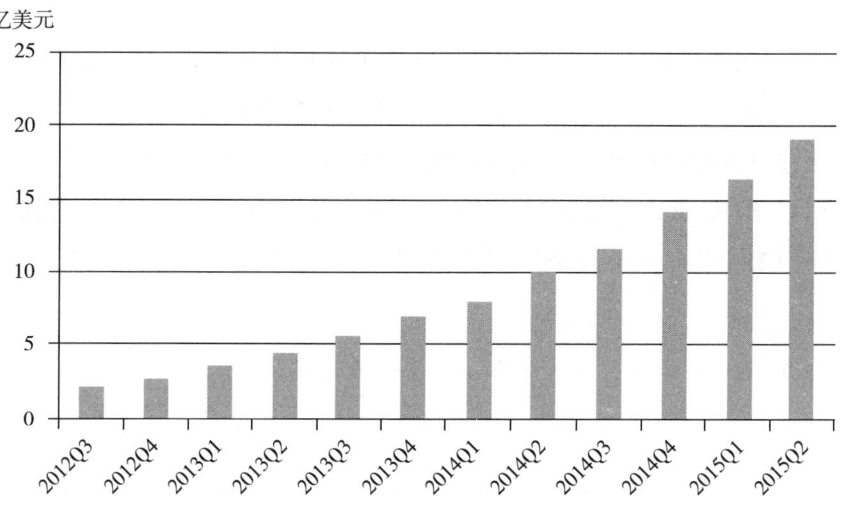

图 6.4　2012～2015 年每季度新增贷款量

数据来源：根据 Lending Club 官网数据整理

关系网络能够为 P2P 网络借贷行业提供一个理想的发布平台。

（1）Lending Club 的出借人。并不是美国所有州的人都可以在 Lending Club 出借资金，不在允许出借资金范围内的州，可以通过 Lending Club 的二级交易平台 Foliofn 进行资金交易。Lending Club 对出借人提出了金融资产要求，并规定某些州出借人出借资金不能超过个人资产的一定比例。当出借人每次收到借款人还款时，Lending Club 会向出借人收取 1% 的管理费。由于管理费不是按年收取，而是根据发生还款收取，故而根据借贷周期的不同，1% 管理费对出借人的影响可能小于 1% 。

值得注意的是，Lending Club 的贷款是无担保的，一旦借款人发生违约行为，Lending Club 只能通过平台、第三方催收机构联系借款人，在极端情况下，可通过法律诉讼，采用不动产扣置、银行扣押财产的方式弥补出借人资金损失，并将借款人违约行为数据传递给信用部门，降低借款人信用指数。

（2）Lending Club 的借款人。借款人可以在 Lending Club 申请 1000～

35000美元的贷款，在每次完成贷款的6个月内，借款人不能再次申请贷款。6个月期限达到后，借款人可以继续贷款，但两次贷款总金额不能超过5万美元。

成为Lending Club借款人需满足以下条件：

1）是Lending Club允许开展借贷业务州的居民；

2）年满18周岁的美国公民，需要提交有效的社会保障号码；

3）借款人拥有有效的银行账户；

4）借款人FICO（美国一种个人信用评级方法）信用评分应在660分以上；

5）借款人债务/收入比应低于35%；

6）借款人应至少有三年的信用记录；

7）FICO信用评分在740分以上的借款人，其信用报告在过去6个月内受信用调查次数应少于9次；

8）FICO信用评分在740分以下的借款人，其信用报告在过去6个月内受信用调查次数应少于4次；

9）借款人不能透支所有信用卡，信用卡循环使用率应小于100%；

10）信用报告显示至少有两个循环账户正在使用。[①]

如表6.1所示，Lending Club会对成功获得贷款的借款人一次性收取管理费，管理费会根据贷款期限和等级变动。

表6.1　不同贷款期限和等级的管理费标准　（单位:%）

贷款期限	A			B	C	D	E	F	G
等级	1	2~3	4~5	1~5	1~5	1~5	1~5	1~5	1~5
36个月	1.11	2.00	3.00	4.00	5.00	5.00	5.00	5.00	4.00
60个月	3.00	3.00	3.00	5.00	5.00	5.00	5.00	5.00	5.00

① ［美］Peter Renton. Lending Club简史［M］. 第一财经新金融研究中心，译. 北京：中国经济出版社，2013。

运作特点

（1）Lending Club 的生态系统。Lending Club 在业务快速增长的同时，提供了可利用权证进行交易的二级平台，该平台由 Foliofn 运营。2010 年 11 月，LC Advisor 注册成功，它是一家资金管理公司，保障投资者的资金安全。随着 Lending Club 大额投资期的出现，投资于低风险项目借款人（A、B 级客户）的保守信贷基金 CCF 和投资于中等风险项目借款人（B、C、D 级客户）的信贷基金 BBF 相应被设立。此外，一些围绕 Lending Club 进行数据分析的工具和平台（如 Nickel Steamroller、Lendstats、Peercube、Interest Radar），可用于回测不同的投资决策，完善了 Lending Club 生态系统。

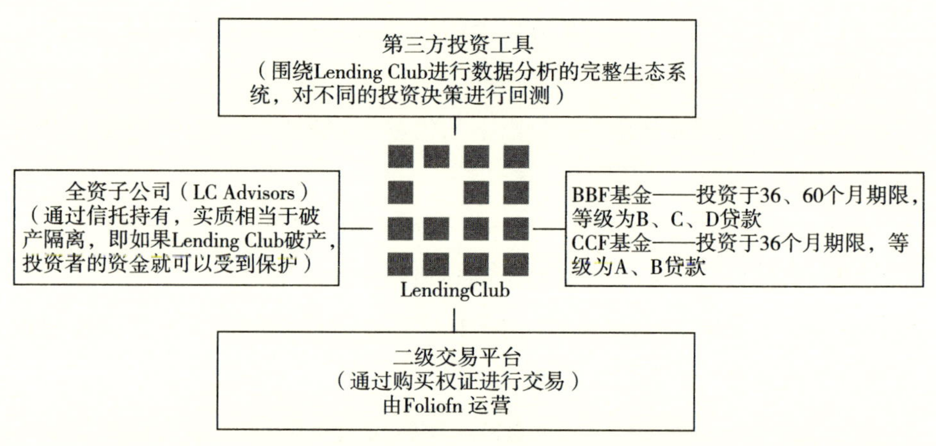

图 6.5　Lending Club 的生态系统结构

数据来源：iResearch

（2）Lending Club 的业务流程。整个业务流程只需 10 分钟即可完成。一旦借款人在 Lending Club 发布了贷款需求，出借人即可向其借款，整个借款过程短则几个小时，长至 14 天，平均为 5 ~ 6 天。出借人也可以在 Lending Club 平台上通过投资工具设定投资组合，或者浏览平台上发布的贷款信息，自行选择投资项。

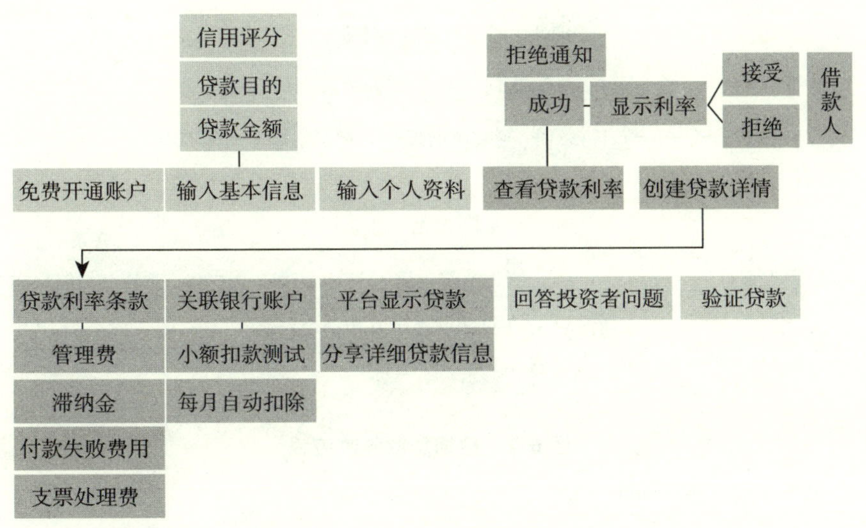

图 6.6　Lending Club 的业务流程

数据来源：iResearch

（3）Lending Club 的风险控制。Lending Club 规定清晰明确的借款资格要求，严格审核贷款申请（事实上，接近 90% 的申请都被拒绝）。Lending Club 同时会向信用机构报告所有借款人的还款行为，延期还款或者违约都会降低借款人的信用指数，以此来约束借款人，有效控制坏账风险。同时 Lending Club 与专业第三方催收机构合作，有效控制了逾期贷款率和坏账率。

（4）Lending Club 的盈利模式。Lending Club 本身并不直接接触出借人和借款人之间的资金往来，其核心盈利模式主要来自于借贷双方的手续费。针对借款人的手续费为其整体借款规模的 1.1% ~5.0%，针对出借人则主要收取投资总额 1.0% 的管理费。

中国 P2P 网络借贷行业发展的考察

发展概况

2007 年，我国第一家 P2P 网络借贷平台拍拍贷在上海成立，标志着

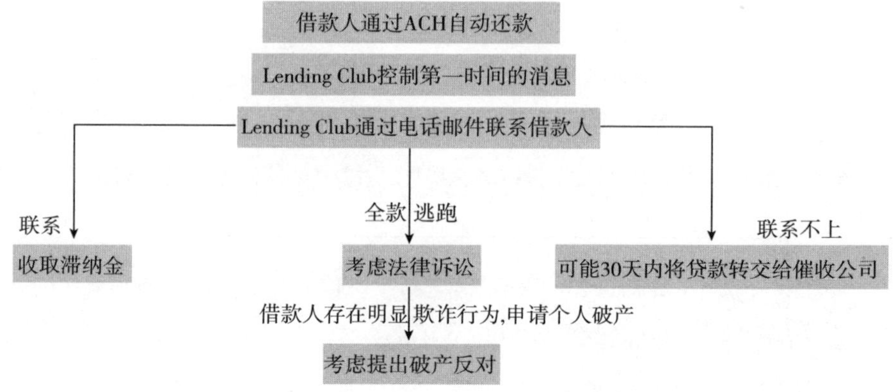

图 6.7　逾期贷款催收流程

数据来源：iResearch

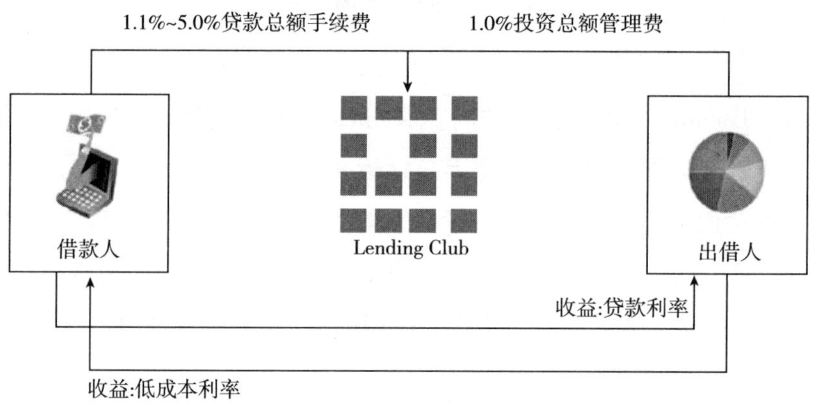

图 6.8　Lending Club 的盈利模式

数据来源：iResearch

P2P 网络借贷正式进入中国。2013 年，P2P 网络借贷行业进入井喷式发展阶段，平台数量、成交额、贷款余额急速增长。据网贷之家统计，截至 2015 年 8 月，我国 P2P 网络借贷平台累计数量已达 3259 家，2015 年 1 ~ 8 月累计成交量达到 4805. 91 亿元，贷款余额增至 2769. 81 亿元。

我国 P2P 网络借贷行业的快速发展主要得益于以下三大因素。第一，

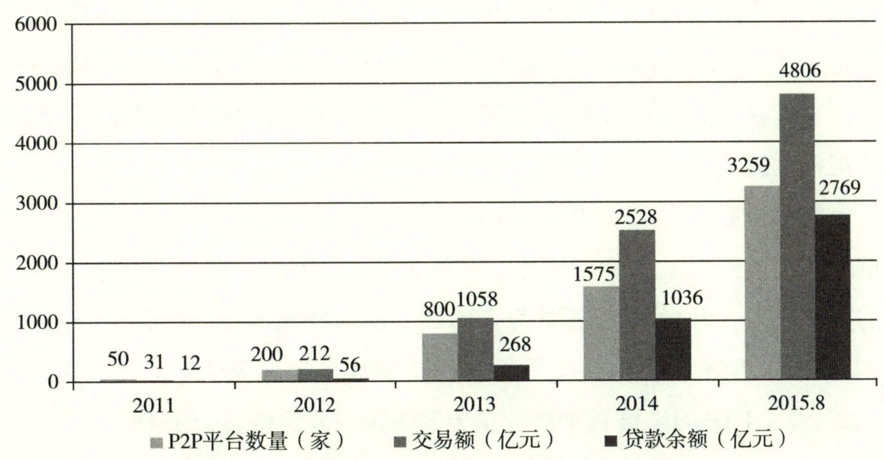

图 6.9　2011～2015 年 8 月我国 P2P 网络借贷行业发展情况

数据来源：根据网贷之家数据整理

互联网经济和互联网技术的飞速发展是 P2P 网络借贷行业发展的前提。第二，金融资源匹配不均衡是我国 P2P 网络借贷行业发展的根本原因。长期以来，我国金融市场一直是供给小于需求，小微企业融资一直存在融资成本高、融资困难的问题，与此同时，个人消费金融需求没能得到有效满足，装修、旅游、教育的消费金融市场开发程度一直较小。第三，政策环境相对宽松为 P2P 网络借贷行业的生长提供了肥沃的土壤，在 2015 年 7 月前，金融监管对 P2P 网络借贷行业开绿灯，丰厚的利润吸引了大量进入者。

近几年，我国 P2P 网络借贷平台的发展大致经历了以下五个阶段：

第一，概念引入期（2007～2009 年）。我国最早的 P2P 网络借贷平台是 2007 年成立的拍拍贷；同年，宜信上线；2009 年，红岭创投成立；随后一段时期，国内新成立的 P2P 网络借贷平台较少。

第二，行业初现期（2010 年）。我国特殊的金融体制导致直接融资成本过高，加之民间借贷需求巨大，社会存在大量闲散资金等因素，催生了大量 P2P 网络借贷平台。

第三，迅速成长期（2011～2012年）。从2011年开始，P2P网络借贷行业进入迅速成长阶段，开始被投资界所重视。2011年，平安集团成立陆金所，宜信获得美国国际数据集团、摩根士坦利、凯鹏华盈的联合投资，行业规模迅速扩大。

第四，行业爆发期（2013～2015年7月）。2012年下半年，互联网金融概念首次被提出，2013年开始被广泛追捧，P2P网络借贷作为互联网金融的主要业态，开始被金融消费者熟知。据网贷天眼统计，截至2013年12月31日，我国P2P网络借贷平台成交额规模达到897.1亿元，同比增长292.4%，P2P网络借贷平台数量为523家，同比增长253.4%。

第五，行业规范期（2015年7月至今），随着《关于促进互联网金融健康发展的指导意见》的发布以及《网络借贷信息中介机构业务活动管理暂行办法（征求意见稿）》向社会公开征求意见，P2P网络借贷行为被正式归为民间借贷范畴，法律地位得以保证，P2P网络借贷平台信息中介的性质得以明确。曾经在无序环境中野蛮生长的行业被规范化后，不规范的平台会分批退出，P2P网络借贷行业或面临巨大震荡。长期来看，《关于促进互联网金融健康发展的指导意见》及其他管理办法将起到规范行业、促进行业健康发展的积极作用。

国内P2P网络借贷行业的发展特点

平台数量快速增长，行业发展大浪淘沙

随着我国金融消费者对于网络贷款接受程度的逐步提升，P2P网络借贷的概念持续变热，传统金融企业理财产品收益水平下降，小微企业对于资金的需求大大增加，促使P2P网络借贷行业快速发展。

据相关数据显示，截至2015年9月底，我国正常运营P2P网络借贷平台达2417家，贷款余额达到3176.36亿元，同比增长391%，环比增长14%；其中，运营时间超过24个月的平台为87家，占总数的3%，注册资本超过千万元的平台有270家，占总数的11%。在成交量方面，2015

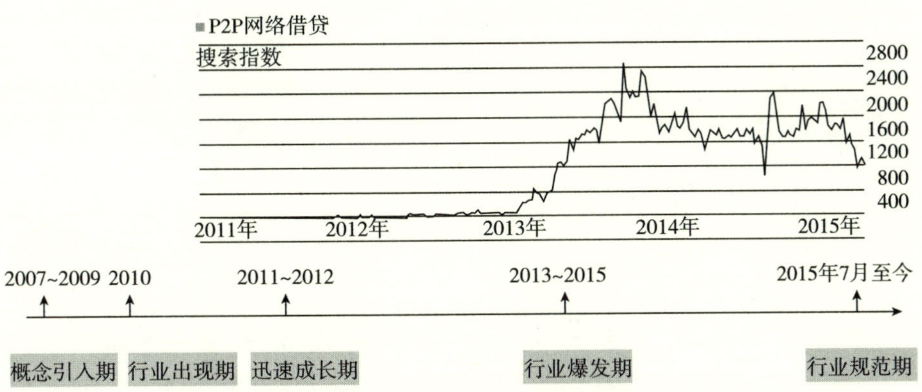

图 6.10　P2P 网络借贷行业发展历程以及“网贷指数”

数据来源：百度指数

年 9 月，P2P 网络借贷行业整体成交量达 1151.92 亿元，环比 8 月上升 18.19%，历史首次单月突破千亿元成交量大关，是上年同期的 4.39 倍。伴随着政策利好的支持，P2P 网络借贷人气指数进一步攀升，P2P 网络借贷行业成交量有望继续增长。2015 年 1～9 月累计成交量达到 5957.83 亿元。同时，主要 P2P 网络借贷平台如红岭创投、鑫合汇等，前十位出借人的代收金额达千万元，借款人的融资数额也在千万元级别，甚至上亿元。可见，近年来我国 P2P 网络借贷行业发展十分迅猛，行业已经初具规模。

我国 P2P 网络借贷交易集中在北京、广东、浙江、上海等地，市场宣传和行业发展还没有普及至三、四线城市及农村市场。截至 2015 年 9 月，P2P 网络借贷贷款余额分布中，北京、广东、上海、浙江合计占总余额的 86.7%。平台分布层面，广东平台数为 457 家，浙江为 291 家，北京为 278 家，上海为 195 家。这些地区大多经济发达，民间借贷活跃，而随着互联网技术的发展和 P2P 网络借贷平台风控能力的增强，其他省份的业务占比将有所提高。

《关于促进互联网金融健康发展的指导意见》等文件出台以后，P2P 网络借贷行业开始洗牌，两极分化的局面逐渐形成。一方面，行业领跑者

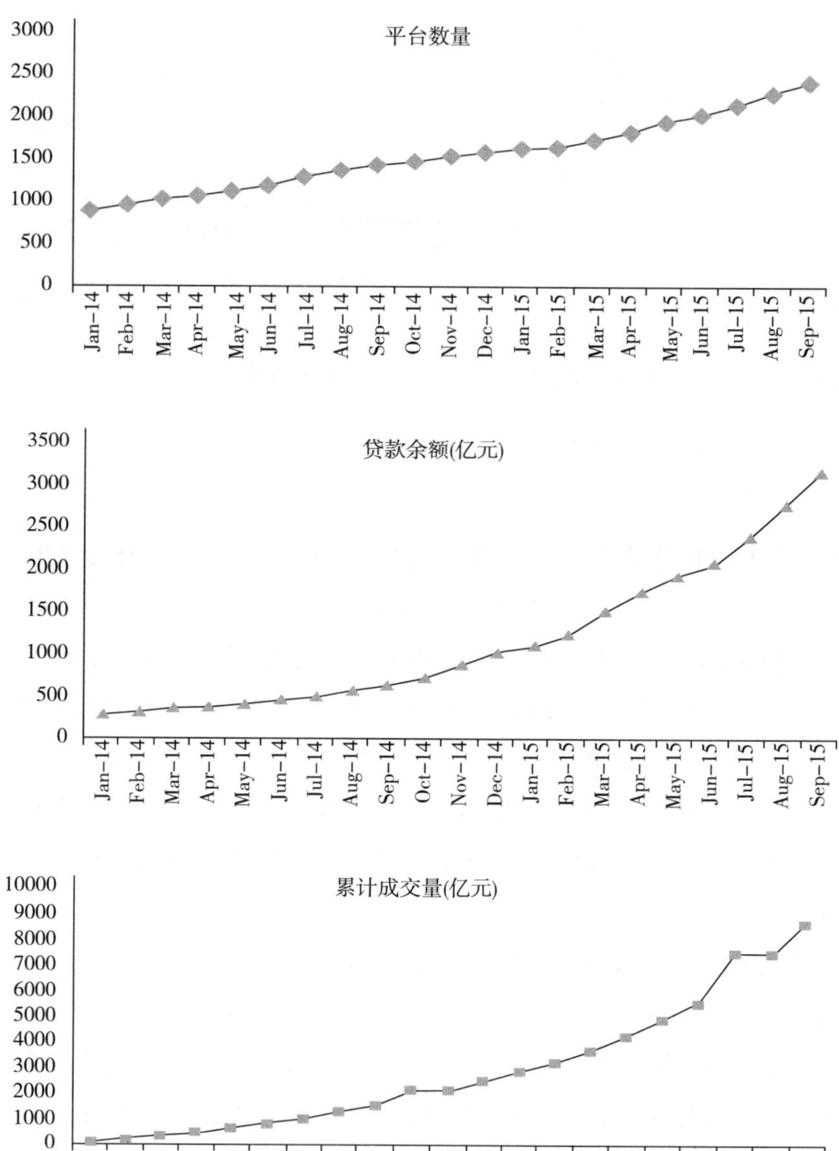

图 6.11　2014～2015 年我国 P2P 网络借贷平台数量、贷款余额以及累计成交量统计

数据来源：网贷之家

的市场份额不断加大，开始进行个性化的市场定位，比如陆金所逐渐弱化传统 P2P 网络借贷，开始涉足 F2P（Free to Play，免费游戏）领域，着眼于结构化证券和金融资产交易；人人贷进一步巩固和扩大消费贷款领域。另一方面，随着我国宏观经济下滑，问题平台将会不断暴露，可以预见，随着行业竞争的进一步加大、行业龙头竞争实力的进一步加强，劣质平台的生存几率将大大降低。

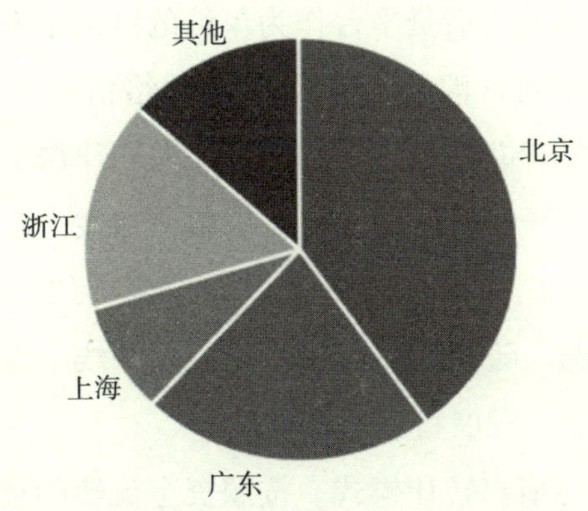

图 6.12　我国 P2P 网络借贷平台地域分布

数据来源：网贷之家

商业模式多元化

P2P 网络借贷行业的商业模式大致有如下几种分类：信用类与非信用类、消费性借款与经营性借款、线上型与混合型、平台模式与债权转让模式。

（1）信用类与非信用类。按照风险控制模式进行划分，可分为信用和非信用类。信用类 P2P 网络借贷即不需抵押，纯靠大数据征信技术确定额度，之后发放贷款，这种模式对于征信水平和惩罚机制设计的要求都比较高，风险比较高，相应的利率偏高。而非信用类 P2P 网络借贷则以房车等资产作为抵押，安全性比较高，利率相对偏低。随着监管政策的落地，P2P 网络借贷平台不得提供增信，纯信用平台将成为未来发展趋势。

（2）消费性借款和经营性借款。按照借款用途划分可分为消费性借款和经营性借款。消费性借款大多面向个人，属于消费金融范畴，例如旅游贷、教育贷等；经营性借款面向企业，主要目的是满足小微企业融资需求，为小微企业提供现金流。随着消费金融的普及，消费性借款发展有望快于经营性借款。

（3）线上型与混合型。按业务发展模式划分，可分为线上型和混合型。线上型是指 P2P 网络借贷平台作为单纯的网络中介存在，负责制定交易规则和提供交易平台。混合型是指 P2P 网络借贷平台在线上主攻理财端，吸引出借人并公开借贷业务信息以及相关法律服务流程，而线下主要负责强化风险控制、开发贷款端客户。借款人在线上提交借款申请后，平台会通过所在城市的门店或代理商采取入户调查的方式审核借款人的信用、还款能力等情况。随着互联网技术的发展，线上型成本低，便利快捷的特点将进一步凸显，发展将更为迅猛。

（4）平台模式与债权转让模式。按照资金流转的过程可分为平台模式和债权转让模式。平台模式即纯平台模式，出借人根据自己的需求，在平台上选择资产标的，平台只负责信用审核、展示及招标，以收取账户管理费和服务费为收益来源。而债权转让模式又称“多对多”模式，其内涵是指借贷双方并不直接签订债权债务合同，而是通过第三方先行放款给借款人，再由第三方将债权转让给出借人。其中，第三方与 P2P 网络借贷平台高度关联，一般为平台的内部核心人员。P2P 网络借贷平台的作用是通过对第三方债权进行金额拆分和期限错配，将其打包成类似于理财产品的债权包，供出借人选择。

行业监管初见成效，问题平台数连续降低

2015 年，P2P 网络借贷行业问题平台大幅增加。据网贷之家数据显示，截至 2015 年 9 月底，累计 P2P 网络借贷问题平台达到 1031 家，仅 2015 年就新增 663 家。按照 P2P 网络借贷行业平台总量 3448 家来测算，出借人的“触雷”概率高达 30.4%，几乎每三家平台中就会出现一个问题平台。

随着《关于促进互联网金融健康发展的指导意见》《网络借贷信息中介机构业务活动管理暂行办法（征求意见稿）》《非银行支付机构网络支付业务管理办法（征求意见稿）》的逐步落地，使大量不合规的平台退出，近期新增问题平台数有下降趋势，行业安全性、规范性正在转好。

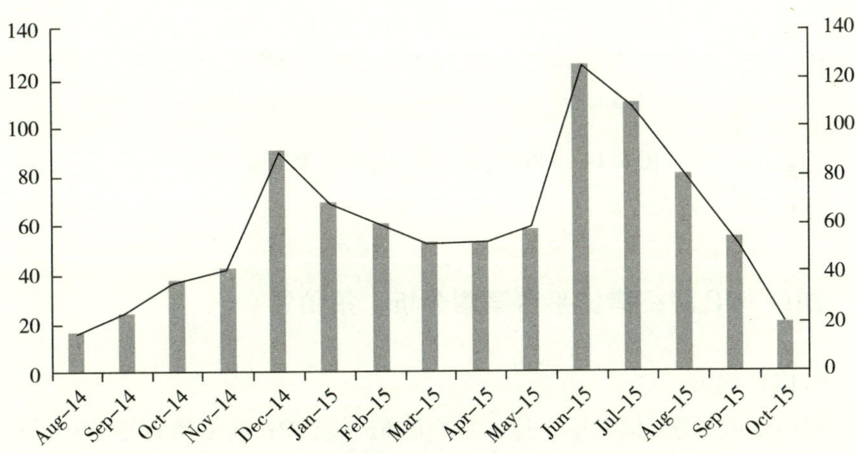

图 6.13　2014 ~ 2015 年 P2P 网络借贷行业问题平台数统计

数据来源：网贷之家

公众理性且投资补贴取消，收益水平逐渐下降

随着互联网金融监管持续深化，P2P 网络借贷行业逐步进入规范化发展阶段，曾经依靠高收益吸引出借人的时代不复存在，多数平台纷纷下调收益率。从出借人角度来看，在经济下行的环境中，急需安全理财对资产进行保值，由于补贴逐步取消，一级市场层面 P2P 网络借贷投资热度有所下降。从平台角度来看，作为传统金融的延伸，P2P 网络借贷本身就是为了解决中小微企业融资问题、降低融资成本让市场可持续发展而产生的，因此降低收益率是一条必经之路。

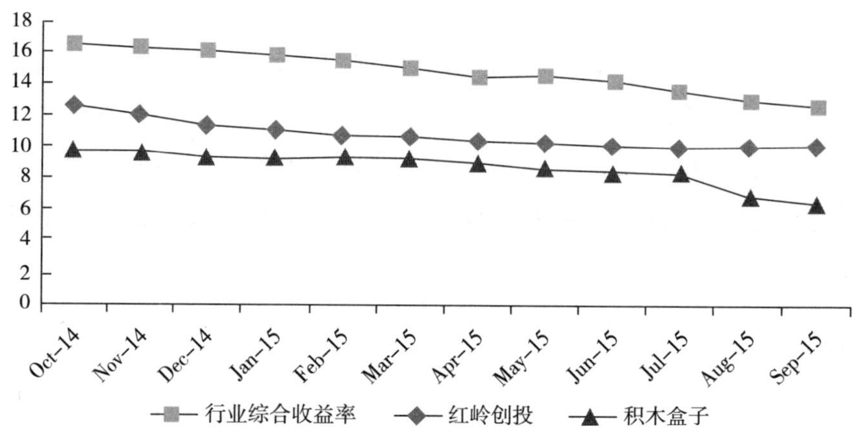

图 6.14　P2P 网络借贷行业收益率逐渐下降

数据来源：网贷之家

国内 P2P 网络借贷平台案例分析：拍拍贷

拍拍贷简介

拍拍贷成立于2007年6月，是我国第一家P2P网络借贷平台。其运作方式为线上型，产品主要分为两大类：一类是个人消费类，另一类是供应链金融类。

其盈利模式在于其本身的人力资源成本远低于混合型P2P网络借贷平台，因此可将更多的利益让渡给出借人和借款人，以较低的借款成本和较高的投资收益获取更多用户。

拍拍贷发展现状及发展趋势

（1）网站用户趋势走高，用户黏性已经形成。2015年6月至2015年10月，拍拍贷出借人数日均值约为6800人，并于2015年8月17日达到13875人，借款人数日均值在3000人左右，2015年9月28日达到9950人。出借人数和借款人数长期趋势看涨，拍拍贷已经形成了一个缓慢增加的固有用户群体，在这部分固有用户群体中，已形成了相对较强的黏性。

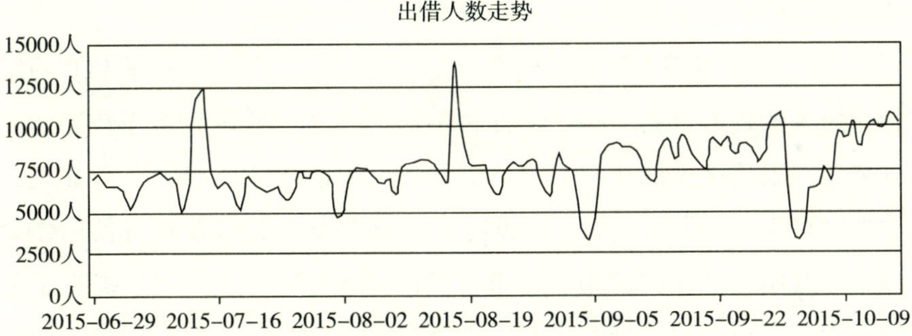

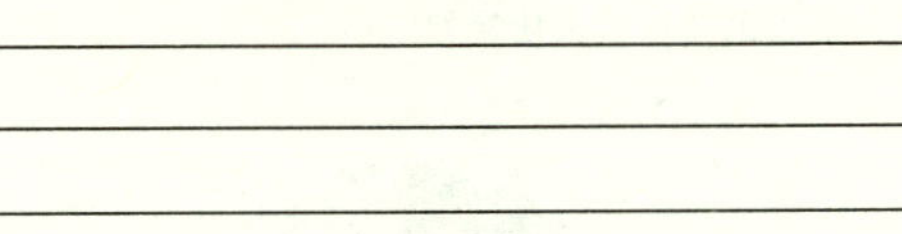
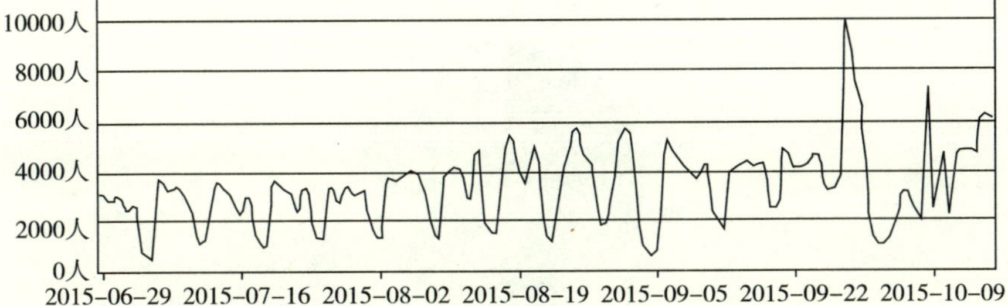

图 6.15　拍拍贷出借人数、借款人数走势

数据来源：网贷之家

（2）交易规模高速增长，普惠金融再次升级。经历了 8 年多的发展，2015 年上半年，拍拍贷成交额突破 13 亿元，同比增长 209.3%，其中单月成交量从 1 亿元增至 3 亿元，创平台单月成交量新高。截至 2015 年上半年末，拍拍贷服务人数超 642 万，业务覆盖全国 95% 的区域，共服务借款人 232925 人，独占行业 22% 的借款人份额，相当于行业每 5 个借款人中就有 1 人在拍拍贷借款。上半年拍拍贷共收到 143 万笔借款申请，审批通过 25 万笔借款，同比增长 248.6%，相当于每分钟成功发放 1 笔借款。平台上 80.2% 的单笔借款金额小于 5000 元，服务更贴近消费金融的需求，惠及更多人群。拍拍贷平均每亿元借款能满足 18953 个借款人的需求，是上半年行业成交量 TOP3 平台服务人数总和的3倍多。[①]

（3）个人消费需求明显，消费金融潜力巨大。个人消费是P2P网络借贷行业未来的核心潜力市场，一方面在于互联网本身在C端用户层面的先天优势，在聚集庞大的用户之后，C端用户的消费能力将进一步显现；另一方面则在于伴随着人们信用消费意识的逐步加深，以及现有信用体系无法满足所有用户群体的信用卡需求，P2P网络借贷为此类用户提供了更好的信用消费渠道。拍拍贷专注于消费金融领域，平台上71%的借款用途为个人消费。

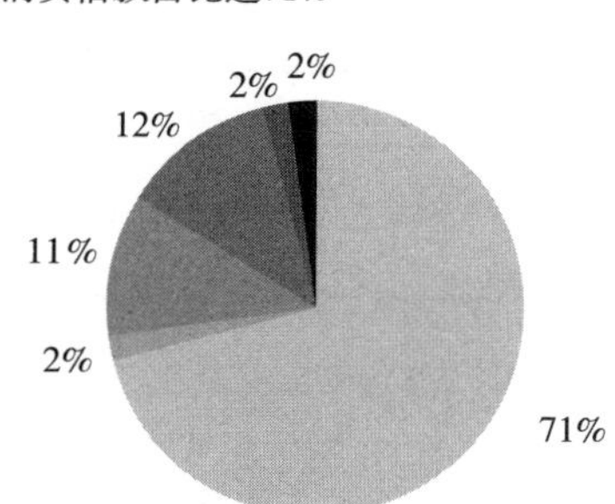

图6.16 拍拍贷个人消费借款占比

数据来源：拍拍贷2015年业绩报告

（4）风险管控行之有效，自动投标管理科学。2015年3月24日，拍拍贷发布了基于大数据的风控系统——魔镜。该系统用于预测借款标的风险概率和基于准确风控评级制定风险定价。“魔镜”系统对平台逾期预测和风险防范起到了重要作用。2015年上半年，拍拍贷逾期率为1.70%，继续保持了稳步下降的趋势，风险等级为A级以上的借款金额占比约64%，充分说明平台整体资产质量良好。数据显示，2015年上半年彩虹计划的规模达1.85亿元，“快投”自二季度上线以来，也深受出借人追捧，出借金

① 数据来源于拍拍贷2015年半年报。

额高速增长近12倍。

（5）征信业务成果显著，优质数据开始变现。基于我国现有的征信体系，拍拍贷一直在寻求一条通过数据实现的风险控制体系。经过几年的沉淀，拍拍贷的征信业务成果显著：2015年上半年，拍拍贷为213万名借款人新创建了信用档案；截至2015年6月30日，拍拍贷共为529万名借款人建立了信用档案。拍拍贷已经为20家平台及第三方机构输出了征信服务，提供了基于海量大数据分析、授信决策、信用评估以及数据决策引擎的服务。未来我国的征信体系将逐步放开，包括传统金融机构、电商平台、小贷公司、网贷公司的一系列数据均将实现对接管理，拍拍贷无疑已经走在市场前列。

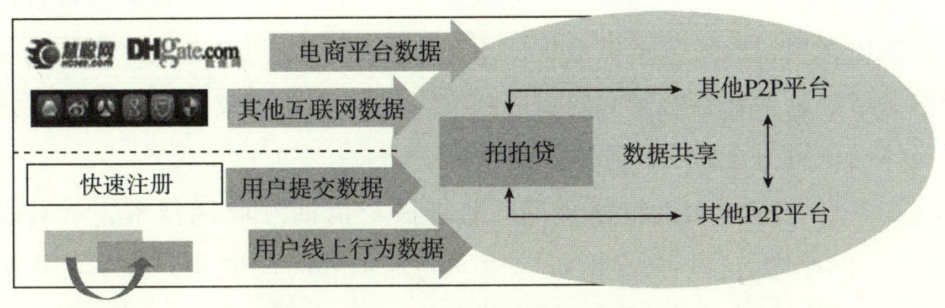

图6.17　拍拍贷核心数据来源体系

数据来源：iResearch

共享金融背景下P2P网络借贷的内涵和作用

全球金融危机的冲击使共享消费这一理念应运而生，使参与者能够在不独立享受所有权的基础上分享产品和服务。历次危机不断带来对资源充足性、社会可持续性、各类结构性失衡矛盾的担心，以及经济与金融发展中的“多级分化”日渐突出，再加上互联网对社会结构的迭代式冲击不断深入，使得后工业社会、消费社会的增长模式中，不仅可以把“分享”作为一种“调剂部分”，更可以向“共享”型的机制建设进行演变。通俗地说，共享经济强调的是以信息化技术手段和渠道为桥梁，公众更加平等、有偿地共享一切社会资源，彼此以不同的方式付出和受益，共同享受经济红利。① P2P 网络借贷的产生不仅是融资手段创新，更是融资理念的再造，是共享经济、共享消费理念在金融领域内的延伸。

P2P 网络借贷有利于缓解金融资源“错配”难题

长期以来，我国传统金融体系资源配置效率偏低，金融资源“错配”现象持续存在。在我国经济“新常态”发展格局下，经济运行中的结构性问题日益突出，金融作为经济的血脉，金融资源供需同样存在结构性失衡。在不同企业间，由于风险低、收益稳定、信用等级高以及政府干预等因素存在，大量金融资源流向国有企业，而缺乏抵押物、风险高、信用等级低的小微企业。在不同地区间，城乡“二元”体制格局导致金融资源不断向城市聚集，农村金融供给长期不足。由于地区间要素禀赋不同，无差异的金融政策导致金融资源向东部、沿海发达地区聚集，西部等欠发达地区实体经济发展金融支持力度不足。

在共享经济理念助推下，P2P 网络借贷借助互联网技术，本着服务“人人”的原则，打破了金融资源流动的地域和时间限制，在一定规则的基础上，能够撮合来自不同地域的借款人和出借人达成交易，从而盘活出借人的闲置资金，扩大社会整体融资空间，满足不同类型借款人的资金需求，实现金融资源的合理配置。

P2P 网络借贷有利于推动金融体系“去中介化”进程

金融服务的生产有典型的规模经济性质，即需要较大的固定投入，而提供服务的边际成本相对较小，由专门金融中介来提供金融服务可以更为经济。与此同时，金融中介在处理金融领域的信息不对称上具有专业化优势，因此通过金融中介进行交易可以降低由于信息不对称导致的逆向选择

---

① 姚余栋，杨涛．共享金融：大变革时代金融理论有了突破点［N］．上海证券报，2015-09-08.

和道德风险，总体成本相对较低①，故而金融中介在传统金融体系中扮演着不可或缺的重要角色。但传统金融中介随时持有的、用于支付需要的流动资产只占负债总额的很小部分，当其流动性不足时，如果大量出借人同时要求兑现债权，传统金融中介将承担流动性风险。

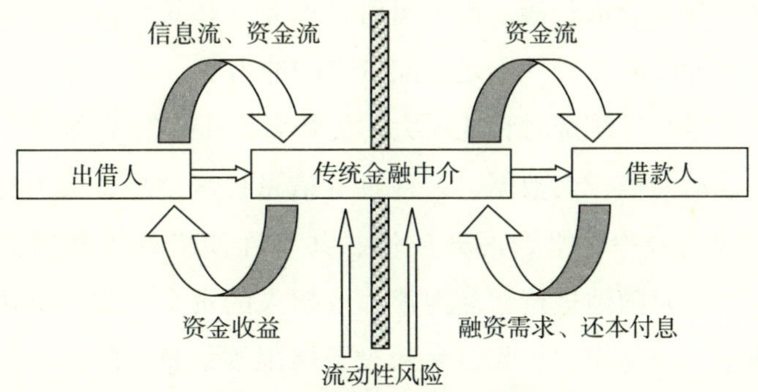

图 6.18　传统金融经营模式

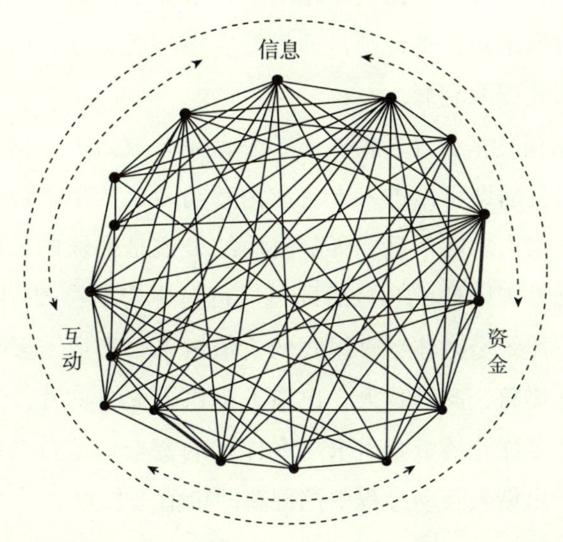

图 6.19　互联网金融时代下 P2P 网络借贷平台经营模式

① 杨涛，程炼．互联网金融理论与实践［M］．北京：经济管理出版社，2015.

在传统的金融经营模式中，出借人和传统金融中介、传统金融中介和借款人之间是两个闭环交易环节，传统金融中介分别扮演了“借款人”和“出借人”的角色，事实上履行了金融资源再分配职能，隔断了出借人和借款人之间信息、资金的流通，金融中介作为出借人和借款人的连接点，凭借着信息优势来获取利润。但不可否认的是，传统金融中介在获取利润的同时也时刻面临着流动性不足可能带来的冲击。

互联网金融与传统金融相比最大的优势就在于信息对称。[①] P2P 网络借贷平台利用移动通信、大数据、云计算等信息技术手段，极大地提高了信息搜索和传输的效率，平台的开放性、共享性使借款人和出借人能够快捷、低成本、随时随地进行相互搜索，借款人的资金用途、信用记录、项目的基本类型、交易模式、收益率和投资期限等信息，降低了资金交易双方之间的信息不对称，增加了资金交易达成的可能性。金融中介的作用将被信息的开放和共享逐步淡化，原先由金融中介承担的流动性风险也转而由平台参与者共同承担，平台则是通过撮合参与者交易，以服务费、管理费、手续费等形式赚取利润。

在 P2P 网络借贷平台经营模式下，平台是开放式的，借款人、出借人满足一定准入条件后即可以进入平台成为参与者，共享平台上的信息和资源；借款人、出借人之间信息、资金流动的渠道是畅通的，借款人、出借人基于一定基础性规则达成合意后即可进行自主交易；P2P 网络借贷平台经营模式打破了传统金融体系直线式的价值链条，形成了多元化的价值网络，破除了信息樊篱，向借款人、出借人提供了充分的互动、交流的可能性，不仅有利于多样化的资金需求与多样化的资金供给自动进行匹配，还可能在借款人、出借人互动过程中挖掘新的价值增长点。

---

① 互联网能够显著降低交易双方信息不对称，但交易双方披露的部分信息可能是经过处理、加工的，或者部分信息的专业化程度过高，同时借款人短期流动性不足等情况是难以预期的，导致交易双方之间不可能是完全的信息对称。

P2P 网络借贷赋予参与者更多的自主选择权

传统金融体系中，金融中介在与小微企业、个人博弈时，不仅掌握着资金分配权，也掌握着资金价格的定价权。有资金需求的小微企业、个人面临着“贷”与“不贷”两种选择，其意见表达和选择难以对资金价格产生影响，选择“贷”只能接受金融中介的资金价格，选择“不贷”则难以获得金融支持。互联网金融依靠平台为参与者提供了一个随时随地、快捷、以低成本展示金融产品、表达资金需求的机会。出借人可以选择平台、可以选择将资金出借给一个借款人，也可以将资金拆分，按不同的资金价格出借给多个借款人；借款人可以在充分互动交流的基础上选择符合自身偏好的金融产品，促使出借人开始重视借款人的偏好与需求。平台参与者自主选择权可以促使金融市场加速向自由选择型市场发展。

P2P 网络借贷平台不仅为参与者提供了自主选择权，而且借款人的行为决策能够在一定程度上影响资金价格走势。P2P 网络借贷平台是一个信息充分、地位平等、互动共享的自由市场，借款人能够发现平台上有哪些出借人在提供资金，能够快捷、低成本地掌握出借人的基本信息、资金数量、资金价格和出借周期，从而主动寻找能够承受的资金价格。借款人与出借人关于资金借贷达成合意，则可以完成交易；借款人认为出借人提供资金价格过高、借款周期偏短，通过借款人之间的互动，相关信息可能广泛传播，在这一情况下，该出借人的资金可能在短期内无法完成交易。当然，出借人可以选择其他平台进行交易，但因为不符合借款人偏好，所以无法完成交易的可能性依然存在。

P2P 网络借贷有利于增强金融服务的可获得性

传统金融体系中，大量金融资本进入银行业，而银行业更倾向于服务于低风险、收益稳定、信用等级高的大型企业；而由于缺乏抵押物、信用等级偏低且信息不完整等，小微企业、个人的资金需求难以从银行业得到满足。现实中，小微企业、个人对金融服务的需求巨大，但这一需求长期得不到满足。尤其是很多小额贷款，往往只能通过关系借款、典当行抵押借款等方式得到满足。此外，在银行业不愿覆盖的地区，形成了金融服务的真空区域，增加了金融消费者的成本，降低了金融服务的可获得性。

基于互联网金融的开放性、共享性，金融产品和服务的便捷度、覆盖度、智能化进一步提高，能够广泛融入社会经济的每一个角落，影响着我们原有的生活方式和行为理念，使得金融走下“神坛”，真正服务“人人”，拉近了金融供给与金融需求之间的距离，缩短了金融价值链条，使金融消费者能够更容易地获取资源信息，增强了金融资源的可获得性，极大地扩展了金融服务受众的有效边界。P2P 网络借贷作为银行业的有益补充，能弥补银行业在金融服务领域的空白，通过网络平台帮助借款人寻找合意的出借人，在一定规则的基础上，撮合不同地域的借款人和出借人达成交易，在盘活出借人的闲置资金、满足“蓝海”的资金需求、实现金融资源合理配置的基础上，扩展了金融服务边界，增大了融资空间，增强了金融服务的可获得性。

此外，长期以来的金融创新在降低收入不平等性、减少收入差距方面乏善可陈，P2P 网络借贷平台的低门槛、低成本、快速便捷、服务“人人”的特点，为企业部门和居民部门中的“弱势群体”开辟了一条新的理财渠道，使其能够从金融创新中获益，真正享受更加合理的金融服务，得到自身应有的金融权利。

P2P 网络借贷能够提供个性化、定制化的金融服务

共享金融使 P2P 网络借贷平台参与者享受自主选择权，必然会推动个性化、定制化金融服务的产生与发展。共享金融强调公众更加平等、有偿地共享一切社会资源，为金融发展向“需求导向”“消费者中心”发展注入了强劲的动力，金融服务供给开始围绕着金融消费者偏好和需求设计产品，实现了金融产品及服务从“标准化”“统一化”逐步向“个性化”

"定制化"蔓延。简而言之，在人人共享结构中，我们能够得到自己所需的一致性和质量，同时也可以享受特殊和特别的服务。[①]

特别是在大数据、云计算等技术的帮助下，消费行为分析不再局限于定性分析与预测，定量分析逐渐成为识别金融消费者偏好、挖掘金融消费者需求、区分金融消费者群体的重要依据，对金融消费者的行为数据、消费习惯、支付偏好进行深度挖掘与分析，为金融产品的精准营销、精准定价提供了可能性，为制定个性化、定制化、差异化的金融产品提供了数据基础。

随着共享金融深入到社会经济生活的各个领域，金融产品的销售模式将会产生巨大的变化，将由原先以产品为主导的销售模式逐渐转化为以金融消费者需求为核心的销售模式。互联网的共享和开放性使得金融消费者不再被动接受信息，金融消费者的需求成为新金融产品出现的原动力，其行为数据成为金融产品设计的基础，这也意味着金融消费者能够化被动为主动，参与金融产品设计和服务的全过程。在这一过程中，金融消费者的行为数据、消费习惯、支付偏好等大数据将逐渐成为各平台展开竞争的核心资源，各平台将针对目标金融消费者、潜在金融消费者的需求，设计个性化、定制化的金融产品。P2P 网络借贷平台利用大数据、云计算技术，通过数据采集了解每位金融消费者的特征及需求，可以提供更加精准化的服务，根据不同人群设计不同的利率水平、贷款期限、还款方式的贷款产品，提供多样化、不同风险组合的投资选择。

P2P 网络借贷有利于提升金融消费者知识水平

促进金融消费者教育、保护金融消费者权益应成为共享金融关注的重点。金融消费者数量每年都以极快的速度递增，而银行金融产品和服务复杂性的增加、费率不透明、金融消费者金融知识匮乏，使金融消费者承担

---

① ［美］Robin Chase. 共享经济：重构未来商业新模式［M］. 王芮，译. 杭州：浙江人民出版社，2015.

着越来越大的风险。P2P 网络借贷作为共享金融的典型表现形式，可以在一定程度上帮助金融消费者（借款人）减少与金融服务供应方（出借人）之间的信息不对称，增强金融消费者基于自身财务情况选择金融产品与服务的能力，进而保障金融消费者的基本权益；通过多方持续的互动和交流，有利于金融消费者共享信息、知识、经验，促使其快速学习和成长，消除因金融消费者自身金融知识匮乏对金融体系产生的偏见，减少主动放弃消费金融产品的现象。

在共享金融时代，公开透明的信息传递是 P2P 网络借贷平台的核心优势，也是网络借贷行业得以持续、快速、健康发展的重要保障。P2P 网络借贷平台通过细化信息披露规则，防止避重就轻、销售误导，通过机制设计建立信息公开标准，保障金融消费者的知情权和选择权，不断提高市场透明度，提升金融消费者知识水平。

共享金融背景下 P2P 网络借贷未来的发展

共享金融理念的兴起为 P2P 行业加速发展提供了契机，进一步改变了传统直线式的价值链条，形成基于“人人”的网络链条，平台的每一个参与者既可以是“上游”，亦可以是“下游”，既可以创造价值，也能够享受服务；平台的参与者突破“借”和“贷”的范畴，将保险机构、征信机构等也融入平台的网络，形成“多边性”平台；利润的产生也不再仅仅局限于资金交易，更多的是基于参与者之间的连接、互动带来的价值增值。

共享金融时代的 P2P 网络借贷行业前景

行业规模持续增长，资产类型将进一步多样化

从细分市场角度来看，小额信贷业务相对比较成熟，竞争比较充分，因此新的业务增长点将成为平台竞争的焦点。第一，在消费金融方面，利用用户画像技术，深入消费场景，加大借款与消费的对接是消费金融贷款产品挖掘的重点；第二，能否利用大数据分析，改善风险控制，实现线上

审贷，从而节约费用、提高效率将成为行业能否快速发展的前提；第三，利用供应链打造金融生态圈闭环，能够有效规避风险，供应链 P2P 或将成为行业下一个爆发点。

同时，P2P 网络借贷平台的资产证券化模式将进一步多样化，传统的“银行不做或者做不好”的资产将被进一步开发。在消费金融方面，分期消费垫款、名校贷款、旅游贷款市场将会被进一步发掘，其渠道如何搭建将成为行业未来关注方向；在“银行做得不错”的方面，随着安全技术的进一步深入和互联网的进一步普及，市场份额也将为 P2P 网络借贷平台所分享，比如在抵押质押贷款方面，车房抵押大多呈现期限短、利率低的特点，预计在未来几年其体量将进一步增加；在供应链贷款方面，商业承兑汇票、商业保理资产在 2014 年底开始通过 P2P 网络借贷平台交易，呈现利率偏高、融资数额偏大的特点，在各大 P2P 网络借贷平台的交易量呈上升趋势，或将成为平台挖掘的重点。同时，随着各地金融交易所的陆续成立，F2P 业务在 2015 年发展较为迅猛，已经占据了行业大部分增量，类资产业务在传统金融企业的份额逐步走高，预计在 2016 年及以后将保持快速发展的趋势，成为行业主要增长点，也可能成为行业主要的爆发点。

资金来源多元化，行业竞争大大加强

起初，P2P 网络借贷的出借人多为个人投资者，其在投资标的选择和风险管控等方面缺乏专业知识，因此 P2P 网络借贷的“类基金产品”有着良好的市场需求。“类基金产品”的特征为由专业人士负责募集资金，并寻找优秀的 P2P 网络借贷投资标的。随着专业投资人的资质、信息披露进一步规范，代理过程信息不对称的降低，“类基金产品”的发展前景可期。

同时，机构资金也有望成为 P2P 网络借贷资金来源的一大主力。2015 年，一些 P2P 网络借贷平台和互联网金融企业开始尝试与银行合作，向银行客户发行基于小微债权的理财产品，以达到降低资金成本的目的。随着个人投资者资金利用率的提高，资金来源的多元化必将被纳入到各大平台的发展战略。

此外，P2P网络借贷产品的创新形式也将呈现多元化趋势，而最终能顺利存活的平台，必定是抓住了良性需求的平台。互联网金融企业成长的关键不在于盈利，而在于流量，抓住了需求，就是抓住了流量，就是掌控了企业的未来。金融消费者对于金融资产是风险厌恶的，相应地，金融消费者不会轻易改变所购买的金融资产，这也就是用户黏性的作用，这也会促使大部分企业经营模式趋于同质化，优秀的企业将呈现盈利上升、规模扩大的趋势，不符合法规、运营模式不良的企业将被淘汰。因此，在行业持续快速增长的同时，企业数量增速可能会出现下降趋势。在“信息中介”定位的指引下，线上模式的竞争力将逐步增强。用户的集中性，有助于形成大数据基础，在用户画像分析、用户需求精准定位乃至征信相关风险定价等方面形成天然资源优势，因此，未来P2P网络借贷的产业集中度可能持续上升。

互联网征信产业助力P2P网络借贷行业发展，风险识别将成为P2P网络借贷平台核心竞争力

随着行业竞争程度的日益加强，平台为了竞争客户，可能会不惜降低标准争夺客户资源，向已经在其他平台获得贷款的人重复放贷，导致资产质量下降，系统风险上升。同时，由于P2P网络借贷概念的升温，部分平台极易被人利用，比如破产清算的公司利用平台款项偿还贷款。由于征信标准不统一、征信不准确导致P2P网络借贷行业的系统风险在2014年就已显现，2014年问题平台数达230家，同比增长超过200%。我国征信行业中大机构的个人信用评级一方面不能共享，另一方面不能反映个人的真实可贷额度。在风险资产定价中，其利率等于无风险利率加风险溢价，缺乏征信对于风险溢价的考量就会给P2P网络借贷平台带来巨大的不确定性。因此，利用共享的数据库平台和使用大数据分析进行反欺诈或成为P2P网络借贷平台风控水平新的提升点。

无论是共享经济，还是包括P2P网络借贷在内的共享金融，其需要解决的最大问题是信用问题。征信就是解决信息不对称，保证合理信用水平的有力工具。因此，有大数据基础的公司将获得信用资源优势。互联网征信的发展对于行业的发展将起到正向且极大的促进作用，随着征信业务的发展，行业风险有望降低。在资产端，P2P 网络借贷的风险定价效率会显著提高，对于良性资产的识别作用将有效规避坏账的出现；在资金端，有效的风险定价能力和强大的风险管理能力将成为吸引资金、积累流量的关键。因此，资产端质量和风险识别能力将成为企业发展的核心竞争力。

专业化分工推动行业发展，生态圈将进一步扩大

P2P 网络借贷主要包括资产生产、资产管理和资产获取。资产生产包括资产征集、征信与风险定价，资产管理涉及逾期催收、不良资产处置，资金获取即投资获客。如果平台三项都做，运营压力过大，某一个环节出现问题，整个公司将陷入困境。随着 P2P 网络借贷平台信息中介定位的明确，把资产生产、管理、获取等部分功能剥离出来将非常必要。征信、资产管理、逾期催收可以分别由专业的征信公司、资产管理公司、账款催收公司负责，对于提高行业业务流程的标准化、规范化程度将起到重要作用，对于加速资金流动、优化资金配置、扩大 P2P 网络借贷生态圈有着积极意义，有利于在风险方面提高共享水平。

同时，P2P 网络借贷所引发的消费金融大爆发将涉及生活、生产的各个方面，共享金融与场景的结合将更加紧密，房地产金融、教育留学金融都将被纳入到 P2P 网络借贷的产业闭环中，行业生态圈有望空前扩大，例如出国留学贷，其中的风险如何衡量、个人征信调查如何实践、还款方式如何个性化定制，都被完全纳入大数据分析的统一框架中。

预计自 2016 年起，P2P 网络借贷行业的专业化分工将进一步扩大，去中心化的趋势将得到进一步验证，专业的征信企业、账款催收公司将得到更多业务，P2P 网络借贷平台信息中介特征将越来越明显。第三方机构（如进行资金存管的银行，提供保险服务的保险公司等）的介入，P2P 网络借贷行业业务的标准化程度将进一步提升，规范化程度将进一步加强，资金的流动性将逐步转好。

管理办法将落地，行业将持续健康发展

第一，在《关于促进互联网金融健康发展的指导意见》等文件出台之前，网贷行业一直处于“三无”状态——无准入门槛、无行业标准、无监管机构。2015 年年底，《网络借贷信息中介机构业务活动管理暂行办法（征求意见稿）》已向社会公开征求意见。一旦管理办法落地，涉及非法集资、建立资金池和提供担保的不合规平台必将被淘汰。同时，在激烈竞争之下，即使不踩“红线”，小平台也可能很难承受未来高企的获客成本、征信成本与技术成本。虽然共享金融去中心化的趋势不会变，但 P2P 网络借贷行业将不再适合草根创业者，未来将成为拥有强大资金、技术实力的大玩家的主战场。P2P 网络借贷行业也必将迎来几波更大的洗牌浪潮，而这种洗牌过程，是洗去泡沫的过程，将有利于行业持续健康发展。

第二，P2P 网络借贷平台的规范发展对于金融消费者来讲，无疑是提高了信任程度，有利于吸引更多的人才和资金进入，便于进一步扩大行业规模。一方面，政策风险会进一步降低，宣传范围、行业认可度都会得到提高；另一方面，机构投资者会进一步涌入 P2P 网络借贷行业，实业集团、控股公司都有可能进入 P2P 网络借贷行业，人才、管理、资产、渠道方面都会得到优化，有利于降低企业的非系统风险。

第三，P2P 网络借贷平台合法化，有利于资本与资本市场的联通。资本不管是流入区域性股权交易中心，还是 OTC（场外市场），还是 A 股，P2P 网络借贷平台自身的融资阻碍都会变小。P2P 网络借贷平台进入资本市场，其公开的资料也会更多，市场对其的解读也就会更加准确，相关信息会更加透明，恶性事件发生的概率也会大大降低。

共享金融模式将成为行业发展重点

共享金融本质上就是利用大数据风控、计算机技术、移动应用技术等现代化手段对传统金融资源进行配置，达到资源配置最优。如前所述，P2P 网络借贷平台自诞生以来，就一直具备典型的共享金融特征。在共享经济的大背景下，P2P 网络借贷行业将持续向资源共享、渠道共享、风险共享等几大方面发展。

（1）资源共享。P2P 网络借贷行业的资源共享，是征信资源、客户资源、数据资源的共享。以征信资源共享为例：在 P2P 网络借贷行业，每一个企业都有自己的信用评级体系，同一个金融消费者在不同的平台办理业务，都要重复性地填写个人信息，这对于时间和精力是一种浪费；同时，信息不共享也造成了较大风险，有的借款人在一个平台上有违约记录，但是由于没有信息共享，又在其他平台借到了资金。

可以预见，征信资源共享将成为大势所趋。未来，专业化的征信公司将与 P2P 网络借贷平台实现对接；同时，P2P 网络借贷平台之间、平台与相关机构之间也将实现客户数据、金融数据和数据成果资源的互联互通，并将共享的数据反馈回征信公司，实现征信资源共享。由此可见，数据处理能力强大、专业化、权威化的征信公司在不久的未来将会陆续出现。

（2）渠道共享。P2P 网络借贷行业的渠道共享是金融产品分销的渠道、数据渠道的共享。在分销渠道方面，产品和需求相互共享，有利于扩大资金供求双方的匹配范围，提高匹配速度，也有利于价格加快收敛于均衡价格。在数据渠道方面，以供应链金融为例，阿里小贷能够成功的原因之一是利用自身的电商供应链实现了数据渠道共享。在供应链闭环中，企业为了维持自己的资质，不得不向中心数据库提交自己的经营数据，从而便于建立起良好的征信体系。数据中心根据优秀的数据进行分析，从而准确地判断风险，在最大化产业链现金流动性的同时最小化行业风险，进而产生一种正反馈效应。

（3）风险共享。P2P 网络借贷行业的风险共享包括对非系统风险的规避和对系统风险的最小化。通过扩大 P2P 网络借贷生态圈，实现征信组织、资金管理组织、不良资产处置组织等不同主体之间的信息交互和风险共担，能有效地分散非系统风险，降低系统风险，同时不同主体之间联合起来，可以通过相互保险的方式，实现风险的共享。随着资源共享理念的深入，信息不对称程度降低，羊群效应会大大减少，金融消费者的行为会更加理性，整个行业的系统风险也会大大降低。未来风险共享的形式将会不断创新，P2P 网络借贷行业的发展将更具可持续性。

金融与实体经济是相互依存的，在互联网技术不发达的时代，金融业一直无法解决信息不对称问题，从而造成了共享度不高现象。例如，偏远地区金融供给严重不足，在某种程度上阻碍了当地实体经济的发展，降低了实体经济对金融服务的需求，从而陷入恶性循环。而共享金融以数据的流动性、交互性带动金融资本流动，可以快速实现供需匹配。

我国三四线城市以及农村等欠发达地区亟需金融服务，P2P 网络借贷作为共享金融的典型表现形式，潜力巨大，将在传统金融欠发达地区发挥巨大作用。P2P 网络借贷想要真正实现“普惠金融”的最初梦想，走共享金融道路，朝着资源共享、渠道共享、风险共享的方向发展是应有之义。

P2P 网络借贷平台的微观战略方向

P2P 网络借贷应发展“平台战略”

与传统模式相比，平台模式的根本优势并不仅仅局限于提供低成本、便捷的渠道，而是在于建立一个规则完整、信息对称、保障完善、平等互利的“生态圈”，充分激励参与者之间形成持续的互动、共享知识和经验，从而促成参与者达成交易目标，满足参与者需求。此外，互联网技术的发展为实现平台战略提供了前所未有的机遇，赋予了平台快速、低成本处理和传递信息的能力，具备了进行大数据分析的基础，使平台能够快速扩大规模和影响。

P2P 网络借贷平台须积极创造参与者相互连接的机会

对于出借人和借款人来说，进入 P2P 网络借贷平台为他们提供了一个前所未有的机会。P2P 网络借贷平台应致力于为参与者提供一个基础框架，在完整规则约束和信息对称的基础上，P2P 网络借贷平台不需要去关注每一个参与者，亦不需要关注每一笔交易，出借人和借款人能够自动完成撮合，达成交易。有闲置资金、有理财需求的出借人在平台上发布资金信

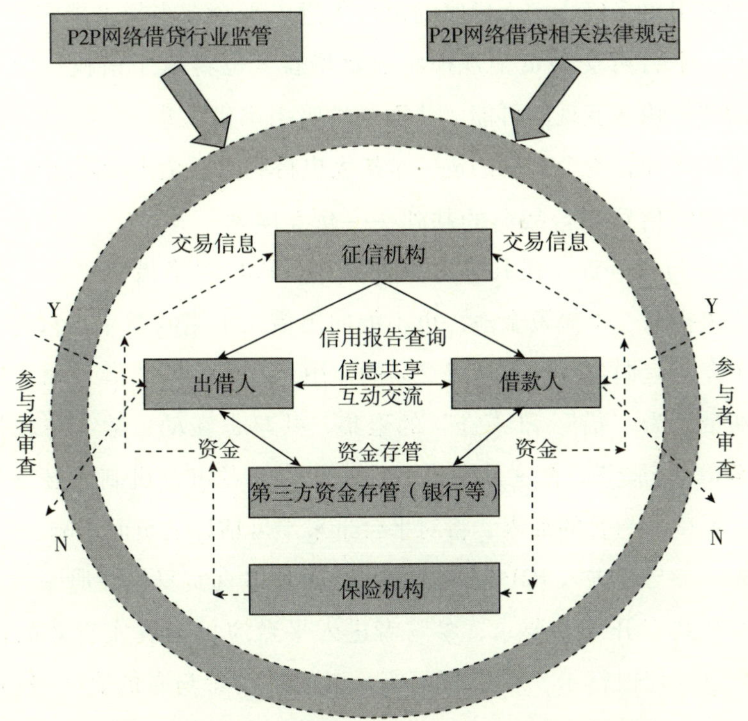

图 6.20　共享金融时代下 P2P 网络借贷平台战略

息，明示资金价格、借贷周期等信息，甚至可以对资金用途做出范围限定，借款人会自动根据需求，借助互动和共享等手段，在平台上的众多出借人中进行选择并完成交易；有资金需求的借款人通过平台发布需求信息，出借人根据借款人的信用状况、资金用途等信息判断是否贷款。

P2P 网络借贷平台增值——参与者之间的良性循环

P2P 网络借贷平台的一项重要价值就在于参与者之间形成的良性循环，这种良性循环是以平台为中心产生的。显而易见，出借人和借款人进入平台，就是一种为了满足自身需求的经济行为，但这种行为的结果确定令平台及所有的参与者受益。

P2P 网络借贷平台为出借人、借款人提供了一个聚集、交流互动、交易的“场所”，平台的知名度和影响力会随着出借人、借款人数量不断增加，从而吸引更多资金实力雄厚的出借人进入平台。当越来越多的出借人进入平台，平台可交易资金规模将成倍增长，也将赋予债权一定的流通性，增加债权快速变现的可能，从而继续吸引出借人进入。反之，随着借款人数量的增加，资金需求的进一步扩大也将刺激资金供给随之增长。

P2P网络借贷平台战略的基础——建立规则

（1）参与者审查。在共享金融模式中，P2P网络借贷平台不提供增信、不提供担保、不搞资金池，也不能向出借人承诺收益率，只充当完全的信息中介，起撮合参与者达成交易的作用，成为连接“借”和“贷”的桥梁与纽带，为“借”和“贷”的聚集、共享、互动、学习与成长提供“场所”和配套服务。在这种模式下，建立参与者审查机制就显得尤为重要，资质不良参与者的加入，将对平台带来不可估计的负面影响。

首先，参与者进入P2P网络借贷平台必须以真实身份注册账户。根据信息对称和共享开放的要求，参与者进入平台应填写真实有效的证件信息，亦可以绑定银行卡、手机号码等，以便核实参与者的真实身份信息，形成第一道“风险防范墙”。其次，P2P网络借贷平台对发布信息的参与者进行审查。P2P网络借贷平台可以要求借款人提交贷款金额、期限、利率、个人学历与职业信息、收入等情况，甚至在保护隐私的前提下，提交个人查询的部分征信结果，并对信息的真实性进行审查，在形式上确保借款人有能力按约定还本付息，形成第二道“风险防范墙”。

（2）由银行负责第三方资金存管。P2P网络借贷在我国本土化的过程中出现“违约”频显、“跑路”频发等诸多水土不服现象，而平台归集出借人资金并放贷、掌握出借人资金调配权是导致风险频发的重要原因。在共享金融背景下，P2P网络借贷平台只撮合参与者达成交易，“不碰钱”、不吸存、不放贷，以第三方资金存管机制作为第三道“风险防范墙”。

（3）引入保险进一步降低风险。P2P网络借贷平台参与者数量增加，必然促使资金交易量、交易次数大幅攀升，伴随而来的潜在风险爆发的可能性也随之上升。鉴于此，引入保险机构对借款人可能出现的不能按约定还本付息的违约行为进行保险，是 P2P 网络借贷平台应打造的第四道“风险防范墙”。2010 年 11 月，为解决淘宝买家在退货中由于运费支出产生的纠纷，华泰保险与淘宝合作在天猫交易中“嵌入式”运营“退货运费险”，并根据出险率进行保险定价。P2P 网络借贷平台可以参照“退货运费险”理念，提供信用保证保险、履约保证险或履约责任保险，尝试“违约险”“跑路险”等保险产品创新，在借款人违约的情况下，由保险公司出借人赔偿一定的本息。

（4）与征信机构互利共赢。我国目前的征信体系主要是人民银行基于各家银行上传的信用数据搭建而成，主要服务于银行同业，对于非银行金融服务机构尚未完全开放，对全社会的实际效用大打折扣。[①] 在这种环境下，邀请征信机构加入平台成为参与者，不仅有利于 P2P 网络借贷平台审查参与者信息，也能将平台所有的交易信息传递给征信机构，完善参与者征信档案，使征信机构借助平台提升品牌价值。

平台重要价值——金融消费者学习和成长

P2P 网络借贷平台可以促使参与者共同成长和快速学习。在平台上，参与者不仅能够快速、便捷、低成本地传递信息，还能够借助平台聚集、互动的特点，就参与者关心的问题进行讨论，每个参与者都可以发表自己的观点，并快速从别的参与者观点中汲取自己所需要的知识和信息，使参与者通过不断地投资、持续地交流，丰富金融知识，提升金融水平，增强自身权益保护意识。

---

① 谢平，陈超，陈晓文．中国 P2P 网络借贷：市场、机构与模式［M］．北京：中国金融出版社，2015.

第七章　共享金融与供应链金融[①]

共享金融与供应链金融的关联

共享金融与供应链金融

应该说，伴随着互联网信息技术的演进和金融市场规则的完善，传统的供应链金融越来越具有了新的共享色彩，这也是对整个产业链融资模式的共享式重构。首先，金融机构更加密切地嵌入到各行业的产业链运作中，给予更加及时、智能的金融服务，从而在与服务实体、融合实体方面做出更多创新和贡献，达到金融与实业的共享式发展。其次，产业链和供应链的不同企业都构成了重要的金融供应链“节点”，可以通过更加有效的金融资源互补与整合，实现生产经营、产品流转、资金运作效率的全面提升，达到产业链各类企业的共享式发展。最后，努力实现资金流、商品流、信息流的合一，使得金融资源与实物资源的利用达到最大化，从而构建共享、共赢的产融协调发展的生态圈。

---

① 本文作者为：邹平座，中国人民银行金融研究所研究员、教授、经济学家。

供应链金融的发展背景

20世纪90年代以来，供应链理论日渐流行。所谓供应链，是指企业从原材料和零部件采购、运输、加工制造、分销直至把产品运到最终消费者手中的连续过程。这一过程被看作是一个环环相扣的链条，而被形象地称为供应链。这个链条集成了产品设计和开发、原材料和零部件采购、运输、仓储、加工制造和分销等生产经营活动的全过程，集中了原材料生产供应商、半成品或零部件加工商、运输商、最终产品生产商和分销商等各类经济活动主体。

供应链理论将企业的经营看作是一个价值增值的过程，主张上下游企业之间的合作，将竞争战略理论实用化。

而供应链金融从资金流角度上将供应链节点上的参与主体联系在一起，搭建了新型的战略合作关系。应该说，研究金融与供应链企业协同发展之道，既是解决中小企业困境、实现“供应链”共赢的要求，也是金融企业进行业务创新、提升竞争力的有效途径。在此背景下，供应链金融作为一项商业银行的业务创新日益受到市场的关注。

另外，供应链金融的出现动因是，中小企业作为一种特殊的企业群体，对经济增长贡献具有巨大的作用，但由于其自身规模的限制，融资难已成为中小企业发展普遍存在的一大困境。例如，国家工商总局在其发布的《全国小型微型企业发展情况报告》中指出，我国中小企业创造的最终产品和服务价值相当于全国GDP总量的60%，纳税占国家税收总额的50%，完成65%的专利发明和80%以上的新产品开发。而根据全国第三次经济普查数据显示：2013年第二、第三产业里小微企业数量占比达到总企业数量的95.6%，从业人员占比达到50.4%，资产占比仅为29.5%。

中小企业在信贷市场处于不利地位，其根源在于中小企业信用的先天性缺陷和先天性规模小，缺乏同大企业相比的信贷融资所必需的信息优势，金融机构的结构调整并不能提升中小企业整体的信用水平，并不能从根本上克服中小企业在信贷市场上的不利地位。

根据央行发布的《金融机构贷款投向统计报告》，2013 年小微企业获得的贷款余额占比为 29.4%，基本与资产占比匹配（资产占比为 29.5%）。上述数据客观印证了我国金融体系发展的两个无奈。第一，小微企业对社会的贡献和其获得的融资支持不匹配。第二，小微企业贷款余额占比与总资产占比绝对数值相当，反映了我国金融体系建设相对落后，主要根据企业固定资产发放贷款，放贷技术手段有限。

英国著名经济学家克里斯多夫指出，市场上只有供应链而没有企业，真正的竞争不是企业与企业之间的竞争，而是供应链与供应链之间的竞争。供应链上的核心企业与众多中小企业都愿意通过合作和协同运营，来实现供应链系统成本的最小化和价值增值的最大化。

因此，中小企业信用缺陷的途径不能单纯从其内部治理结构入手，还应从供应链上中小企业与大企业的分工合作体系上，从大企业在信贷市场的信息优势来弥补中小企业信用缺位，提升中小企业的信用水平和信贷能力。基于解决这种企业与银行之间的矛盾的客观要求，供应链金融应运而生。

供应链金融的发展模式

所谓供应链金融，是指在对供应链内部的交易结构进行分析的基础上，运用自偿性贸易融资的信贷模型，并引入核心企业、物流监管公司及资金流导引工具等新的风险控制变量，对供应链的不同节点提供封闭的授信支持及其他结算、理财等综合金融服务。这一模式的核心在于利用行业数据和资源，更有效地向生态圈或产业的各类型公司企业放贷，并且有效控制风险。我国供应链金融市场规模目前已经超过 10 万亿，预计到 2020 年可达近 20 万亿[①]。目前，银行、P2P 和电商越来越多地关注并涉足这一

---

① 数据来源于前瞻产业研究院《2016～2021 年中国互联网金融行业市场前瞻与投资战略规划分析报告》。

领域，并且依靠雄厚的资金实力、灵活的放款方式以及大数据资源等优势，开始各领风骚。

目前开展供应链金融业务的发展模式主要有以下几种。

阿里、京东模式

几大电商巨头阿里巴巴、苏宁、京东分别推出了阿里金融、苏宁供应链融资、京东供应链金融服务平台三种供应链金融模式。主要利用平台上交易流水与记录，甄别风险评测信用额度进而发放贷款，除了赚取生态圈上下游供应商的金融利润，还为了生态圈健康发展，而在整个模式中，电商平台公司是整个交易的核心，除了掌握数据，还能牢牢把控上下游的企业，属于强势的一方。

这些模式中，可以从商流、物流与信息流协同，以及企业间的作业协同等不同角度和层面，对供应链电子商务的可能性与实现模式进行探索，将物化的资金流转化为在线数据并与核心企业对接，在线链接供应链核心企业、经销商、供应商、物流公司和银行，向供应链“1＋N”全体企业提供更便捷的在线融资、结算、理财等综合金融服务，实现供应链“商流—物流—资金流—信息流”的在线整合，完成供应链金融的线上化。

这些模式不仅实现了产品和服务的在线化、营销的网络化、工作流程的标准化以及风险控制的自动化，更深远的意义在于为银行、核心企业、上下游中小企业，以及物流公司构筑了一个开放的、多方交互的、信息共享的、新型的电子商务平台，已经开始推动供应链运转方式的变革。例如，通过贴合供应链金融的运作和企业生产经营活动，使得融资审批时间缩短到不到一小时，赎货审批时间缩短到几分钟，银行资金的获取从以工作日计变为以分钟计，大大提升了供应链效率。

行业资讯门户网站转型

例如，上海钢联利用前期钢铁行业门户网站的优势，进行业务拓展与延伸，利用平台优势做电商，并拓展至供应链金融，为平台上的钢贸商解决资金问题。再如，“生意宝”也可算是这类型的供应链金融模式。还有，“三六五网”是从做房产垂直类门户网站转型将业务延伸，推出的安家贷，亦可算宽泛的互联网供应链金融的一种，也是利用其平台用户资源来开展业务。

软件公司转型

企业运行管理需要的ERP（企业资源计划）或各类数据软件公司，目前也参与到供应链金融的大战中来。如上市公司用友网络，是国内ERP管理系统的佼佼者，互联网金融是其公司三大战略之一。数千家使用其ERP系统的中小微企业，都是其供应链金融业务平台上参与的一员。再如，汉得信息与用友的模式略有不同，汉得的客户均是大型企业，而其提供供应链金融服务的对象，将会是其核心客户的上下游。

物流公司转型

在传统供应链金融模式上，物流公司是参与者也是非常重要的第三方，在“互联网+”时代，物流公司凭借其在行业常年来上下游的深厚关系，转身从事电商进而延伸至供应链金融业务，典型的案例有怡亚通和瑞茂通。

传统公司转型

传统公司的转型不只是为了迎面而来的“互联网+”的大风，更是在中国经济转型大背景下，各个产业转型升级而不得不走的一步棋，符合国家利益，更符合企业自身发展需要，而发展供应链金融，也为传统企业拓展了盈利来源。

传统的企业最了解的是产品，通过产品变现是最传统主流的商业模式。在新的互联网浪潮推动下，传统企业生产的产品被互联网公司变为一个个入口，被“免费”了，传统公司如临大敌，急寻转机。以海尔集团为例，其产业链上积累了大量的商家，上游客户主要以家电为核心，涉及供应商客户数量2400余家，下游约有3万家活跃的经销商，上下游客户以中小微企业占多数。数以万计的中小微企业由于自身信用等级不高等原因难以从传统渠道获得融资，影响了下一步生产计划的开展，进而拖累了整条供应链的效率。

海尔集团凭借其核心企业的地位，充分掌握了链条上所有参与企业的生产销售信息，通过合理制定金融服务方案，能够有效控制上游供应商应收账款质押授信风险和下游经销商提货权质押授信风险，将授信业务的风险降到最低。如2014年12月海尔集团全资控股成立的海融易正式上线，平台为海尔集团产业链接入金融服务，让链条内原本“静止”的动产资源“流动”起来。海融易先后推出优选计划“融易发”、票据理财“小金票”、产业链投资“海赚”、“产业链债权”小金链和新客专享等理财产品。

以“小金链”项目为例，上游的供应商将货物销售给海尔集团，资金未到账时确认企业对海尔的应收账款。通过海融易的“小金链”，企业可将自己对海尔的债权转让给平台上的投资人从而及时获得资金回流，该笔应收账款到期时将由海尔下属企业兑付。

P2P平台业务拓展

P2P平台通过合作、收购的方式对借贷的资源进行整合，为有融资需求的中小企业和个人服务，如工商贷、甬商贷和积木盒子等。

P2P与供应链金融结合，风险更可控，获得更优质资产端；同时解决了供应链金融资金来源瓶颈问题，解决了供应链金融过度依赖自有资金和银行的问题，为供应链金融业务打开了盈利空间。如农发贷是由农金圈推出的国内规模较大的农业垂直P2P平台，凭借其在全国范围内建立的优质农资经销商网络，精选各类农产品主要产区的大中型优质种植农户，以

P2P 的形式将平台上募集的资金直接借给大中农户，满足农户在作物种植过程中的农资采购需求。再如，诺普信作为国内规模最大的农药制剂企业，以 1750 万元参股农金圈，为产业链下游的种植农户提供融资、支付和信息等服务，在满足农户资金需求的基础上，加深他们对公司的黏性，加快公司产品的销售流通。

银行转型

传统商业银行在转型的过程中推出了在线供应链产品，通过其优势地位，采取技术手段，围绕核心企业将物流商、供应商、经销商连接起来，对小微企业提供资金支持。银行模式中，比较典型的是平安银行推出的供应链金融平台橙 e 网。橙 e 平台将平安银行供应链金融传统优势推向更纵深的全链条、在线融资服务。“更纵深的全链条”是指把主要服务于大型核心企业的上下游紧密合作层的供应链融资，纵深贯通到上游供应商的上游、下游分销商的下游。“在线融资”是指橙 e 平台为供应链融资的各相关方提供一个免费的 SaaS（软件即服务）模式供应链协同云平台，使客户的融资、保险、物流监管等作业全程在线。再如，中信银行供应链金融，累计融资额度在 2010 年和 2011 年连续两年保持 50% 以上的增速，达到 7000 亿元的规模，而供应链金融授信的客户数量保持 75% 以上的增长速度。

供应链金融的业务类型

供应链金融改变了过去银行等金融机构对单一企业主体的授信模式，围绕某“1”家核心企业，从原材料采购，到制成中间及最终产品，最后由销售网络把产品送到消费者手中这一供应链链条，将供应商、制造商、分销商、零售商直到最终用户连成一个整体，全方位地为链条上的“N”个企业提供融资服务，通过相关企业的职能分工与合作，实现整个供应链的不断增值。因此，它也被称为“1 + N”模式。如图 7.1 所示。

供应链金融使银行从新的视角评估中小企业的信用风险，从专注于对

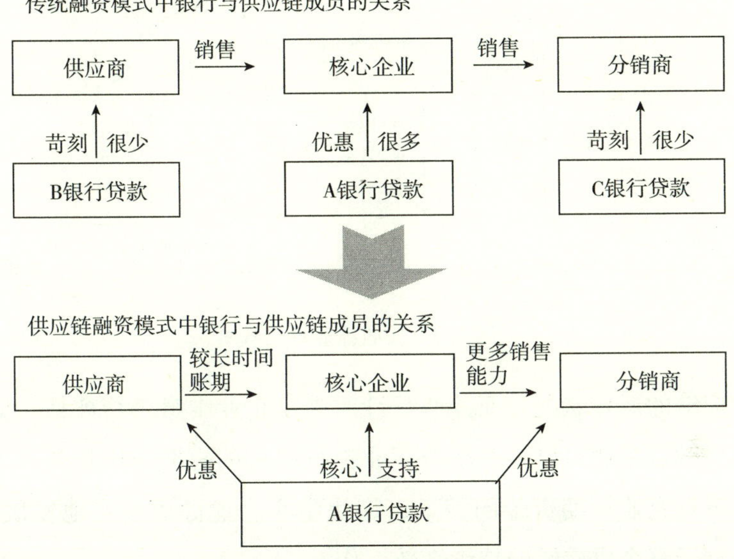

图 7.1　供应链金融的流程

中小企业本身信用风险的评估，转变为对整个供应链及其交易的评估，这样既真正评估了业务的真实风险，同时也使更多的中小企业能够进入银行的服务范围。

一方面，将资金有效注入处于相对弱势的上下游配套中小企业，解决了供应链失衡问题；另一方面，将银行信用融入上下游企业的购销行为，增强其商业信用，改善其谈判地位，使供应链成员更加平等地协商和逐步建立长期战略协同关系，提升供应链的竞争能力，促进了整个供应链的持续稳定发展。

应收类：应收账款融资

以未到期的应收账款质押给金融机构获取融资，称为应收账款融资。应收账款融资模式如图 7.2 所示。

在商业银行同意向融资企业提供信用贷款前，商业银行仍要对该企业的风险进行评估，只是更多关注的是下游企业的还款能力、交易风险以及

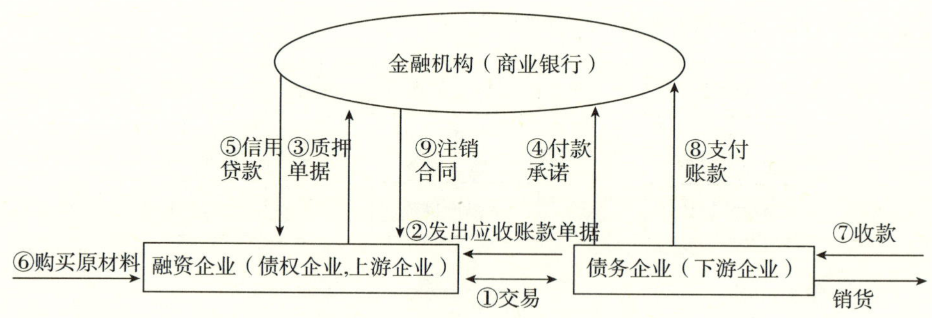

图 7.2　应收账款融资模式

整个供应链的运作状况，而并非只针对中小企业本身进行评估。应收账款融资使得融资企业可以及时获得商业银行提供的短期信用贷款，不但有利于解决融资企业短期资金的需求，加快中小企业健康稳定地发展和成长，而且有利于整个供应链的持续高效运作。

预付类：保兑仓融资

在供应链中处于下游的企业，往往需要向上游供应商预付账款，才能获得企业持续生产经营所需的原材料、产成品等。对于短期资金流转困难的企业，可以运用保兑仓业务对其某笔专门的预付账款进行融资，从而获得银行的短期信贷支持。

保兑仓业务除了需要处于供应链中的上游供应商、下游制造商（融资企业）和银行参与外，还需要仓储监管方参与，主要负责对质押物品的评估和监管；保兑仓业务需要上游企业承诺回购，进而降低银行的信贷风险；融资企业通过保兑仓业务获得的是分批支付货款并分批提取货物的权利，因而不必一次性支付全额货款，有效缓解了企业短期的资金压力。保兑仓融资模式如图 7.3 所示。

保兑仓业务实现了融资企业的杠杆采购和供应商的批量销售，同时也给银行带来了收益，实现了多赢的目的。它为处于供应链节点上的中小企业提供融资便利，有效解决了其全额购货的资金困境。另外，从银行的角

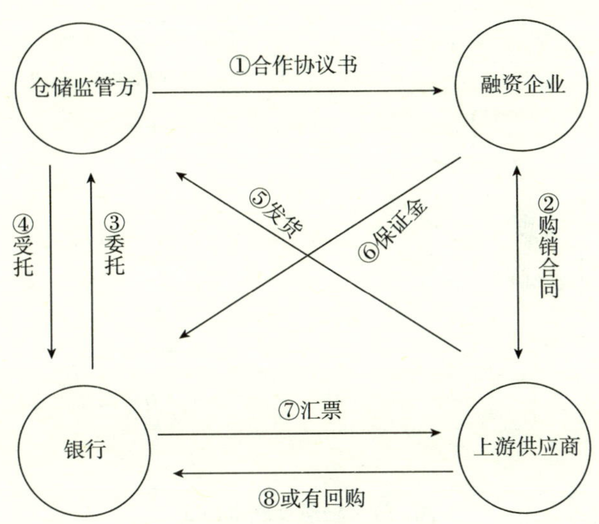

图 7.3　保兑仓融资模式

度分析，保兑仓业务不仅为银行进一步挖掘了客户资源，同时开出的银行承兑汇票既可以由供应商提供连带责任保证，又能够以物权作担保，进一步降低了所承担的风险。

存货类：融通仓融资

所谓融通仓即存货融资，是企业以存货作为质押向金融机构办理融资业务的行为，是第三方物流企业提供的一种金融与物流集成式的创新服务。

基于供应链金融的思想，中小企业采用融通仓业务融资时，银行重点考察的是企业是否有稳定的存货、是否有长期合作的交易对象以及整个供应链的综合运作状况，并以此作为授信决策的重要依据。商业银行也可根据第三方物流企业的规模和运营能力，将一定的授信额度授予物流企业，由物流企业直接负责融资企业贷款的运营和风险管理，这样既可以简化流程，提高融资企业的产销供应链运作效率，同时也可以转移商业银行的信贷风险，降低经营成本。融通仓融资模式如图 7.4 所示。

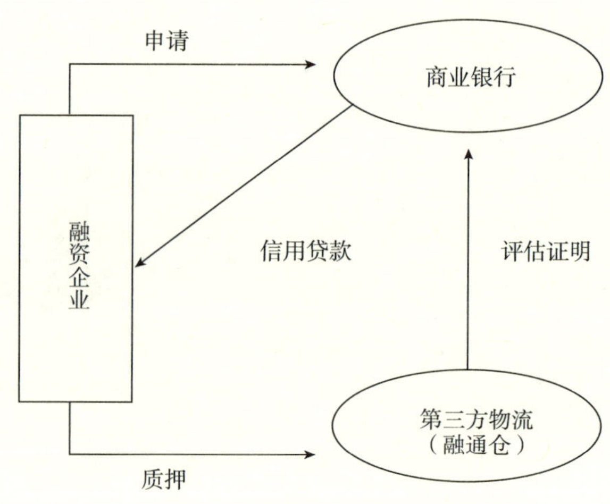

图 7.4　融通仓融资模式

三种业务比较

应收账款融资、保兑仓融资和融通仓融资在具体运用和操作的过程中存在差异，分别适用于不同条件下的企业融资活动，具体如表 7.1 所示。

表 7.1　业务模式比较

差异点 / 融资模式	质押物	第三方参与	融资的用途	融资企业在供应链中的位置	融资企业所处的生产期间
应收账款融资	债权	无	购买生产所需原材料或其他用途	上游、供应商、债权企业	发出货物、等待收款
保兑仓融资（预付账数融资）	欲购买的货物	仓储监管方	分批付货款、分批提货权	下游、制造商、分销商	欲购生产资料进行生产
融通仓融资（存货融资）	存货	第三方物流企业	购买生产所需原材料或其他用途	任何节点上的企业	任何期间、有稳定的存货

值得注意的是，处在供应链中的企业在具体的运作过程中，各种生产活动相互交织，没有严格的划分，可能既处于债权方同时又急需资金购买原材料维持生产。因此，应收账款融资和保兑仓融资没有绝对的适用条件，企业可根据具体情况进行选择，有时也可以综合加以考虑和运用。

总之，应收账款融资、保兑仓业务和融通仓业务分别以应收款、预付款和存货为质押物为中小企业融资，处在任何一个供应链节点上的中小企业，都可以根据企业的上下游交易关系、所处的交易期间以及自身的特点，选择合适的融资模式以解决资金短缺问题。

供应链金融的五大典型融资模式

如图7.5所示，供应链融资具有自偿性商品融资的特点，自偿性指所得销售收入首先用于归还贷款，商品融资指在商品交易中运用结构性短期融资工具，基于商品交易中的存货、预付款、应收账款等资产的融资。

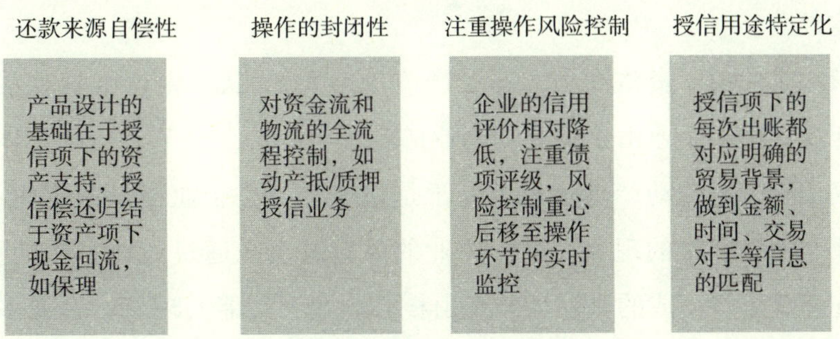

图7.5　供应链金融的特点

经销商、供应商网络融资模式

利用核心企业的信用引入，对核心企业的多个经销商、供应商提供授信的一种金融服务，是供应链金融最典型的融资模式，目前主要运用在汽车、钢铁等供应链管理较为完善的行业，这些行业内核心企业和供应链成员关系紧密，并有相应的准入和退出制度。该模式的应用必须有一个重要基础，即核心企业必须有供应链管理意识，对银行授信环节予以配合。经销商、供应商网络融资模式如图 7.6 所示。

我国中小企业融资难的主要原因是：信息化程度低，个人征信体系不完善。传统的融资贷款服务只能依靠不动产作抵押，且征信、放款、风控、收款等一系列业务流程主要由银行来完成。而从产业链发展的角度来看，在“生产—流通—销售—服务”的一两个环节会产生进入壁垒较高的核心企业。他们拥有核心技术、强势品牌或核心渠道，众多中小企业围绕着这个核心企业开展业务，商流、物流、信息流的焦点均汇集在这个核心企业。

根据波特五力模型[①]，核心企业由于议价能力较强，对上下游有着较强的占款能力，这也成为核心企业通过产业链变相融资的一种手段，占款固然可以通过挤压上下游获得充裕的经营现金，弊端是造成上下游资金成本急剧上升，最终可能会导致利益相关者退出产业链条，不利于核心企业的稳定经营。

核心企业由于资质较好（不动产体量更大），获得银行的贷款授信更多，相反，中小企业由于只参与产业链较小的一两个环节，不动产体量较小，高周转带来的动产体量较大，于是造成了核心企业授信额度用不完，而中小企业融资难的现象。基于产业的供应链金融通过商业模式的重构，将原先需要银行完成的风控环节交由核心企业，且能实现核心企业多余授信额度的转让。核心企业提供信用担保，银行提供资金，中小企业获得周转资金，既保证了产业链的稳定性，也使得银行在同样的风险度量下开拓了新的业务。

① 波特五力模型是迈克尔·波特（Michael Porter）于 20 世纪 80 年代初提出的，他认为行业中存在着决定竞争规模和程度的五种力量，这五种力量综合起来影响着产业的吸引力。五种力量分别为进入壁垒、替代品威胁、买方议价能力、卖方议价能力以及现存竞争者之间的竞争。

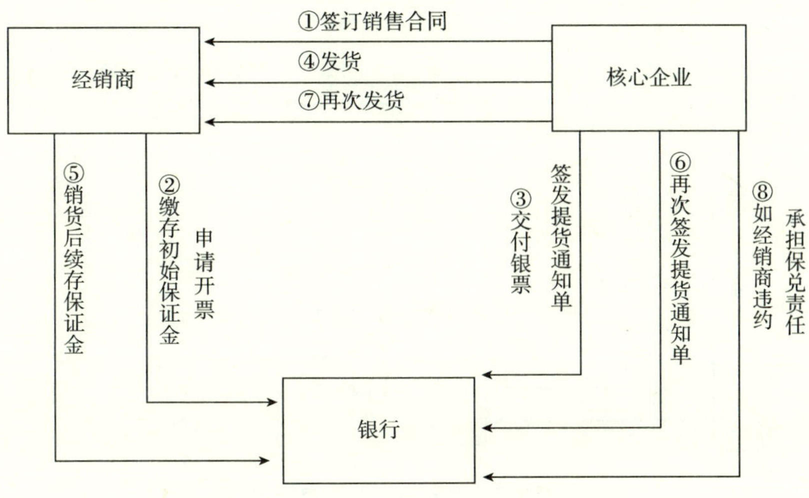

图 7.6　经销商、供应商网络融资模式

银行物流合作融资模式

银行与第三方物流公司合作，通过物流监管或信用保证为客户提供授信的一种金融服务，主要合作形式包括物流公司提供自有库监管、在途监管和输出监管等，也有物流公司基于货物控制为客户提供担保的情形。该模式的核心在于银行借助物流公司的专业能力控制风险，银行可以通过与物流公司的合作发现并切入客户群，拓展业务空间。

交易所仓单融资模式

利用交易所的交易规则以及交易所中立的动产监管职能，为交易所成员提供动产质押授信的一种金融服务。该模式包括现货仓单质押融资和未来仓单质押融资两种形式。交易所有两类：一是上交所等三大期货交易所，二是一些地方的大型专业交易市场。该模式的推动力在于交易所和批发市场方具有促进交投的利益驱动，进而关心会员的资金流问题。因此商业银行可以将交易所作为“1”，会员作为“N”实施业务开发。交易所仓单融资模式如图 7.7 所示。

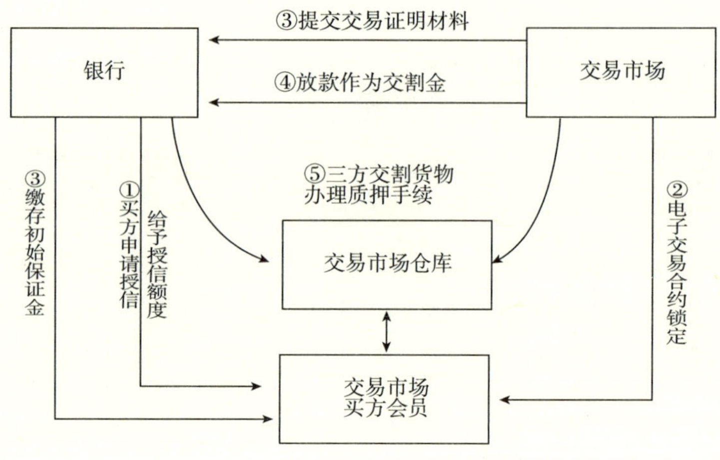

图 7.7　交易所仓单融资模式

订单融资封闭授信融资模式

银行利用物流和资金流的封闭操作，采用预付账款融资和应收账款融资的产品组合，为经销商提供授信的一种金融服务。该种服务实际上突破了"1+N"的模式,主要是其交易特点为"两头大、中间小"，即"1+N+1"，适用于多个不同产业领域的中间商，如以煤炭企业为上游、钢铁企业为下游的经销商，以办公设备生产企业为上游、政府采购平台为下游的经销商等。订单融资封闭授信融资模式如图 7.8 所示。

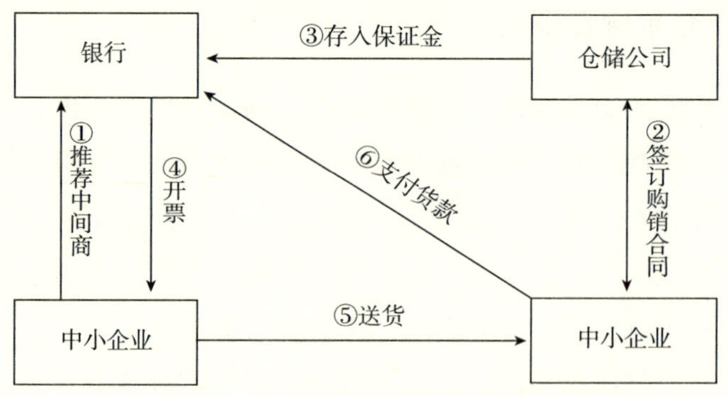

图 7.8　订单融资封闭授信融资模式

设备制造买方信贷融资模式

根据设备制造生产企业和下游企业签订的买卖合同，由商业银行向下游终端企业或经销商提供授信，用于购买该生产企业设备的一种金融服务。设备制造买方信贷融资模式如图 7.9 所示。

该模式与传统先款后货融资模式的区别包括如下几方面：（1）融资主体不同。先款后货融资模式的融资主体是经销商，设备制造买方信贷融资模式的融资主体是生产企业。（2）担保方式不同。先款后货融资模式的担保方式为动产（即存货）质押或抵押，均需引入第三方物流企业监管；设备制造买方信贷融资模式的担保方式为设备（固定资产）抵押，在有关部门登记即可。（3）融资工具不同。先款后货融资模式的基本融资工具为银票（期限较短），设备制造买方信贷融资模式的基本融资工具为中长期贷款（期限较长）。

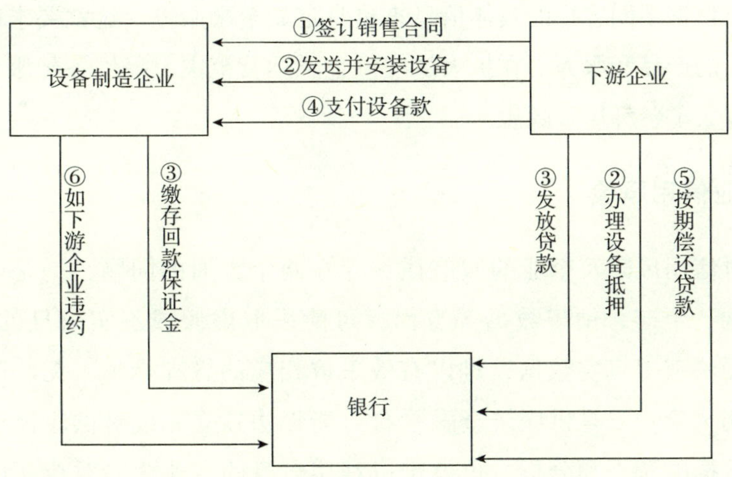

图 7.9　设备制造买方信贷融资模式

供应链金融的风险

当前，供应链金融在很大程度上减少了中小企业受信中的道德风险，但是由于供应链融资中的中小企业自身抗市场风险能力较弱，且供应链金融参与者众多，而且可能涉及不同的产业、技术领域，其运作存在一些不容忽视的潜在风险。

供应链自身风险

由于供应链金融的信用基础是基于供应链整体管理程度和核心企业的管理与信用实力，因此，随着融资工具向上下游延伸，风险也会相应扩散，如果供应链上某一成员出现了融资方面的问题，其影响会迅速地蔓延到整条供应链，而核心企业作为供应链的最大受益者一定会受到最大的影响。

运营风险

由于供应链融资要提供多样化服务，而且客户的需要也不尽相同，因此，需要根据不同客户的具体信息来量身定做金融服务，这就要求能提供更加灵活的产品和服务。在扩大供应链金融运营范围、提供各种服务过程中自然放大了各种风险隐患。

企业信用风险

针对信用风险及企业的诚信往往存在两个方面的问题：一是中小企业在采购、生产、销售数据等方面，可能采取虚假或不实信息的行为，使平台无法获得真实数据，难以有效采取相应的管理措施，无法降低资金的使用风险；二是供应链金融平台可能无法独立完成对供应链所有企业相关数据的调查和分析，也就难以利用自身的专业优势对企业的行业发展前景做出全面、准确的判断，从而不能准确了解供应链的整体情况，这将使其无法根据供应链成员的决策和经营，调整相应的信用贷款或服务方案。

供应链金融的创新与发展

供应链票据

2014 年 11 月 7 日，我国银行间市场诞生了又一个创新型债务融资工具。经中国银行间市场交易商协会注册，由国家开发银行牵头、中国进出口银行联席主承销的 TCL 集团供应链票据在银行间市场成功发行，首批发行规模为两亿元，期限为 180 天。供应链票据的推出，使得我国债券直接融资在服务实体经济发展尤其是解决中小企业融资难问题上取得新的突破。

所谓供应链票据，主要是指采取“1 + N”模式，即依托产业链上核心企业的信用，融资支持上下游企业的生产经营。以首期供应链票据为例，TCL 集团作为核心企业，依托自身信用评级发行票据在债券市场募集资金，为其上下游中小企业提供资金来源，以解决这些企业融资难的问题。

供应链票据与传统供应链贷款有明显的区别。二者既有相似之处，即都是“1 + N”模式，又有着明显的不同。首先，运作模式不同。供应链贷款负债主体为上下游企业，主要是银行向上下游企业提供融资服务；供应链票据的发行主体为核心企业，由核心企业直接向上下游企业提供融资支持。其次，信息对称程度不同。供应链贷款中银行需要逐笔审核；而在供应链票据模式下，核心企业与上下游客户长期合作，对其经营情况、信用水平、偿债能力非常了解。最后，用款企业资金来源不同。供应链贷款依旧是贷款，受到信贷规模等严格限制；而供应链票据资金最终来源于银行间债券市场，资金来源稳定性、持续性更好，融资不确定相对更小。

业内专家普遍认为，供应链票据有效解决了供应链贷款和传统中小企业债券融资模式存在的突出问题，具有很强的操作性和实用性，不但有利于实现多方共赢，充分调动各方积极性和主动性，而且可以引导债券市场大额、低成本资金持续惠及广大中小企业，对缓解中小企业融资难、融资贵问题做了全新的探索，因此有着广阔的发展前景。

互联网票据理财

互联网理财中的票据理财实际上是一个 P2B（互联网融资服务平台）的贷款投融资平台。即持票人为了获得流动性的资金，在传统的业务中，持票人将未到期的票据提前卖给银行，而现在则是将票据作为质押担保，向个人投资者募资，以较低的价格将承兑汇票的收益权转让给投资者，而票据到期后则由平台直接把承兑汇票折现，投资者从而拿回本金和收益。

互联网公司已经纷纷加入发行票据理财的队伍，其中有京东“小银票”、新浪微财富联合票据宝、阿里招财宝的票据贷等。传统银行系也不甘落后，平安发行了小票通，民生发行了电商 E 票通等。但是互联网票据理财也有风险。第一，目前票据市场直贴在 5%～6%，而票据理财的收益宣传能达到7%甚至9%，存在克隆票、延迟支付等风险；第二，投资者无法考证互联网金融平台的票据是否真实，是否有票据抵押，有假票风险；第三，票据转让次数过多，流通过程中出现背书不连续、名称与印鉴不符、不盖骑缝章等差错都将给票据兑付带来更大的风险。

因此，中小型票据互联网理财平台，以 P2P 的方式将融资企业的票据资产直接销售给企业或个人投资者，出现难监管、无保障的可能性仍然很高。实际上，我国银行票据理财产品兴起于 2011 年，由于贴现流程存在合规瑕疵，银监会在 2012 年初已经叫停了票据相关银行理财产品。而互联网票据理财采取票据质押的方式，票据转让违背了真实的贸易背景，有影子银行的风险，因此互联网票据理财并不是最佳的发展模式。

供应链金融 3.0——物联网与区块链

物联网（IOT），顾名思义，就是物物相连的互联网，核心和基础仍是互联网，但在互联网的基础上延展到物与物之间，进行信息交换。而区块链技术则是解决物联网其中一些核心问题的关键。

传统的物联网模式由一个中心化的数据中心收集所有已连接设备的信息，但这样一来，在生命周期成本、收入方面有严重缺陷。为了解决这个问题，每个设备都得能自我管理，这样就无须经常做人工维护。这意味着，设备的运行环境应该是去中心化的，它们彼此相连，形成分布式云网络。而要打造这样一种分布式云网络，就得解决节点信任问题。在传统的中心化系统中，信任机制比较容易建立，毕竟存在一个中央机构来管理所有设备和各个节点的身份。但对于潜在数量在百亿级的互联网设备而言，这几乎不可能做到。因此，区块链技术可以圆满地解决这个问题。

区块链是与比特币相关的一个重要概念，是一串使用密码学方法相关联产生的数据块，每一个数据块中包含了过去十分钟内所有比特币网络交易的信息，用于验证其信息的有效性（防伪）和生成下一个区块。区块链提供了一种去中心化的、无须信任积累的信用建立范式，解决了闻名已久的拜占庭将军问题——它提供一种无须信任单个节点，还能创建共识网络的方法。比特币使用算法工程保证整个网络的安全，借助它，设备能在金融市场中完全独立于任何人工干预。一套算法会生成自己的比特币钱包，从而允许它与别的算法（别的钱包）进行交易。区块链技术本质是去中心化且寓于分布式结构的数据存储、传输和证明的方法，用数据区块取代了目前互联网对中心服务器的依赖，使得所有数据变更或者交易项目都记录在一个云系统之上，理论上实现了数据传输中对数据的自我证明，深远来说，这超越了传统和常规意义上需要依赖中心的信息验证范式，降低了全球“信用”的建立成本，这种点对点验证将会产生一种“基础协议”，是分布式人工智能的一种新形式，将建立人脑智能和机器智能的全新接口和共享界面。

在物联网上，所有日常家居物件都能自发、自动地与其他物件或外界进行金融活动，比如，你的智能电表可以通过调节用电量和频率，来促成更优惠的电费账单。以金融交易为例，在如今的网络结构中，存在一个类似于交易所、清算中心的中心化的机构来作为数据处理中心。通过区块链的技术解决网络节点之间的信任问题，实行时间和空间的错配，提供一个广泛相连的、去中心的分布式云网络。每一笔交易都交由这些节点来共同核查，从而无须借助银行、交易所这种信用中介机构来完成。金融的核心是通过跨时间、跨空间的资源配置，区块链技术恰恰能够优化金融资源配置，提高资金利用率。

基于共享金融视角的供应链金融发展前景

共享金融是能有效、全方位地为社会所有阶层和群体提供服务的金融体系。其核心内涵是开放、互助和共赢，成员可以平等自由地分享信息资源和资金资源，实现全社会金融资源配置帕累托最优效率。基于共享金融新理念，供应链金融平台可以为中小微企业或个人提供信息资源和资金资源，帮助信息和资金的需求与供给进行有效对接，切实助力大众创业、万众创新。

共享信息流、物流、资金流

在中国迈入改革开放时代以来，制造业一直扮演着很重要的角色，但目前很多传统制造产业面临诸多问题，供应链问题也随之浮现出来，传统行业所面临的信息流、资金流、物流不对称的情况比较严重，也会造成企业资源的浪费。因此，如何去共享信息、共享物流、共享基础设施、共享渠道，让彼此的成本降低、效益提高便是共享供应链的一个基础概念。

基于大数据和云技术，供应链金融平台集成了企业商务信息平台、仓储物流信息管理平台、电子商务平台、金融服务平台等，通过供应链中商流、物流、信息流和资金流的有机整合、深度介入和高度协同，提供包括在线交易、在线管控物流、在线结算支付、在线融资理财等一站式服务，打造金融资本与实体经济及供应链中小微企业良性互动的产业生态。

共享技术、品牌

在共享供应链中有一条有趣的微笑曲线，在这条曲线中，价值最高的是左右两端，像一个笑脸，价值最低的是笑脸底端。通常利润最薄、最低的就是制造、加工环节，利润最大的左右两端，左端是品牌和技术，右端是终端销售渠道和销售利润，中间的过程就是利润最低的制造环节。比如智能手机苹果，80%~90%的苹果手机都由富士康代工制造，而制造每个手机的利润只有20元左右，但是在智能手机这个产业上苹果公司获得的利润远比富士康大得多，因为苹果公司拥有品牌、技术，同时拥有终端渠道的利润。

因此，在共享供应链过程中企业要不断优化商业模式，要逐渐摆脱纯粹加工制造利润，向微笑曲线的左右两端过渡，打造自己的品牌，拥有自己的技术，掌握终端的销售。借助供应链金融服务平台，能够使我们的产业链转型和升级，使得物流、信息流、资金流迅速对称。

共享资源

中小企业单打独斗很难渡过经济难关，世界500强企业很多都是从几千甚至几万家企业当中，经过长久打拼才形成目前的规模，而一个大型企业崛起的背后往往伴随着数千甚至数万家企业的消失。因此，在协助中小企业发展壮大的过程中，企业对自己所处的行业、自身的竞争优势、未来行业前景如何要有明确的认识。

在很多产业链中有上中下游几十家公司，有的企业产品强，有的企业技术强，有的企业品牌强，有的企业渠道强，每家企业的优劣势都不一样，拥有单一优势的企业是很难做到持续发展的，但当把同一产业链上、中、下游的优势企业全部整合起来，形成一个大的企业或者一个共享供应链的互助平台，就可以使链条上的企业能够优势互补，共生共荣。

因此，供应链金融服务平台对企业来讲提供的不仅是资金，还包括怎么投资、怎么融资、怎么管理、怎么退出以及是债券融资还是股权融资，是境内还是境外融资，企业适合什么形态的资金、选择怎样的方式等一系列的服务。

第八章　共享金融与相互保险[1]

共享金融与相互保险的关联

共享金融与相互保险的产生

相互保险起源于古代的互助共济行为，充分发展于西方工业革命和城市化时期，是国际保险市场的主流组织形式，广泛应用于中低收入群体和高风险领域。当前，我国正处于新型城镇化、农业现代化快速推进的时期，在这一形势下，借鉴国际经验促进相互保险规范健康发展，不仅是落实国家普惠金融发展战略的重要举措，也有利于扩大保险覆盖范围，丰富保险市场组织形式，促进保险业转变发展方式和结构调整。

相互保险也是共享金融发展的重要模式和表现形式。共享金融同样也强调金融风险的共享与分担，这给以保险业为代表的金融风险管理模式带来了深刻影响和冲击。通常认为，保险自出现以来，从最初的仅仅具有经济补偿功能和资金融通功能，发展到目前还具有社会管理功能。近些年来，随着保险业在资产管理方面的创新不断深化，其资金融通功能得到快

① 本文作者为：曹德云，中国保险资产管理业协会执行副会长兼秘书长；凌亮，中国保监会发展改革部。

速发展，同时对于经济补偿的本质功能，以及社会管理的新型功能，仍然有待进一步完善。对此，相互保险不仅通过持续发掘保险功能的基础环节，努力实现多层次的保险功能互补，充分体现特定范围内的共享式保险模式，达到经济社会的风险分散与共担，而且通过这种合作性保险模式的拓展和完善，可以给深化不同人群的风险管理意识、加强社会互助合作等都带来深远影响，从而有助于完善保险的社会管理功能。

相互保险的内涵剖析

定　义

相互保险是指有相同风险保障需求的投保人，在平等自愿、民主管理的基础上，以互相帮助、共摊风险为目的，为自己办理保险的保险活动。相互保险组织是指没有股本而由保单持有人共同所有的保险组织。

特　征

与股份制商业保险公司相比，相互保险组织具有以下特征：一是所有权结构不同。相互保险组织没有外部股东，由全体会员共同所有，保单持有人兼具组织所有人和被保险人的双重身份。这也是相互保险与股份制保险相比最本质的区别。二是组织形式和组织架构不同。股份制公司属于“资合性”组织，最高权力机构是股东大会，按股份多少进行表决。相互保险则属于“人合性”组织，最高权力机构是会员大会，一般实行一人一票的表决方式，社员可以平等参与公司管理。三是运营目标不同。相互保险不追求通过对外经营获得商业利润，在运营上对被保险人的利益更为重视，其核心目标是为全体会员提供最经济的保险服务。四是分配机制不同。相互保险组织的保费收入在支付赔款和经营费用之后，盈余部分完全由会员共享，可以通过保单分红、降低来年保费等方式分配给会员。

优　势

相互保险的上述鲜明特征赋予其股份制保险所不具备的一些独特优势：一是投保人和保险人利益一致，通过参保会员的自主管理和相互监督，能够比较有效地防范道德风险。二是不以商业营利为目的，经营费用较低，核灾定损准确度较高，可以相对较低的成本为会员提供保险保障。据有关机构测算，相互保险的经营成本只有股份制保险的1/3左右。三是可以在不追求短期商业利润的情况下发展有利于被保险人长期利益的险种，同时简化理赔程序，提高理赔比例，更好地保护被保险人利益。一个明显的例子是，国内的人寿保险保险期限一般不超过65岁，而国外的相互制人寿保险普遍可以承保到更高年龄。四是可以根据会员群体的风险保障需求灵活地设计条款、调整费率，具有较强的灵活性和适应性，能够应用于商业保险难以覆盖的低收入人群和高风险领域。

国际相互保险发展历程、各国情况及监管情况

发展历程

起　源

相互保险历史十分悠久。早在几千年前，古埃及骆驼商队的互助共济行为和古罗马名为“格雷基亚”的互助共济组织，已经有了相互保险的萌芽。中世纪时期出现了一些更成型的互助协会，如中世纪欧洲的基尔特（Guild），是商业和手工业者为了保护共同利益组成的同业者互助救济会，目的是对成员的死亡、火灾及疾病等危险进行担保，这也是现代人寿保险业的起源之一。又如英国1666年伦敦大火后出现的火灾保险互助社等。可以说，先有相互保险，再有股份制保险。

快速发展

19世纪工业革命爆发以后，相互保险进入快速发展阶段，逐渐成为各国主要职业人群不可或缺的安全保障手段。随着工业革命的深入和城市化进程的推进，大量农民离开家乡涌入城市，传统的社会纽带被打破，乡邻之间、家庭成员之间原有的互助行为难以为继。这些城市的新移民便以所从事的职业为纽带重新组成抵御风险的同盟，产业工人、铁路工人及教师

等职业人群纷纷成立行业性的基金会，来帮助成员分担疾病、伤残、衰老及意外事故等带来的损失，从而带动相互保险迅速蔓延。

20 世纪初期，由于股份制公司自由逐利的消极一面暴露得比较充分，相互保险这种带有社会性互助互利色彩的组织形式逐渐得到社会公众的认同，在全世界掀起一股由股份制向相互化转变的浪潮。在美国，20 世纪前 30 年至少有 15 家股份制寿险公司转变为互助公司，其中包括当时最大的三家：大都会人寿、保平人寿、保德信人寿。此事的导火索是纽约州一个名为阿姆斯特朗的调查委员会对保险业进行深入调查，公布了著名的《阿姆斯特朗调查报告》，揭露了当时人寿保险业长期存在的欺诈性交易手段和管理层肆无忌惮的自我交易行为，并号召所有的股份制保险公司都采用互助所有制形式。

20 世纪末期，相互保险迎来了发展巅峰时期。1999 年，世界十大保险公司中有 6 家是相互保险公司；排名前 50 位的保险公司中，有 21 家是相互保险公司；在美国、日本、德国、英国和法国保险市场，相互保险公司市场份额占到 42%，几乎占据半壁江山；日本相互保险公司的市场份额甚至高达 3/4 以上。

非相互化浪潮

20 世纪 90 年代以来，部分相互保险公司通过一系列法定程序转制成股份制保险公司，出现了一波非相互化的浪潮。如 1995 ~ 2005 年，美国寿险业超过 1/3 的相互保险公司进行转制，相互制寿险公司资产占整个寿险行业资产的比重从 39% 下降到 16%。“非相互化”浪潮发生的主要原因有两个：一是全球化竞争加剧导致保险公司扩大资本和业务规模的冲动十分强烈。相互保险公司筹资渠道有限，只能通过累积盈余和次级债融资，无法借助资本市场融资来满足快速增长的资本金要求。二是金融行业出现了混业经营的发展趋势，股份制公司可以通过收购兼并来扩展业务范围，而相互保险公司没有完全意义上的股权，无法进行收购转让操作，因此被排除在并购浪潮之外。

本轮国际金融危机以来的表现

本轮金融危机以来，相互保险经受住了考验，表现出了比股份制公司更强的风险抵御能力和竞争活力。在市场份额方面，近年来相互保险市场份额不仅没有出现萎缩，反而逐年增长，从 2007 年的 23.4% 增加到了 2012 年的 26.7%。在功能作用方面，相互保险较好地扮演了社会保险和商业保险重要补充的角色，有的还融入社会保障体系成为其有机组成部分。比如，比利时和瑞典的国家医疗保险体系都委托相互保险组织运营。英国卡梅伦首相提出“大社会”运动，让社区和普通民众更多地参与社会管理，提高公共服务效率和水平，将许多原本由政府部门提供的公共服务交由相互组织承担，甚至提议将整个邮政系统也进行相互化改造。在未来发展趋势方面，随着社会老龄化加剧，政府在社会保障方面的财政压力不断增加，可能导致强制性的养老保障向自愿性的社会保障转变，相互保险有望再次成为人们赖以抵御老年风险的重要选择。从风险防范来看，由于相互保险对外部融资依赖程度低，在本轮金融危机中受到的外部冲击较小，表现出了比股份制公司更强的风险抵御能力。

各主要经济体相互保险发展情况

据国际相互合作保险组织联盟（ICMIF）统计，2014 年全球相互保险保费收入 1.3 万亿美元，占整个保险市场的 27.1%，覆盖人群 9.2 亿人。相互保险组织总资产 8.1 万亿美元，雇员超过 110 万人。

欧洲的情况

欧洲相互保险主要分为互助协会和相互保险公司两种形式，共设立了 2800 多个各具特点的相互保险组织。2012 年，欧盟国家相互保险保费收入超过 4000 亿美元，占据整个欧盟保险市场份额的 31%。在欧盟 27 个成员国中，相互保险市场份额最高的是芬兰，超过了 70%；其次是奥地利，占比为 60%；德国和法国等主要国家也超过了 40%。欧盟国家相互保险投保人数在 1.5 亿 ~2 亿，覆盖了大约 40% 的人口。

美国的情况

美国2012年相互保险保费收入高达4380亿美元，是全球最大的相互保险市场。相互保险占整个美国保险市场的34.5%，其中在汽车保险和房屋保险等细分领域的份额更是超过50%。全美共有1800多家相互保险机构，总资产超过2.3万亿美元。经过多年的发展，美国涌现出一批规模庞大的相互保险巨头，其中州立农业保险公司、利宝相互保险集团、西北相互人寿保险公司等相互制公司更是跻身全球500强企业行列。

日本的情况

日本的相互保险自成体系，在国民生产生活中发挥了不可替代的特殊作用。2012年，日本相互保险保费收入2723亿美元，占整个日本保险市场的41.7%，覆盖人群接近1亿。日本的相互保险可分为四大领域。一是寿险领域，相互保险是应用最为广泛的形式之一。2012年资产规模前十位的寿险公司中，排名前三的日本生命、明治安田生命和住友生命都是相互制公司。二是农业保险领域，日本采取政府支持下的互助合作模式，经过60多年的发展，形成了全覆盖、可持续、组织体系完善的农业灾害补偿制度，把几乎全部农村居民都囊括在内。三是渔业保险领域，日本构建了完善的相互保险组织体系，在保障渔业风险方面发挥了巨大作用。2011年的日本“3·11”地震中，渔业互助保险共计为17025艘渔船支付普通损害保险金约352亿日元，约占渔船损失的28%；共为养殖业支付保险金145亿日元，约占养殖业损失的25%。四是职工互助领域，日本成立了专门从事工人共济的全劳济，参加人数超过1000万人，保障范围涵盖了职工生活的各个方面。

国际相互保险监管情况

相互保险作为一种保险组织形式，应尊重保险一般规律，与现有的保险监管框架总体保持一致。如日本、德国和美国各州的保险法中都采用了专门的章节或相当的篇幅对相互保险的组织结构、登记设立、运营规则及监管要求等进行具体规定。从各国的监管实践来看，也主要是依照一般性的金融保险相关法规对相互保险进行监管，欧盟《偿付能力Ⅱ》也同样适用于相互保险组织。

与此同时，相互保险组织有其自身特点，对其监管也应有所区别。一方面，相互保险组织往往数量众多，呈现小型化、本地化、多样化和专业化的特点，有的甚至是未纳入正规监管的草根金融组织。对这类组织的监管往往相对灵活，如欧盟《偿付能力Ⅱ》就规定年保费收入低于500万欧元的相互组织不适用其监管要求。另一方面，由于相互保险不存在股份制公司保单持有人和股东之间的利益冲突，产品不当定价风险、道德风险相对较小，因此各国在股东资质、销售、核保、理赔等方面的监管要求有所不同。特别是对农村保险、社区保险等小型相互组织采取了比较灵活的监管措施。

国外发展相互保险的主要经验和启示

相互保险之所以在上述国家蓬勃发展，既与相互保险自身的比较优势高度相关，也与所在国的自然禀赋、人文习俗、经济基础及制度环境等自然社会条件密不可分。

第一，相互保险切实顺应了工业化、城市化的需求，成为应对自然社会风险的重要选择。

欧洲的相互保险之所以在19世纪初期快速发展，与当时的社会环境变迁直接相关。随着工业革命的深入和城市化进程的推进，大量农民离开家乡涌入城市，传统的社会纽带被打破，乡邻之间、家庭成员之间原有的互助行为难以为继。这些城市的新移民便以所从事的职业为纽带重新组成抵御风险的同盟，产业工人、铁路工人及教师等职业人群纷纷成立行业性的基金会，来帮助成员分担疾病、伤残、衰老及意外事故等带来的损失，从而带动相互保险在欧洲大陆迅速蔓延。

以日本为例，日本相互保险之所以蓬勃发展，与日本的自然禀赋、人文习俗、经济基础、制度环境等因素密切相关。一是自然灾害频发限制了商业保险的服务领域。日本人口众多，各种自然灾害比较频繁，全球6级及以上地震中两成发生在日本，生产生活中经常遭受风灾、旱灾、洪水等自然灾害，使得商业保险在农业等高风险特定领域的发展动力不强，出现了供给不足的情况，难以满足居民的保险保障需求。二是社会福利政策导致保险“真空人群”的出现。日本社会保障的基本思路是实行“救济型”的社保制度，而不是“福利国家”型的社保制度，社会福利政策构建原则是“广覆盖、低水平”。其结果是，所有的国民都得到保障，但所得到的保障相对较低，尤其是中低收入人群在养老和医疗上的负担显得比较重。因此，在社会保障和商业保险这两大保险制度之间留下了一块很大的空间，需要由互助保险来填补。三是思想观念和需求的变化推动了互助保险的发展。自然灾害的多发使得日本民众的危机意识和风险意识较强，推动了日本民众互助意识和行为的发展。同时，日本国民对保险的要求也不仅仅满足于受到损失时得到赔偿，同时也希望能够作为一种投资手段，可以带来额外的收益。相互保险保单持有人与公司所有者身份合二为一，能够充分分享到公司的收益，这客观上也刺激了相互保险在一些领域尤其是寿险领域的发展壮大。

我国同样是一个自然灾害频发的国家，部分高风险领域出现了商业保险供需失衡现象。同时，我国正在大力推进城镇化，如何解决数以亿计中低收入农村转移人口的社会保障问题关系重大。发展相互保险组织将为保障高风险领域和中低收入人群利益提供一种新的途径，有利于实现经济效益和社会效益的更好平衡。

第二，相互保险是一种具有广阔发展前景的保险组织形式。

从国外经验来看，相互保险相对于传统保险形式具有一些独特优势：一是投保人和保险人利益一致，可以有效避免保险人不当经营和被保险人欺诈所导致的道德风险。二是相互保险展业费用较低，核灾定损准确度较高，可以降低经营成本。三是由于没有盈利压力，所有的资产和盈余都被用于被保险人的福利和保障，可以发展有利于被保险人长期利益的险种。

基于上述优势，相互保险在过去的发展历程中表现出了强大的生命力。

从我国情况看，发展相互保险组织，使其成为股份制保险公司的合理和必要的补充，可以突破保险业现有商业模式的局限，改变保险市场组织形式单一、保险产品同质化严重的现状，促进保险市场专业化、差异化、特色化、多元化发展，为丰富完善保险市场体系增添新的力量，为保险市场快速发展打造新的业务增长点。

第三，国际相互保险监管坚持“统一监管、适度区别”原则。

相互保险作为一种保险组织形式，尊重保险一般规律，应与现有的保险监管框架总体基本保持一致。国际保险监督官协会在《相互合作保险组织规范与监管报告》中指出，对相互保险组织的监管应与其他保险组织总体相同，但可根据相互保险的特点有所调整。从欧洲的监管实践来看，主要是依照一般性的金融保险相关法规对相互保险进行监管，欧盟《偿付能力Ⅱ》也同样适用于相互保险组织。

当然，相互保险组织有其自身特点，对其监管也应有所区别。一方面，相互保险组织往往数量众多，呈现小型化、本地化、多样化和专业化的特点，有的甚至是未纳入正规监管的草根金融。对这类组织的监管往往相对灵活，如欧盟《偿付能力Ⅱ》就规定年保费收入低于500万欧元的相互组织不适用其监管要求。另一方面，由于相互保险不存在股份制公司保单持有人和股东之间的利益冲突，产品不当定价风险、道德风险相对较小，因此各国在股东资质、销售、核保、理赔等方面的监管要求有所不同。特别是对农村保险、社区保险等小型相互组织采取了比较灵活的监管措施。

第四，各国都对相互保险给予了积极的政策扶持。

在相互保险的发展过程中，各国政府都结合本国实际给予了积极的政策支持和引导。一是给予薄弱环节的特定业务提供多重优惠政策。比如各国都对农业保险、社区保险、小额保险和养老保险给予政策支持，而许多相互保险组织专门从事相关业务，从而获得了相关的补贴和税收优惠。二是专门针对相互组织提供费用补贴和税收优惠。如日本在对农户共济行为给予保费补贴的同时，还对农险联合会的经办费用按 50% 的比例提供补贴。同时，日本政府还规定农协不用缴纳所得税和营业税，而且在建设仓库、增加固定设施以及进行固定资产投资等方面，可以得到政府高达 80% 的补贴。三是再保险支持。为了更好地支持相互组织行使社会管理职能，部分国家对从事高风险业务的相互组织提供再保险支持，帮助其向外分散风险。

中国发展相互保险具有重要意义

当前，我国经济社会和保险业都处于转型发展的新时期，促进相互保险发展具有较强的现实意义。

一是有利于扩大保险覆盖范围，提高保险服务经济社会能力。相互保险组织具有非营利性质和成本低廉的特点，可以为股份制保险公司难以覆盖的中低收入人群和高风险领域提供简便、灵活的保险产品和个性化服务，扩大保险覆盖范围，提高保险服务经济社会能力。从实践情况来看，相互保险在农业、渔业、养殖业、中低收入职工保障方面能够发挥独特作用。当前，我国正在大力推进城镇化和新农村建设，如何运用保险机制更好地服务广大中低收入的农村转移人口以及农村居民是其中的关键问题之一。发展相互保险组织将为保障中低收入人群的利益提供一种新的途径，有利于更好地实现经济效益和社会效益的平衡。

二是有利于丰富保险市场组织形式，挖掘保险业新的增长点。发展相互保险组织，使其成为股份制保险公司的合理和必要的补充，可以突破保险业现有的商业模式的局限，改变我国保险市场组织形式过于单一、保险产品缺乏竞争力的现状，促进保险市场专业化、差异化、特色化、多元化发展，增加保险市场发展活力，为丰富完善保险市场体系增添新的力量。

三是有利于树立长期经营理念，优化保险产品结构。长期以来，我国保险市场产品结构畸轻畸重，寿险以短期理财型产品为主，需要长期经营的保障型寿险产品一直发展不起来，产险中车险一险独大，稍微复杂一些的险种也相对缺乏，这都与股份制保险过于追求短期利润，经营行为短期化密切相关。而相互保险可以在不追求短期利润的情况下发展有利于被保险人长期利益的险种，这将对我国保险产品结构甚至商业模式产生重大而深远的影响。

四是有利于创新农村基层社会管理方式。相互保险扎根基层，网络建设成本较低，容易在广大农村地区生根发芽。同时实行自主管理和自主监督，经营成果由社员分享，有利于调动广大农民参与的积极性。发展相互保险可以通过经济利益给广大农民搭建一个自我管理的平台，创新基层社会管理方式，提升农村社会管理效率，化解农村各种社会矛盾和风险。

五是有利于提高人民群众的保险意识，改善保险行业形象。相互保险充分体现了保险“互助共济”的本质，可以最大限度地彰显保险的保障功能，弘扬“我为人人，人人为我”“扶危济困”的保险互助文化，有利于提高人民群众的保险意识，改善保险行业形象。

我国相互保险的现状及存在的问题

发展现状

我国的相互保险实践最早开始于20世纪80年代末，当时借鉴日本农业共济会的经验，把农业保险与其他商业保险分离，在河南等九个省市开展了政府政策引导和农民互助合作相结合的相互保险试点。90年代中期以后，由于缺乏政策支持，相互保险的发展整体上出现了一定程度的停滞。但农业、渔业、林业以及职工互助等领域的部分相互保险组织仍不断发展，在提高高风险领域、低收入人群风险保障水平方面发挥了积极作用。目前我国现有的相互保险组织按照是否纳入保险监管范畴可分为两类。

一类是经保监会批准设立的相互保险组织，主要包括阳光农业相互保险公司和宁波慈溪保险互助社。阳光农业相互保险公司前身是1984年成立的黑龙江垦区农业保险互助社，2005年国务院批准其改制成为相互保险公司。该公司初始运营资金7000万元，开业8年以来累计实现保费收入117亿元，累计为农户赔款42.76亿元[①]。由于缺乏相应的监管制度，阳光相互保险公司在工商注册、章程制定、偿付能力监管以及分支机构设立等方面都存在一些问题，面临着继续进行相互制试点还是转制成为股份制公司的路径选择。2013年6月，慈溪农村互助社试点进一步深化，扩大到慈溪市龙山镇的其他8个村，并在龙山镇设置了镇级的保险相互联社。目前，该互助社的试点工作已逐步引起各方的高度关注。

另一类是尚未纳入保险监管范畴的相互保险组织。主要包括隶属于全国总工会的中国职工保险互助会，隶属于农业部的中国渔业互保协会，隶属于交通部的中国船东互保协会，陕西、湖北、湖南等地设立的农机相互保险社，以及散见于全国各地的区域性养殖业、种植业农业互助保险组织。其中，中国职工保险互助会创立于1993年，目前在全国设立了38个办事处，2012年实现互助费收入3.38亿元，互助基金规模达到8.37亿元[②]。为了进一步规范管理，促进发展，全国总工会及中国职工保险互助会近年来曾多次提出纳入保险监管的要求。中国渔业互保协会成立于1994年，目前在全国设立省级渔业互保机构31个。2012年实现互保费收入11.9亿元，支付赔款3.8亿元[③]。

存在的问题

一是缺乏上位法支持。从公司法层面来看，相互保险公司作为一种没有名义股本、主要为成员提供保险服务的法人组织形态，与我国《公司法》所规定的公司形态的要件有一定偏离，因此公司法尚没有对相互保险

---

① 数据来源于中国保监会官方网站。

② 数据来源于中国职工保险互助会官方网站。

③ 数据来源于中国渔业互助保险协会官方网站。

公司这种组织形式进行规范。从保险法层面来看，现行保险法也主要是规范股份制公司这一种形态，没有对相互保险组织进行明确规定。

二是监管制度仍处于空白状态。虽然保险业在阳光相互保险公司和宁波农村互助社等方面进行了一些试点，但监管制度仍处于空白。

三是政策环境尚不明朗。由于缺乏法律和监管制度，相互保险在工商登记、税收减免、财政补贴等方面尚没有明确的制度安排。

四是目前相互保险的主要实践主体尚游离于监管之外，对纳入监管持观望态度。渔船互保、职工互助和船东互保是我国相互保险的主要实践主体，这些机构成立时间早于保监会，由于历史原因长期游离于保险监管之外。目前，这些机构都积累了相当的业务规模和资金实力，对是否全面纳入监管还持观望态度，有的还存在只要政策不要监管的心态。

五是社会和行业都对相互保险存在模糊认识。长期以来，我国保险业一直只有股份制保险一种组织形式，社会和行业都对相互保险研究不够、认识不足。有的观点认为相互保险属于非营利性组织，不属于商业保险，不应由保监会进行监管；有的观点基于20世纪90年代出现了非相互化浪潮，就认为相互保险属于落后的、过时的商业模式；甚至有的监管干部对相互保险也不太了解，因而对其存在不敢信任、不敢支持的态度，这在阳光相互保险公司的发展过程中体现得比较明显。

六是市场尚需要培育。国际相互保险从发展历程来看，先于股份制保险出现，经历数个世纪的发展积累了雄厚的资金实力，方才在市场上具有举足轻重的地位。而我国相互保险尚处于发展的初级阶段，整体实力仍然较弱；而且相对于股份制公司，相互保险组织筹资难度大，对初始资金的提供者和主要经营管理人员的激励较弱，在成立初期发展难度较大，因此相互保险的发展还需要一个长期的培育过程。

推动相互保险发展的方向

经过多年的探索和发展，我国的相互保险在提高农业、渔业、林业、船舶运输及职工互助等领域风险保障水平方面发挥了积极作用。但与国外发育成熟、运行规范的相互保险市场相比，我国的相互保险机构数量少、业务规模小、覆盖面窄、功能作用发挥不充分，因此还存在较大的差距。下一步，建议明确发展重点，强化政策扶持，完善监管制度，稳步推进相互保险规范创新发展。

明确发展相互保险的重点形式，完善保险组织体系

借鉴发达保险市场经验，结合我国经济社会发展条件，可以从以下三个方面加快相互保险发展：一是探索设立一般相互保险，满足不同群体的差异化保险需求，同时打破目前商业保险模式的制约，为保险市场注入新的动力和活力。二是在坚持区域性、封闭性原则的前提下，选择部分条件具备的农村地区成立涉农相互保险组织，为农村居民的日常生产生活提供价格低廉、简单实用的保险服务。三是与相关主管部门充分沟通，厘清监管责任，明确监管分工，积极推动将中国渔业互保协会等现有相互保险组织纳入保险监管范畴。长远来看，可以构建一个商业保险和相互保险协调发展的多层次、多元化的保险市场体系，有效解决当前保险市场主体单一、保险区域发展不平衡、保险产品竞争力不足等问题，促进保险功能作用的进一步发挥。

明确相互保险监管思路，逐步构建完备的监管框架

从国际保险监督官协会（IAIS）的相关研究和部分国家的监管实践来看，相互保险的监管原则和监管框架整体上与股份制公司保持一致，同时又具有一定的灵活性。结合我国相互保险发展实际，可从以下几个方面进行重点把握。在准入标准方面，针对不同规模的机构类型设置不同的准入标准。一般相互保险参照股份制保险公司管理，主要设立条件参照股份制公司的标准稍做调整；中小相互保险组织，在坚持区域性、封闭性原则的前提下，适当放宽准入门槛，以体现对普惠金融的支持。在公司治理方

面，既要加强防范内部人控制方面的制度设计，充分体现相互保险民主管理、自我监督的特点；又要加强信息披露，提高相互保险组织运行的透明度，充分保障会员的知情权和参与权。在监管尺度方面，按照国际上的通行做法，对于大型相互保险组织的监管要求与股份制公司基本保持一致；对小型相互保险组织在产品监管、经营监管、偿付能力监管等方面保持一定的灵活度。在风险防范方面，针对不同的机构类型制定差异化的监管要求和措施，如对农村相互保险组织的资金运用进行相对严格的监管，待其资产管理能力逐步提高后再放开其他投资渠道。同时，考虑到农村金融基础相对薄弱，涉农相互保险社风险防范能力较弱，明确要求地方政府或相关行业主管部门承担一定的风险管控责任。

在加强监管、促进规范运行的基础上，加大对相互保险市场主体的扶持和培育力度

相互保险在我国处在发展初级阶段，市场主体较少，覆盖范围较窄，发展的内生条件和外部环境也还不完备，需要一个长期的培育过程。我们将按照以规范促发展，以发展带规范的原则，在抓紧制定监管规则、构建监管框架、促进相互保险规范运行的同时，采取综合扶持措施，加强政策引导力度，优化发展环境，培育市场主体，促进相互保险市场快速发展。

加强与相关部门的沟通协调，营造相互保险组织良好的政策环境

相互保险组织的发展涉及财政、税务、工商和民政多个部门，需要有关部门理解和支持，要积极加强与各部门的沟通协调，理顺管理机制，明确相关制度安排，进一步优化相互保险发展的政策环境。

借助互联网、大数据和移动通信技术，促进相互保险发展

相互保险固有的业务特点，决定了其能够借助互联网，通过微信、淘宝等新技术，随时随地为客户便捷地提供相互保险产品、办理投保程序以及获取理赔等服务，大大提高经营效率，降低成本费用，还可以为会员提供健康信息推送和咨询等增值服务，构建更为紧密的社群化关系。会员可以借助互联网高效便捷地参与相互保险组织的相关事务，群策群力，推动治理体系的不断改进和优化。互联网互通共享，相互保险互助共济，“互联网 + 相互保险”是技术优势和制度优势的完美结合，有利于发挥保险社会稳定器的作用，实现普惠金融和共享金融。

第九章 共享金融与大银行变革[①]

共享金融给银行业带来的挑战

共享金融的技术与制度冲击

当前，在互联网信息技术的冲击下，国内银行都在加快进行互联网金融布局，已经在事实上践行共享金融的理念。具体看，其创新重点可以归纳为几个方面。一是渠道替代，即通过发展电子银行、移动银行、直销银行等，对原有的业务流程与组织架构进行渠道优化与变革；二是依托新的产品或业务，着力推动零售业务拓展与强化个人客户获取能力；三是积极介入电商，以此来向互联网企业学习，通过大力拓展业务场景来增加客户黏性；四是尝试把原有的融资类业务搬到网上，如对互联网供应链金融的尝试；五是布局以移动支付为代表的新兴电子支付业务，以及基于互联网的中间业务；六是对互联网金融新业态的直接介入与间接合作，如与 P2P 网贷、第三方支付的合作等。

这里所强调的共享金融，不仅是新技术所支撑的、旨在弱化传统金融

① 本文作者为：侯本旗，博士，中国工商银行电子银行部；赵飞，博士，中国工商银行电子银行部。

中介的“自金融”活动，而且也涵盖了对传统金融的改造与优化，在银行等主流金融机构的发展中彰显共享、共赢的理念，进一步提升银行的交易对手方的谈判权。实际上，技术的飞速发展，也为银行业的共享金融改革奠定了基础。

就制度层面来看，国内银行业基于互联网金融的创新，也逐渐获得了更加良好的政策环境支持。因为就现有的互联网金融监管思路来看，实际上是致力于推动同业业务监管的一致性。这就意味着将来更多从产品功能和业务本身出发，对 P2P 网贷等新兴业态，由过去过于宽松逐渐转为趋严，而对银行的严格监管则会相对有所放松，这在理论上对银行发展互联网金融形成利好。

回顾历史，正如“我们并没有做错什么，但是不知道为什么我们输了”，当诺基亚的末代总裁奥利拉（Jorma Ollila）在同意微软收购的发布会上说出这句话时，几十名诺基亚高管禁不住纷纷落泪。在这个迅速变化的时代，方向比努力重要，机会比效率重要，做什么比怎么做重要，商业模式比产品服务重要，开放式网络银行平台比网络银行功能更重要。

同样是手机，摩托罗拉关注的是通信功能，诺基亚关注的是时尚和服务，苹果关注的是服务平台入口。2015 年一季度，苹果以在智能手机市场不到 20% 的销量份额攫取了 92% 的利润，秘密之一就是手机定位于开放式服务平台入口。另一则牵动电商界神经的消息是电商巨头亚马逊的市值超过了零售巨头沃尔玛，这标志着开放的互联网新兴业态战胜了传统封闭业态。在“互联网 +”时代，Bank 与 Banking 交相呼应，银行系互联网金融的发展也将进入崭新阶段。

共享时代的模块化蚕食到平台级竞争

20 世纪 90 年代，以美国安全第一网上银行（SFNB）为代表的网络银行冲击银行柜面业务，其低成本和高效率使很多人认为网络银行将颠覆传统银行，受到冲击的各家银行纷纷引入网络信息技术改进服务，不仅化解了危机，还利用网络技术增强了自身服务能力。

正如《从 0 到 1》的作者彼得·蒂尔所说的“大家看到的秘密是不一样的”，2014 年面对互联网信息技术冲击的再次来袭，银行感受到的与 20 多年前网络银行利用互联网渠道冲击主流银行网点业务有着本质的不同，表面上是互联网技术在金融领域的衍生应用，实质上是工业经济向互联网经济挺进时两种不同思维方式和业务模式之间的冲击。这一次互联网公司依托服务平台从用户端将服务延伸至银行的支付、融资等核心业务，通过“互联网 +”的商业和服务模式掌握了个人消费、商户经营等关键信息资源，对商业银行的中介地位形成深层的冲击。

工业时代，银行将各产品线按照业务流程紧密整合在一起，但是在互联网技术面前，在数字化进程中，互联网金融新贵们从外部以模块化形式对每一部分发起攻击和蚕食，形成了互联网金融冲击 1.0 版。比如从 2013 年余额宝一战成名开始，互联网金融以门外“野蛮人”的姿态不断挑战着银行人的神经：国内有支付宝、余额宝、京东白条，国际上有 Zopa、Prosper、Lending Club，纷纷从支付到贷款，从信用卡到存款业务，从存贷款到中间业务，以单点突破的形式渗透至银行业的各个业务板块。

2015 年 7 月以来，《关于促进互联网金融健康发展的指导意见》《非银行支付机构网络支付业务管理办法》陆续发布，让互联网金融在一番野蛮生长后，回归金融本质，银行账户体系仍将是互联网金融体系建设的主流。监管政策对互联网金融的规定，意在鼓励互联网企业在持有金融牌照的前提下开展大规模、专业化的金融创新与服务。

多项政策的出台，使得 2015 年成为互联网金融的理性回归年，持牌的网络银行竞争也将升级到 2.0 版本，原来互联网金融企业以模块化、单点突破的形式切入的市场业务逐步被重新组合起来，以云计算为基础，以金融平台为形态，聚合多种金融服务和产品，成为一站式客户服务的金融生态平台。

比如在刷脸开户短期难以实现的情况下，万众瞩目的微众银行和网商银行都继承了网络平台的基因，试图做金融同业与市场客户的连接器和综合金融服务的平台供应商，在资产和负债端与金融机构广泛合作，优势互补。同时腾讯、阿里等互联网巨头也纷纷进行金融全牌照布局，其中阿里已有支付、征信、小额贷款、理财、银行，通过控股方式获取证券、基金、保险牌照，布局最为全面。

原先被拆解成各种模块的互联网金融正在用新的商业模式和架构被组合链接起来，生态级的金融平台竞争初露峥嵘。

大银行的战略思路转型与移动金融布局

战略与思维的转型

近年来，主流银行面临利率市场化，信贷利差缩小，泛资管业务冲击，重资产发展模式进入瓶颈期。同时，移动互联网技术持续发展，与云计算、大数据等信息科技一起显著降低了互联网金融的成本和门槛；“80后”“90后”逐步成为社会新兴力量以及“网生代”的到来，均使得主流银行再造一个网络银行成为一种战略选择。

信息经济时代的到来，让互联网正在成为现代社会新的基础设施。互联网思维也成为“互联网+”之上商业创新的逻辑起点。面对互联网银行2.0版本的竞争，主流银行业要用互联网思维重构网络银行服务模式，核心在于以平台思维整合各个渠道，打破传统上基于渠道的金融服务链条，聚合各类内外部资源形成新的网络金融服务生态体系，以适应移动互联网时代客户需求和消费模式的变化。

战略思维重构源自对互联网本质的认识。互联网思维是对基于互联网技术和基础架构所带来的管理变革、商业和服务模式变革所产生的新规律、新特点的总结和提炼；而互联网作为一项革命性的技术的本质特征是去中心、新协议和强连接。

第一，去中心。互联网奠基人之一鲍勃·泰勒把去中心化的思想植入到阿帕网建设中，没有一个节点可以控制整个网络，于是互联网有了共享、分布式控制的基因。现在人们谈到 P2P，头脑中首先浮现的就是目前市场火热的网络借贷，但其实 P2P 最早是个互联网用语，用来指一种去中心化网络的对等计算技术，后来 P2P 这个名词被套用到多种商业创新的语境中，以致人们渐渐淡忘了其最初的含义。

第二，新协议。TCP/IP 构建了互联网的底层协议，其逻辑和架构也影响着互联网商业的底层规则。借用媒介思想家麦克卢汉的名言“媒介即信息”来反思互联网，就是淘宝上卖什么东西并不重要，重要的是电商平台形成的平台经济和电子商务规则，这些显然与传统零售规则不一样。再如，中本聪基于 P2P 协议逻辑发明了比特币，使得每个网络节点都可以自由加入，建立一个全网记账的机制（区块链）。

第三，强连接。金融是一头连接资产一头连接负债的中介行业，互联网金融的崛起受益于在此特性下的互联网带来的信息、资金和个体的连接。分享经济的崛起则是互联网强连接和云计算的思想的商业应用，碎片化价值通过移动互联网技术带来的广泛连接得以聚合释放，即时运算实现资源快速精准配置，比如“Uber +”模式。

三大规则驱动移动金融

2014 年，根据中国互联网信息中心统计报告，手机使用率首次超过传统个人电脑成为人们上网的主要途径。2015 年伴随着超过 8.8 亿名中国移动互联网网民的涌现，我们进入了移动互联网时代：移动端连接一切，金融业、广告业、制造业纷纷与移动互联网结合，焕发出新活力；基于手机端的社交应用几乎统治了人们的碎片时间，催生了对移动金融更大的需求。

从虚拟到现实，移动互联网通过无所不在的网络和连接在指掌之间默默显现出聚合涌现、成本趋零和时空坍缩三大规律特征，深刻影响着移动金融创新发展。

聚合涌现——协同共创新经济模式

移动互联网实现了 Peer to Peer 的端端相连，实现去中心、强连接、自组织、定协议（不仅仅是 TCP/IP、Bitcoin、Ripple，电子商务都是基于网络特质的协议，随着互联网化程度的加深，一切协议均可依此重定）从而激活各个节点，形成了非线性、可进化、高弹性、云后台的聚合网络，其形成的聚合涌现是对梅特卡夫定律的发展，是网络个体聚集后形成众愚成智的网络倍增。

与传统的经济理论讲供需平衡不同，聚合涌现是用户效用随着其他用户的加入而导致网络倍增效果愈加明显。最典型的例子是微信，依靠社交应用聚集大量人气后，玩法更加多样：收购了四维图新，掌握地理位置；推出了微信钱包，利用移动支付将大众点评、滴滴打车引入；入股京东整合易迅，形成更具竞争力的移动电商平台。在此闭环中无论是电商平台还是滴滴打车，用户越多，供应商越多，颠覆的传统行业越多，涌现出的商业模式也越多。

工业时代规模经济的竞争像零和游戏，机构之间需要隐藏自己的策略，个体在工业社会被螺丝钉化、工具化、固定化，信息不可避免地倒向机构一方。聚合涌现的网络经济需要的是个体间协同共创，利用开放、共享的分布式连接中信息权力再分配，抚平个体间的数字鸿沟，让经济行为的控制权逐步向个体偏移。比如，在移动支付、云计算、社交网络和搜索引擎等现代信息科技的推动下，银行从 1.0 网点时代、2.0 网银时代发展到 3.0 移动互联网时代，业务主导权逐步由银行向客户转移，以客户为中心开展协同共创，正朝着轻金融、自金融、金融自由化方向发展。

成本趋零——降低金融获客和服务成本

移动互联网凭借移动终端本身的移动便捷快速地融入诸多实体产业，如一条鲶鱼，动摇着原有行业的运行轨迹。传统理论指出，在灵活市场中，供给与需求互相平衡；如果消费者对商品和服务的需求增加，那么商品价格会上涨；售价过高，则需求减少。而网络经济出现了边际成本趋零现象，貌似颠覆了经济理论，但实质是工业经济过渡到信息经济时商业模式的变化。

比特世界信息资源的相对无限性、分享协作改变了传统行业的成本结构，让免费、零成本、利润递延的商业现象愈加明显。

比如当互联网和物联网、能源以及制造产业结合起来的时候，基于“协同共享”的移动生态圈的获客成本可以低到忽略不计。比如中国工商银行的一个社会化营销活动“灯谜游园会”，活动20天，获得12万工银e支付用户，成本是0.4元；融e购平台整合了商户资源，发出了1亿元的红包，获取了26万名用户，中国工商银行成本是0元。

又如，互联网企业聚焦于流量经营或用户经营，用免费或低价赚取用户，产品可以等于零的价格出售，企业则从衍生的增值服务获利，实现了“羊毛出在猪身上，牛来买单”的利润递延。余额宝迅速崛起，而其获得1亿多客户的获客和营销成本几乎为零，这个奇迹的背后是基于其固有的庞大用户基础，打破不经济的行业边界，在互联网的连接下进行的资源整合和成本结构变革。在良好的生态平台上，无需额外成本效益就可以自我成长。传统靠利润为生的企业只能依靠高度专业化的商品和服务存活，且其用户群在网络经济冲击下在不断流失。这也是为什么2014年，很多行业纷纷惊呼被网络颠覆，“野蛮人”的零边际成本，让传统行业利润枯竭。

时空坍缩——“多重宇宙”已来临

派恩二世和科恩在《湿经济》中帮助我们构建了一个关于体验的系统性框架。他们用时间、空间、实物三个维度，同现实—虚拟维度排列组合，将时间与无时间、空间与无空间、实物与无实物组成一个2×2×2=8的阵列，构成8个独特的宇宙，称为“多重宇宙”(multiverse)。移动互联网带来了“MI+”(Mobile Internet Plus)，M通过社交媒体、传感器、定位系统与其他行业跨界融合，加速了人们生活、工作虚拟化，使得人们可以在虚拟与现实的多重宇宙中穿梭，显现出时空坍缩效应——允许人们摆脱时间钳制，重设时间坐标；地理位置不再是距离标尺，以入口、场景为体现的空间影响力逐渐增强。

智能手机的普及和 Web3.0 时代 share（分享）文化兴起，让每个人都可通过社交软件随时随地分享照片、位置和当下的心情，超越现实空间的实时连接得以实现。距离取决于网络连接而产生的关系，有连接就近在咫尺，没连接则远在天涯。

同样，线下传统市场在向线上虚拟空间迁移的过程中，越来越多的商业交易将向新空间转移。虚拟空间让人可以在多个网络平行宇宙中穿梭。比如在北京时间晚上 11 点的地铁上参加美国梅西百货“黑色星期五”的抢货热潮；再如，从春晚的摇红包，“两会”期间的摇电视，到中国工商银行的亿元融 e 购券“喜摇摇”活动，均实现了一云多屏，时空穿越。真实空间里的人可以与媒介空间里的人隔空对话，线下的手机摇动可以立即带你去虚拟空间的电子商城购物。

大象冲浪：网络银行再造之路——以中国工商银行为例

互联网公司对银行某些业务的冲击，根基在于背后的平台，凭借平台的双边效益和网络外部性，抢占移动金融制高点。比如阿里巴巴以电商平台为基地，打造了支付宝，又以支付宝为基地，成就了余额宝；腾讯以社交平台为基地，盘活了财付通，又以财付通为基地，捧红了微信钱包，衍生出了理财通。

一方面，平台可以缩短客户接受金融服务的路径。传统金融存在的不足是对用户来说接触到服务所需的“路径太长”，这种路径，既是物理路径，也是场景路径。比如网点再近，也需要走路；贷款再方便，也不出现在客户购物的那一刹那。

另一方面，平台可以衍生商业机会。“互联网＋金融”，润物细无声，模糊着行业的便捷，重构着商业的故事。苹果重新定义了手机，腾讯重新定义了通信行业；互联网贴金，银行触电；和讯网、36 氪从垂直媒体转型切入投融资销售领域。

共享金融的发展最终要体现在商业模式建设和共享平台的搭建上。对于银行来说，实现网络银行重构需要多部门协同集团作战，混业经营，打出金融与非金融服务的组合拳，才能实现化学效应。对金融产品和服务的交易和分配来说，需要充分探索依托不同平台模式、平台之间的开放式协调、分布式商业模式建立，从而实现金融的商业和普惠双重目标。

"互联网+"时代的大象冲浪，关键不是互联网技术的内部化，而是互联网思维的内部化，因此在发挥银行传统优势的同时，超越思维定式的局限，打破对常规路径的依赖，重构服务和商业模式：从追求表内资产规模转向轻资本，从流程驱动转向数据驱动，从做产品转向做客户，从做功能转向做场景，从做渠道转向做平台，利用和创新互联网上的直营模式，实现低成本、广覆盖、高黏性、强流量的获客和营销。

打造开放式网络银行，建立生态级金融平台

技术重构商业，模式决定未来。这是一个技术与网络效应叠加的时代。互联网金融不改变金融本身的运行规律，但对于业务开展模式会进行颠覆。

以工行为例，其"融 e 行"开放式网银是主流银行进行互联网银行建设转型的里程碑和新起点，开放式网银的建立意味着电子银行不再是银行多种服务客户的渠道之一，而是虚拟世界的服务平台；网络银行从"车拉万马"走向了"万马拉车"。基于 2 亿户网银用户和 1.6 亿户手机银行用户的坚实基础，工行正在以三大开放策略构建开放的网络金融平台。（1）产品开放。平台将聚合工行内外各类金融服务资源，解构传统的功能列表服务模式，实施产品的电商化部署展现，打破"先注册再登录使用"的服务流程，为客户提供"所见即所得"的开放化金融消费体验。（2）用户开放。依靠电子账户向行外客户开放登录，不是工行的客户也可以使用工行网络银行服务。（3）业务开放。即开放 API（应用程序编程接口）把网络

银行平台向金融同业开放，包括基金公司、保险公司、证券公司，甚至其他银行都可以在这个平台上提供服务。

打造信息交互服务平台，实现即时客服营销模式

共享经济中很大的一个特色可以通过移动互联网技术和商业模式重构将技术工人从固定的岗位和 8 小时工作中解放出来，实现自由按需匹配工作，从而实现最大化的自我利益。而对消费者而言，在“手艺人”被激活的前提下，有可能低成本、便捷性地获得过去只有高净值客户、重要客户才能获得的个性化专业服务，比如金融咨询。

在商业银行利润增速放缓、人力成本上升的背景下，网络银行的客户服务和营销应该是依托移动应用终端，以全员、即时、移动、按需的机制建设，解决服务规模与效率的问题。工行打造的融 e 联平台即定位于银行与客户交互的营销平台、服务平台、获客平台；平台型产品最大的作用就是解决客户与银行间的信息不对称问题，提升资源配置的效率，客服是典型的资源瓶颈。

目前工行个人客户理财资产与储蓄资产的比值由三年前的 1∶9 演变到现在的 3∶7，预计三年内将提升到 5∶5，财富管理市场将成为网络银行的盈利“蓝海”。同时伴随着互联网金融的崛起，财富拥有者掌握更加丰富的信息，拥有更多产品选择权，这要求财富管理服务更快捷、更便利、更有针对性地匹配投融资双方需求。

融 e 联即时客服平台具有针对性的营销推广以及专业的金融交流圈等功能，搭建起客户与客户经理、在线客服之间的交互平台，使得大规模、个性化、全天候服务将颠覆传统客服中心被动应答的服务模式。作为同业首家推出即时客服通信系统 App 的银行，已经有了先发系统优势，同时，3 亿名活跃个人客户和 1.6 亿名手机银行客户是融 e 联开展客服交互的庞大客户基础。训练有素的 4 万人的客户经理队伍有互联网金融企业所无法比拟的优势。

融 e 联的强社交功能和专业金融特质使其具有拓展垂直细分金融市场的巨大潜力。客户经理可通过建群并为有相同偏好的客户提供针对性服务（比如专属理财、重点基金推荐等）来提高营销转化率和转换成本。如客户经理可与资产管理需求旺盛的客户讨论各种理财产品的特点，开展经济金融基本面分析和讨论，结合产品推荐和买卖形成用户黏性。这种黏性一旦形成，用户迁移成本非常高，从而提高了平台的每用户平均收入（ARPU）值。这种深度黏性的获客效果要好于简单的一次性的引流变现模式。

围绕生活与生产，打造场景化金融平台

电商作为信息经济、实体经济和金融的连接器，已经融入到了实体经济的生产、分配、流通、消费、融资等各环节，突破了传统的要素配置模式。金融服务场景化，让银行就在你手边。在企业电子商务快速发展和个人网络化生存的趋势下，搭建银行自己的电商平台，是营造业务场景的最好选择之一。电商金融可以充分贴近产业链、生活链中的节点，使金融成为“触手可及”的服务。“B2B2C + Finance”模式使得金融渗透进实体经济，服务实体经济：是 B（Business）端、C（Customer）端均可自由选择的低门槛和安全进入的“生活生产金融便利店”，是传统行业“互联网 + 金融”的一体化解决方案和发展助推器。

比较优势

实践表明，银行系电商综合优势明显。

第一，信用背书优势。工行对商户有较高的准入门槛，对商品有严格的质量要求，对用户体验有持续的动态监测，对商户不良行为实行“零容忍”，及时清退不诚信商户。如金条价格等经常超过百万，一瓶五粮液年份酒超过 18 万，消费者能放心购买，看中的是工行的品牌和信用背书。同时平台里面所有的买方和卖方，都是实名制，对商户的利益也有保障。

第二，金融服务优势。银行电商在支付、融资等金融服务方面有着天

然的优势。比如金融服务模式在很大程度上影响了人们的消费信贷意愿，比如便捷与否、效率高低。主流金融机构借助电商平台信息流、资金流等信息的积累，以及庞大存量个人客户的其他金融交易信息、金融资产信息，通过数据挖掘分析，可以实现线上贷款，一触即贷。

第三，不仅有线上的优势，更有线下的优势：1.8 万个网点，近 10 万名客户经理，42 个国家和地区的 399 家海外机构。

第四，客户基础优势。工行拥有大量企业与个人客户资源，包括 400 多万个企业客户和 4 亿多名个人客户，这其中绝大多数是电子银行客户，企业客户渗透超过了 90%，个人客户渗透超过了 50%。多数企业客户信息化程度高，内部管理规范，客户服务集中高效运营。

功能布局

2014 年 1 月 12 日，中国工商银行电商平台融 e 购正式开业，按照“尊重电商规律、体现银行特色、发挥金融优势”的要求，积极探索银行系电商在增强客户黏性、提升金融价值等领域的实践创新，初步形成了规模效应和市场影响力。不到两年时间，建立了多渠道、广覆盖的综合化电商平台，目前支持 PC、移动、iPad 等多个终端渠道，覆盖 B2C、B2B、集团采购、跨境电商等多个商业场景，交易额、客户数等电商关键指标位列同业前十名。

第一，B2C 板块。

坚持“名商、名店、名品”定位和“够真、够值、够品质”的品牌特色，以“购物可贷款，积分能抵现，品质有保障，跨行可支付”的特色吸引用户购买，以免费服务吸引商户入驻（不向商户收取入住费、平台费、广告费等其他电商平台收取的多项费用，银行看中的是电商平台交易衍生的结算和贷款机会，看中的是低成本获客的机会，融 e 购 1/3 的客户是原来与工行没有业务关系的新客户）；以平台作为资金流、物流、信息流的跨界服务入口，搭建“金融 + 消费”的服务生态，实现客户的消费行为、销售数据、采购信息的统一汇集，为商业银行的大数据应用提供丰富的信息来源和储备，提升银行的消费信贷服务品质。

通过丰富的 O2O 活动，发挥了工行海量网点的优势，实现了线上线下联动。2015 年上半年，B2C 交易额已超过 1000 亿元，同比增长 23 倍，迅速跻身国内十大电商之列。

第二，B2B 板块。

在“互联网 +”上升为国家战略后，企业热切希望通过互联网拓宽产品和服务销售渠道，提升企业经营管理水平，降低经营成本，实现企业升级转型，寻找新的价值和利润增长点。同时，我国面临“新常态”发展格局，经济增长的长期问题和经济下行的短期问题纠缠共振，金融资源供给也出现结构失衡。

以 B2C 业务为先导，工行还试图发挥银行便捷的线上融资优势和信息优势，通过解决 B2B 交易的信任和融资问题而大量拓展 B2B 业务，以便更好地服务工行 400 万名企业客户。B2B 商城为企业客户提供的集商贸信息撮合、商品在线交易、在线支付融资和金融增值服务为一体的，具有市场影响力和核心竞争力的综合化电商业务，企业买家可分享大型企业采购资源，发挥大型企业的采购体量规模优势、采购行为规范优势、采购产品成本优势、品质优势、商品种类的齐全优势，未来还将为广大企业及政府部门提供一站式的集在线寻源、在线支付、在线融资等一体的金融增值服务，建立开放式的采购共荣生态圈。2015 年 1 月推出 B2B 业务，不到一年交易额已经突破了 3000 亿元，发展速度非常迅猛。

第三，B2G 板块。

2015 年 5 月，工行集团采购正式上线（B2G），B2G 平台能够分享规范的采购流程和价格，并提供量身定做的金融服务。其中规范的制度和流程是基础，开放和共享机制是核心价值，配套融资是有效支撑，提高效率和降低成本是根本目的。上线伊始，工行就与中国建筑工程总公司开展采购及融资合作，打造了“互联网 + 金融 + 建筑”的市场标杆。

中国建筑工程总公司是国内规模最大、历史最久、实力最强的建筑企业，双方携手在融 e 购推广建设 B2G 平台，共同打造“互联网＋”时代的建筑行业采购和融资的基础设施，将来会是万亿元级的空间。未来 B2G 平台将向各行各业进行推广，实现价值分享。

经过两年发展，融 e 购电商平台开始显现出对全行拓户、结算量、融资量、存款量等银行传统资产负债业务的拉动作用；带来的商业机会及大数据价值，也逐渐成为全行拓展新客户、促进资产与负债业务发展的新助力，目前新入驻商户累计带来对公结算账户 1800 户，新增存款余额 30 多亿元，新增贷款余额 50 多亿元。

建设数据云平台，实现数据驱动的经营管理

信息隔离意味着信息变得没有意义，无法纵览全局，开放网络银行、即时客服平台、场景式金融服务均需要统一的云平台开展数据的整合、集中、共享、挖掘与应用，未来数据将成为新的利润增长点和业务创新之源。

数据驱动的网络银行，其实质是消费者主权驱动，消费者用脚投票的行为数据，会指引金融产品和服务的创新，过去市场的反馈和需求之声，主要是通过市场调研获得，调研对象往往具有局限性，或者是高端人群，而数据驱动，则可以将长尾人群的大众之声纳入。

工行的三大平台都将依托大数据、云平台和精准模型计算，实现对网络金融消费者深层次需求的精准定位，实现更加全面的客户行为分析和更加精准的营销推荐。比如：工行开放式手机银行首创智服务理念，展现用户的生活轨迹，预测未来的金融需求，做客户的金融生活管家。

“大数据之父”维克托预测，数据列入企业资产负债表只是时间问题；对于未来银行来说，应把数据看成一种新的战略资产，银行将从资金管理者变成资金与数据的管理者。因此正在崛起的网络银行的安全也从单纯的入口密码控制，变成云数据支持的事前、事中和事后全流程数据风控，云平台成为网络银行的重要基础支柱。

结 语

随着互联网技术的加速发展，大型商业机构的竞争是产品和服务的竞争，更是业务平台的竞争。平台的单边效应、双边效应和网络外部性，使平台在商业竞争中的地位日益凸显。在社会热议的科幻小说《三体》中，地球世界的“面壁者”均被三体世界轻松破壁，原因就是他们还在用旧时代的思维思考战略。

向正在生成的未来学习，超越惯性思维定式的局限，打造开放式网络平台，融入开放、平等、协作、共享的互联网精神，是“大象冲浪”的必由之路。

第十章　共享金融与资产证券化①

共享金融与资产证券化的关联

近些年来，随着利率市场化和“非标转标”的推进，监管机构对非标资产的整顿和规范不断加强，由于资产优质、增信到位、评级规范、交易透明等特点，资产证券化被政府寄予厚望，政策不断鼓励加强资产证券化等标准化产品的发行和投资。下面首先从资产证券化的概念和本质出发，从两类资产负债表两端区别企业证券化和资产证券化融资行为；其次，介绍资产证券化的参与主体、对应职责及业务流程；再次，探讨资产证券化给宏观经济、货币政策、金融债务带来的影响，以及发起人的微观动机；最后，在互联网技术和信息传播日益迅速的背景下，针对银行体系集中了资产及对应风险的现实，提出资产证券化浪潮中有关共享金融的一点思考。

资产证券化发源于20世纪70年代的美国，初期主要用来描述通过发行证券替换银行存量贷款从而实现为银行融资的过程。由于当时发达国家证券市场功能日益凸显，同时银行的媒介作用趋于萎缩，高效的证券市场逐步替代了效率较低、资金成本较高的金融中介，经济学家将其视为典型

① 本文作者为：林华，西南财经大学兼职教授，厦门国家会计学院客座教授，兴业银行独立董事；许余洁，中国证监会博士后，西南财经大学特聘研究员。

的“金融脱媒”。可以看到，共享金融与资产证券化之间具有密切的内在联系。一方面，资产证券化实际上突破了原有的直接金融与间接金融的范畴，通过结构化融资的设计，使得各类资金更加流动起来，更好地发挥应有的效率和效益，从而不仅使得更多主体的“沉睡”资产能够进入到金融交易之中，而且能够有效增加金融市场的活跃度，最终实现金融创新的“蛋糕”在扩大中得到“共享”和“共赢”。另一方面，资产证券化使得更多的主体能够参与到结构化金融的产品链条之中，改变了原来较为简单的金融供求模式，也使得资产定价的影响因素更加复杂，投资者发挥的主动性有所增加，所有这些都充分展示了共享金融的发展理念，使得金融资源在不同层面上得到共享式创新与发展。应该说，虽然2008年金融危机的爆发部分归咎于某些证券化产品的创新失控，但从整体上看，资产证券化仍然是历史上最伟大的金融创新之一。

在讨论资产证券化之前，有必要先明确资产（Assets）证券化和企业（Business）证券化的区别。

第一，区别两个概念（企业和资产）。企业是一门生意，包括有形资产，同时也包括无形资产。另外，企业是一个永续经营的实体，没有固定生命期限，比如银行。与企业相比，资产一般有固定的生命期限，价值比较确定，比如银行的信贷资产。把银行的信贷资产装入信托发行证券称为信贷资产证券化，而把非银行机构的应收账款证券化称为企业资产证券化。

第二，企业证券化（以银行为例）。企业的证券化重点在资产负债表的右边，为企业搭建资本结构，以银行为例，主要包括客户存款、债券、股票。以银行为发行主体，假设银行会永续经营，属于公司财务（Corporate Finance）的范畴。传统的银行作为间接融资平台，投资人通过银行作为信用媒介，把资金提供给融资方，即间接融资。即投资方存款于银行，银行向借款人发放贷款，在此过程中，银行负责对贷款项目的评审和贷后管理，并承担贷款违约的信用风险。该模式的资金募集成本低，投资者面临的风险小，但银行作为终极信用风险的持有者。

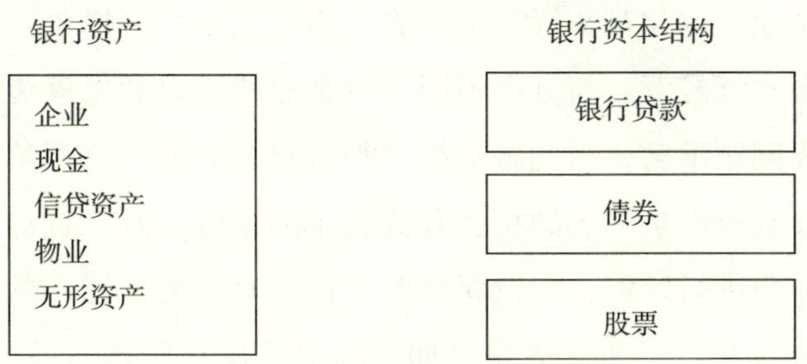

图 10.1　银行资产与资本结构

以银行信贷资产为例，资产证券化重点在资产负债表的左边，把银行资产负债表左边的信贷资产出售进行融资。以特殊目的载体（SPV，这里为信托）为发行主体，在信托设立的第一天就明确信托的终止日期，为结构金融（Structured Finance）。信贷资产证券化是银行向借款人发放贷款，再通过信贷资产证券化把信贷资产出售给投资人进行融资，在此过程中，银行和信托只起到导管作用，债务和债券关系从原来借款人与银行的关系，转变成债券投资人和借款人的关系，实现投资方和融资方的直接对接（直接融资）。在这种模式下，发放贷款成为银行的中间业务，银行不承担贷款的信用风险，而是由投资方承担，银行负责贷款的评审和贷后管理，这样就能将银行的信贷管理能力和市场的风险承担能力充分结合起来，提高融资的效率。

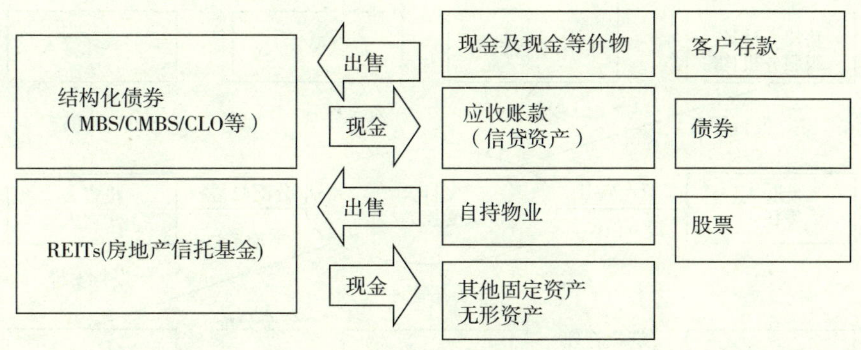

图 10.2　证券化的流程

综上所述，企业证券化和资产证券化两类证券化都是融资行为，但存在本质区别。企业证券化是在资产负债表右边进行融资，以公司为融资主体，假设公司会永续经营。与资产不同，对企业的寿命和发展边界较难确定，属于无边界问题求解，因此融资故事很重要。另外，资产负债表右边的融资一般会导致资产负债表的扩张和周转率的下降。资产证券化，则是在资产负债表左边进行融资，在设立 SPV（这里对应为信托）的第一天就根据资产现金流状况有了明确终止日期，确定了信托所持有的资产数量，并且与发行人进行了破产隔离，是有边界问题求解，通过金融工程手段确定各档级投资人的现金收入。与资产负债表右边融资不同，资产负债表左边的融资会提高整个资产负债表的周转率，核心是盘活存量资产。

资产证券化的参与主体及相应职责

图 10.3 是一个资产证券化交易的典型交易结构图，资产证券化的过程中涉及的主体包括融资方（原始权益人）、资产管理机构、信用增级机构、资产评估机构、信用评级机构、证券承销机构、资金托管机构、投资者等。可以看到，资产证券化业务涉及的主体超过十个，它通过结构融资中 SPV 的作用及交易安排，设定条件，让众多参与主体互惠共赢，各司其职，各担其责。这种金融工具就好像将来高速公路上的无人驾驶技术。

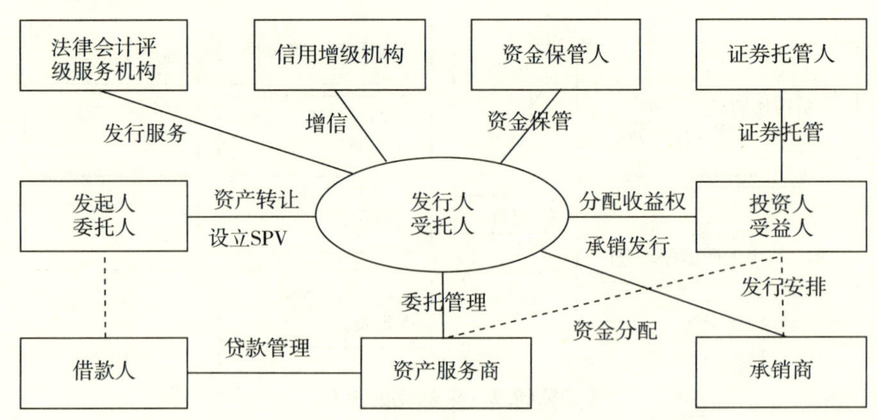

图 10.3 资产证券化的交易结构

借款人

借款人（Borrower），与贷款方相对，是指贷款或收益权等基础资产原始权益人的债务人。资产证券化主要是贷款发起人用既有或新发放的贷款作为基础资产去融资。从借款人角度看，贷款方的资产就是借款人的负债。在信贷资产证券化中，通常涉及对债务人的通知、债务人抵销权和抗辩权的保护等问题。

发起人

发起人（Originator or Sponsor）指的是出售资产用于证券化的人，既可以是资产的原始权益人（Originator），如贷款银行、租赁公司，也可以是从原始权益人处购买应收款汇集成一个资产池，并再次出售的人（Sponsor），如投资银行。目前，不少商业银行、储蓄机构、金融公司、设备租赁公司、工业企业、保险公司和证券公司都曾做过发起人，进行过证券化。一般而言，发起人要保证对应收款具有合法的权利，并保存有较完整的债权债务合同和较为详细的有关合同履行状况的资料。证券化过程中，发起人的关键职责包括：

（1）确定计划管理人、财务顾问，完成内部核准、审批程序；

（2）在计划管理人、财务顾问的帮助下，选择其他中介机构；

（3）积极寻找资产证券化的第三方保证担保的担保人；

（4）协助计划管理人、财务顾问进行尽职调查，确认最终的资产证券化方案。

发行人和特殊目的载体

发行人（Issuer）是指从发起人处购买资产池中打包资产，借以发行资产支持证券的人。为了将资产信用和发起人整体信用分开，发起人一般不作为直接的发行主体，而是专门为资产证券化运作设立一个进行破产隔离的特殊目的机构（SPV），作为单独设立的一个发行主体，SPV 介于发起人与投资者之间，是实质上的证券发行人。一般而言，为了实现资产证券化的资产信用融资，避免发起机构和 SPV 的破产风险危及资产，确保投资者的合法权益，SPV 应以“真实出售”（True Sale）的方式从发起机构处购买资产，同时，SPV 自身构建“破产隔离”（Bankruptcy-remote Entity）载体。

服务商

服务商（Servicer）是证券化资产的管理者，肩负着资产证券化交易从证券开始发行到资产全部处置完毕整个期间的管理。由于发起人拥有现成的资产信息等系统以及相应的客户关系，负责证券化资产出售后继续管理资产的服务商，通常由发起人担任，或者附属公司担当。服务商依照服务合同约定管理基础资产，其主要工作有：

（1）收取基础资产产生的本金和利息现金流，负责相应的监理、保管，将收取的这些资产到期本息交给受托人；

（2）对过期欠账进行催收，确保资金及时、足额到位，向受托人和投资者提供有关出售或者作为抵押的特定资产组合的定期财务报告（包括收支资金来源、应支付费用、纳税情况等必要信息）；

（3）将基础资产池回收资金存入资金保管机构，并通知受托人。

受托人

受托人（Trustee）是现金流的管理者，负责托管基础资产及与之相关的一切权益，他是服务人与投资者的中介，也是信用增级机构与投资者的中介。受托人一般由金融机构，如证券公司承担。受托人的职责包括：

（1）作为 SPV 的代表从发起人处购买资产；

（2）将服务人存入 SPV 账户中的现金流转给投资者，或进行对没有立即转付的款项予以运营来取得收益，即再投资；

（3）监督参与证券化的各方，定期审查有关资产组合的相关信息，确定服务人为投资者提供的各种报告的真实性与充分性，并向投资者披露这些报告；

（4）公布违约事宜，并采取相应法律保护措施以维护投资者利益；

（5）当服务人取消或不能履行其职责时，取代服务人担当其职责，在SPV缺位时购买证券化资产并向投资者发行受益凭证。

承销商

在资产支持证券发行中，投资银行一般作为包销人或者代理人来促销证券，保证证券发行成功。通常投资银行会充任财务顾问，以设计发行方案来确保发行机构符合法律、规章、财会、税务的要求，还要与信用增级机构、信用评级机构以及受托管理人进行合作。证券化过程中，主承销商（Underwriter）的关键职责包括：

（1）确定入池标准，协助选择入池资产；

（2）牵头协调尽职调查工作；

（3）现金流测算，设计发行方案；

（4）完成风险报酬转移测试模型；

（5）协调各方按计划推进工作；

（6）申报文件撰写与制作；

（7）协调安排监管沟通；

（8）组建承销团；

（9）组织推介和销售，安排路演；

（10）安排信息披露和发行；

（11）完成存续期内各项后续工作。

信用评级机构

信用评级机构（Credit Rating Agency）负责对所发行的证券进行信用

等级评定和信用质量提高，信用评级是对信用风险的一种评估，评级方法如同公司债券一样。除了发行之前的初始评级之外，还包括后续的追踪评级，以及时发现任何潜在的新风险因素。目前全球闻名的三大评级机构——惠誉、穆迪和标准普尔，权威性极高。我国比较有名的三大评级机构是中诚信国际、大公国际和联合资信。

信用增级机构

信用增级是资产证券化的一项重要技术，通过对 SPV 发行的证券提供额外信用支持来提高证券化资产的信用质量，增强发行定价和上市的能力，减少证券发行的整体风险。信用增级的手段主要分为内部信用增级和外部信用增级，内部增级主要由资产证券化交易结构的自身设计来完成，外部信用增级主要由第三方提供信用支持。信用增级机构（Credit Enhancement Provider）一般由发行人或者独立第三方担当。

投资人

投资者（Investor）是 SPV 发行资产支持证券的购买者与持有人，一般分为公众投资者和机构投资者。投资者不是对发起人的资产直接投资，而是对发行的证券所代表的基础资产所产生的权益（即预期现金流）进行投资。

另外，会计师事务所和律师事务所在资产证券化业务中也有重要的作用。资产证券化涉及交易发起、结构设计、发行以及存续期间管理等多个环节，在整个交易过程中，会计师能提供包括基础资产财务尽职调查、现金流模型分析、会计和税务咨询、服务机构合规和内控鉴证、基础资产业绩验证和特殊目的载体审计等各类服务。律师事务所在整个交易过程中的作用主要分为两部分：一是对整个项目开展法律尽职调查；二是负责协助起草主要法律文本，以协助资产证券化项目的顺利完成。

资产证券化过程中的基本流程

在具体业务操作中，资产证券化的运作过程包括许多步骤，下面仅概述基本步骤及其中关键要点。

资产证券化业务流程概述

一般地，一个完整的资产证券化交易可以概括为如下三步：

第一，由发起人成立SPV，并将需要证券化的资产转移给SPV，该转移一般需要构成“真实出售”。

第二，SPV通过对资产池的现金流进行重组、分层和信用增级，并以此为基础发行有价证券，出售证券所得作为SPV从发起人处购买资产的资金。

第三，服务机构负责资产池资金的回收和分配，主要用以归还投资者的本金和利息，剩余部分则作为发起人的收益。

资产证券化流程中的关键要点

第一，基础资产的现金流分析是资产证券化的核心技术。具体来讲，是以未来具有稳定现金流的资产为支持，发行证券进行融资。只要有合适的项目、稳定的现金流，公司就具备了发行相关产品的条件。

第二，任何一项成功的资产证券化必须要对基础资产进行成功的重组进而组成资产池，并实现资产池和其他资产的风险隔离，同时还必须对资产池进行信用增级，所以资产重组、信用增级、破产风险隔离是资产证券化的三大基本原理。

第三，分层与增信也是资产证券化的一个重要特征，通过分层与增信，资产的信用可以得到进一步提升，所以发行人可以借此获得比发起人本身信用级别更高的评级从而获得更高的流通性、售价或更低的融资成本。

资产证券化的宏观影响与微观动机

资产证券化不但参与主体众多，而且所涉及的流程纷繁复杂，因此相对于其他融资手段利率成本之外的综合成本可能更高。但在美国，哪怕是发生了次贷危机和全球金融危机，国际上对该项业务也没有完全否定，美国还修订相关规则、采取救援性措施来恢复市场信心。这主要是因为银行体系通过资产证券化增加了流动性，在利率传导和实体经济发展方面起了重要的作用。下面就从宏观和微观两个方面剖析这项金融创新的有利影响。

资产证券化的宏观影响

有助于银行主导的金融体系走向市场化、 证券化

当前，银行业作为我国金融市场资产规模最大、金融资源最多、客户数量最大的行业，在处于主导地位、承担社会融资功能的重大责任的同时，也集中了主要的风险，之前迅速做大资产负债表的经营模式已经和当前经济环境、市场周期和货币政策存在明显冲突。随着利率市场化的深化，中国金融体系逐步从银行主导的阶段向市场化和证券化阶段推进，当前阶段我国的影子银行体系的收缩、“非标转标”的推进以及银行自身的寻求转型，都是最好的说明。资产证券化是规范化和阳光化治理“银行影子系统”的一种方式，并且能够对完善宏观货币政策机制，分散与化解宏观债务风险、减少银行间接融资及完善社会信用基础都有积极作用。

有助于完善宏观货币政策机制

通过资产证券化，中央银行可以调整银行的信贷结构——贷款方向和贷款期限。银行将以市场化的手段，将贷款投到国家政策支持的领域和行业中去，而不是落后与过剩产能行业，同时降低银行体系资产（长期贷款）和负债（短期存款）的期限错配风险，合理匹配资产和负债期限。和

国债不同的是，资产证券化因为有资产行业特征，中央银行与商业银行的市场交易能够直接传达国家政策意图，可以借助市场起到行业指导作用。因此，借助资产证券化，中国人民银行就可以不再依靠行政手段和信贷额度控制，而是运用市场化工具，通过正确地调节银行资产和负债的期限结构，来实施货币政策的传导。在成熟的金融市场体系中，资产证券化能够直接影响货币政策传导机制和功能。美国应对次贷危机的手段恰恰说明了这一点。美联储在实施量化宽松政策过程中，通过大量购买房地产抵押债券，降低长期资产收益率，扩大贷款规模，改善经济运行，效果甚至优于购买长期国债。

不过，资产证券化以两种相关联的方式使得准备金需求试图实现的货币控制失去作用。一是证券化使得非银金融机构能够借款和贷放，从而使银行体系之外的货币创造（总体流动性）成为可能。他们的资金贷放没有准备金要求，也不受美联储的控制。二是证券化能够使得银行通过出售贷款、减少存款、增加小额存款的周转来部分地规避准备金需求。

有助于分散与化解宏观债务风险

当银行把贷款出售给特殊目的载体时，银行的债务就会相应减少，而SPV的债务以同等金额增加。所以说，资产证券化没有改变经济中的债务总量，而仅仅以一种金融机构代替了其他机构，全国资产负债表上的债务总量维持不变。

风险不仅取决于债务人的身份，还取决于债权人的身份以及债务的运作方式。资产证券化把由银行来承担的信用贷款和金融服务，分解为许多金融机构和专业投资者共同参与的市场活动，这样可以有效地降低金融风险，而且能够提高资本的流通和增值能力。美国金融市场上的金融创新与金融衍生品，并没有减少经济中的风险总量，仅是在不同当事人之间转移风险，但如果它们能够将风险转移给那些能够抗拒风险的当事人，比如将银行体系的风险转移、配置到高效的资本市场，就能够降低国民经济中的危险。

资产证券化发起人动机

信贷资产证券化发起人

根据《信贷资产证券化试点管理办法》① 第二章的规定，通过设立特定目的的信托转让信贷资产的金融机构为信贷资产证券化发起机构。目前开展信贷资产证券化业务的主要金融机构包括：在中国境内依法设立的商业银行、政策性银行、信托公司、财务公司、城市信用社、农村信用社以及中国银监会依法监督管理的其他金融机构。银行等金融机构开展信贷资产证券化的主要动机有几方面。

（1）实现资本节约，提高资本充足率。随着国际资本监管要求的加强，资本和流动性对银行贷款的约束越来越强。银行业机构应当按照所自留的资产证券化各档次所对应的风险权重计提监管资本。目前，信贷资产证券化可以分为水平自留和垂直自留两种方式，无论采取何种方式，按照新资本管理办法，对于发行后高于发行前的监管资本部分，可以进行调整扣减。因此，发起人可以通过资产证券化业务适当降低资本耗用，银行能够获得巨大的资本优势。2013 年 12 月 31 日，中国人民银行和银监会公告，将发起人的自留方式改为可以垂直持有，即信贷资产证券化发起机构需保留不低于 5% 的基础资产信用风险，持有最低档次资产支持证券的比例不得低于该档次资产支持证券发行规模的 5%。这更加有利于资本节约的实现。按照目前市场上发行量最大的工商企业贷款证券化产品，在水平持有的方式下，发起银行发行后的资本耗用相当于发行前的 62.5%。若采用垂直持有方式，则可以下降到发行前的 30%～40% 的水平。

（2）改变传统盈利模式，提高综合化经营业务收入。20 世纪 80 年代以来，中间业务已成为西方国家商业银行的主要业务品种和收入来源，在总收入中的占比达到 40%～50%，有的甚至超过 70%②。而我国商业银行

---

① 中国人民银行、中国银行业监督管理委员会公告〔2005〕第 7 号。

② 资料来源于中国银行业理财网。

中间业务起步较晚，主要部分是手续费和佣金净收入，2012年占营业的总收入比重为20.1%，与发达国家相差甚远[①]。随着国内资本市场的快速发展和利率市场化进程的进一步加快，以利差收入为主的传统商业银行业务将受到进一步冲击。信贷资产证券化则与传统的信贷业务盈利模式存在根本的差异，它是一种“发起—销售”模式，即银行在发起贷款后不长期持有等待借款人还贷，而是直接将贷款卖给投资银行，后者负责将贷款资产证券化并销售给不同风险偏好的投资者。在这种新型金融服务运营模式下，银行将期限长、利润薄的信贷资产提前兑现，从而加快信贷资产周转速度，提高资产的收益率，同时，银行作为信用媒介的职能和相应的盈利模式都发生了变化，信用风险可以转移出银行的资产负债表，通过资本市场分散到整个金融体系之中。在这个过程中，银行实现了将风险资产的利差收入转换为无风险的服务收费收入，赚取的是中间业务收入（贷款收入扣除证券化成本后），虽然低于存贷款利差，但这是一种稳定而无风险的收入。此外，发行人在出售基础资产的同时还可以作为贷款服务机构继续为基础资产提供管理获得服务报酬，并有机会开拓证券化操作的结算、资金托管、财务顾问、担保等中间业务，提高银行非利差收入来源。

（3）有利于优化资产负债结构，降低流动性风险。随着国内金融和投资理财市场的发展，银行负债波动性加大。而贷款一般期限较长，流动性较差，使得银行普遍面临“短存长贷”（银行的资产为长期贷款，而负债大部分为短期存款）的挑战，这种资产负债期限结构不匹配的模式对应了高度的流动性风险。同时，传统的贷款没有二级市场，其风险需待贷款到期时才能按市价真正度量出来，因此银行资产的当期实际价格往往不能像证券那样在市场上得到真实、及时的反映。信贷资产证券化将单纯由银行与客户参与的信贷市场与资金配置效率更高的资本市场相连接，可以将原本在银行资产负债表上缺乏流动性的贷款作为基础资产投放到资本市场，

① 资料来源于中国银行业理财网。

通过发行资产支持证券获得流动资金，改善发起人的资产负债期限不匹配状况，降低流动性风险。通过资产证券化，可以将信贷资产变成具有流动性的可交易证券出售，获取对应的现金，有助于银行解决原有资产负债期限结构不匹配的问题，让银行资金转动起来作用于实体经济，同时还降低银行营运中的资产与突发事件风险。

（4）有利于在降低融资成本的同时加强信贷风险管理。证券化作为创新性的融资手段，可以为发起人提供一个优化资金结构的平台。一方面，由于采用了分层等信用增级技术，资产支持证券综合融资成本较低。另一方面，资产证券化提供了一种全新的融资手段，可以进一步丰富发起人的融资结构，拓展融资渠道。发起人在信贷资产证券化实践中遵循国家政策导向，积极投资向政策支持方向，并在资产选择和筛选过程中，适当分散贷款集中度和行业集中度。同时，在资产支持证券存续期间，作为贷款服务管理机构，发起人需要按照信息披露的有关要求对证券化资产的违约、提前清偿以及违约回收等情况进行定期监控管理和公布报告（通过受托机构），这有利于发起人进一步改善信贷风险管理水平，优化信贷资产结构，分散信贷风险。

（5）改善资产负债表状况，提高资本回报率。银行可以通过资产证券化提高资本回报率。根据公式：资本回报率 = 存贷息差 × 资产周转率 × 杠杆率。利率市场化改革中，存贷息差下降，而《巴塞尔协议Ⅲ》提高了银行业资本充足率要求，限制了杠杆率水平，这些都使得银行要想提高资本回报率，只能依靠通过资产证券化加快资产周转率来实现。在银行负债端进行融资会扩张资产负债表规模，降低银行的资产周转率，与之不同的是，在银行资产端，通过资产证券化形式进行结构化融资会提高资产周转率，减少银行发行方经济资本的占用，可以实现真正意义上的“盘活存量”。

总之，信贷资产证券化的主要作用在于商业银行可以盘活存量资产，转变单纯赚取存贷利差的传统盈利模式，在利率市场化改革中创造利润，改善资本回报率，调整资产负债表，降低、分散并转移资产风险。尤其是，在当前互联网金融兴起、存款分流的压力下，股市难以振作而银行增资扩股的融资需求直接对股市资金形成压力，股东权益摊薄以及股价下跌压力都使得银行很难通过股权市场上的方式来满足资本金和流动性要求。

企业资产证券化发起人

根据《证券公司及基金管理公司子公司资产证券化业务管理规定》[①]，原始权益人是指按照本规定及约定向专项计划转移其合法拥有的基础资产以获得资金的主体，其中基础资产指的是，符合法律法规规定，权属明确，可以产生独立、可预测的现金流且可特定化的财产权利或者财产。目前开展企业资产证券化业务的主要是银行业金融机构之外的机构，主要包括：融资租赁公司、小贷公司以及非金融企业等。非银行机构开展企业资产证券化的主要动机为：

（1）实现低成本融资。银行借款受国家信贷政策的影响较大，中期票据、企业债等信用债券的存量余额不能超过发行人净资产规模的40%，资产证券化的发行规模主要取决于基础资产的现金流规模，不受净资产规模的限制，可以为企业开辟一条新的直接融资工具。另外，由于资产证券化属于标准化产品，且可以通过内部增信提升产品评级，因此有利于降低融资成本、优化负债结构。

（2）优化财务报表。资产证券化可以将未来现金流提前变现，并在满足相关条件下实现会计出表，对于一些应收账款较多的企业来说，通过资产证券化可有效降低应收账款比例，改善现金流指标；另外，企业可通过私募REITs（房地产信托投资基金）将不动产物业进行盘活，大幅增加当期利润。

（3）实现有效套利。从国外成熟市场经验来看，交易型金融机构（如投资银行、对冲基金）可以通过资产证券化实现套利。这种模式下资产池

---

① 中国证券监督管理委员会公告〔2014〕49号。

一般为动态池，交易的投资管理机构会根据资产池的质量情况和收益率水平变化对基础资产进行持续动态管理。发起机构一般通过从市场购买高收益债券或其他债权资产并通过打包、分割，在市场发行平均收益较低的证券，获取利差收益。次级产品的投资者意在利用优先级产品投资者提供的资金杠杆博取高收益。据 SIFMA 统计，2014 年 1 ~9 月，全球 CDO（担保债务凭证）产品的发行规模为 1061. 47 亿美元，其中套利型 CDO 的发行规模为 889. 23 亿美元，占比高达 82. 77%；资产负债表型 CDO 的发行规模为 172. 24 亿美元，占比为 16. 23%。套利型 CDO 已成为国际资本市场中 CDO 产品的主要类型①。

（4）实现经营模式创新。对于商务部融资租赁公司和保理公司来说，可以通过资产证券化打造“形成资产—资产证券化—资产出表”的“通道金融”盈利模式，实现“轻资产”经营；针对表内固定资产（如商业物业等），REITs/Pre－REITs 等形式的资产证券化可以做到物业表外持有，将重资产自持型经营转为轻资产表外型运营，减少资产折旧及维护造成的盈利压力，改变企业商业模式。

资产证券化浪潮中的金融共享思考

虽然资产证券化能产生很多有利影响，但是我们需要认识到，这项金融创新是柄双刃剑。比如美国在次贷危机后，认真审视该项业务，监管部门做出了相应反思，更新了资产证券化在注册标准、信息披露等方面的要求。我们应该看到，资产证券化使得金融机构发放贷款旨在出售而非投资，这会增加典型的道德风险和委托代理问题：投资者（委托人）的收益取决于证券化资产的质量，而信贷发放机构和证券化支持机构进行尽职调查和风险管理的激励不足，发行或证券化了过多低质量信贷（即金融机构的不审慎行为）。

① 资料来源于 SIFMA 官方网站。

互联网追求技术发展与信息传播的有效与速度，金融行业追求服务实体经济发展需求的稳健性，资产证券化可以作为互联网技术与金融行业两者之间的一个有效连接点，成为其中的核心金融技术和创新工具。在互联网迅速发展、信息技术不断提升的今天，再加上金融行业有序竞争的帮助，在充分保护投资者利益的前提和目标下，资产证券化可以作为金融改革与创新的突破口。具体而言，银行资产规模和对应风险非常巨大，为提升银行体系系统效率，转向轻资产运营，也需要拥有一个二级市场活跃且有深度的资产证券化市场。在遭遇金融危机的时候，一个能够帮助分散与转移银行体系内债务风险的资产证券化市场可以直接减缓经济受到的冲击。在国外，也正是通过所谓的混业经营或者综合经营的方式，银行帮助建立了货币市场基金、期货市场、垃圾债券和资产抵押债券市场，所有这些后来都转到了银行系统外，也就是所谓的影子银行业务或者表外业务。银行体系和证券市场的相互强化或者说在竞争合作的关系中彼此促进与深化，是市场经济走向强大的市场基础。因此，通过资产证券化这种金融创新，在互联网技术的帮助下，可以让主导我国金融体系的银行业来实现一次有效的金融共享，在金融子市场的合作竞争、共享共赢，众多参与主体分工合作、相互约束下，实现我国金融体系的变革和发展，更高效、更稳健地服务实体经济发展。

第十一章　共享金融与区块链[①]

互联网时代的技术挑战与区块链创新

发轫于20世纪90年代初的互联网，正遵循摩尔定律，在短短的二十几年时光里，从它的1.0时代走过2.0时代，并以近乎指数级的增长速度迅速迈向3.0时代。如果说互联网1.0时代的核心是信息网络，互联网2.0时代的核心是社交网络，那么互联网的3.0时代可以从两个角度去近距离观察。

从技术角度观察，互联网在经历了桌面互联网、移动互联网两个阶段之后，分布式互联网作为第三阶段，正在发挥越来越大的作用。《失控》作者凯文·凯利（Kevin Kelly）在2015年初的一次演讲中说：在物联网时代，80%的数据交换都必须在本地完成，因为带宽和计算能力都不支持数以百亿计的智能设备把数据上传中心化的数据库和云计算基地。而根据IBM发布的物联网研究报告预测，到2050年全球将会有超过1000亿个联网智能设备。去中心化分布式互联网将成为解决问题的不二途径，分布式互联网大显身手的时代马上就要到来。

从内涵角度观察，互联网经历了信息互联网、产业互联网两个阶段。

---

① 本文作者为：肖风，中国万向控股有限公司副董事长兼执行董事。

信息互联网解决信息不对称；产业互联网正在把各行各业都数字化、网络化，模糊了现实与虚拟、生产与服务的边界。而价值互联网作为互联网内涵发展的第三阶段（也许是互联网内涵发展的终极阶段）也就应运而生：当产业互联网盛行，各行各业都加上互联网，互联网也加上各行各业之后，互联网上的价值交换的需求自然越来越强烈。

但是在互联网上进行价值交换，必须要解决三个技术问题。一是价值交换不像信息交换，信息交换可以无限复制，而价值交换必须确保唯一性。二是互联网是虚拟空间，在虚拟空间里，现实世界的信任基础不复存在，人们该如何确立价值交换双方的信任关系？三是基于互联网的价值交换活动，如何确保双方的承诺能够完全依靠网络的自治机制而得到执行？2009 年基于区块链技术的数字货币比特币的诞生，宣告人类找到了解决上述三个问题的方法。尤其是区块链技术，更是用算法确保价值交换双方无须互相信任，一样可以放心进行交易。2009 年因此也应该被看作是价值互联网元年。

基于区块链的价值互联网具备如下特点：一是因为数字化的特性，互联网上价值交换摩擦系数极低，使得零边际成本社会的出现成为可能；二是价值交换双方的信任关系的建立不再依靠现实世界的中心化机构，而是依靠一套计算机算法程序；三是完全避免了信息的可无限复制性，依靠一套公开、透明、共享的分布式账本系统（区块链），确保任何一笔互联网上的价值交换都是真实唯一的；四是互联网上的价值交换采用数字货币作为交换媒介，而基于区块链上的数字货币被赋予了编程功能，任何一笔以数字货币作为交换媒介的价值交换，都是代码的交换，可以为任何价值交换设置自动执行的各种条件；五是任何能够或可以被数字化的资产（现实资产、虚拟资产甚至未来资产）如果被数字货币所标识、所锚定，那么紧随这种可编程的数字货币，这些资产也会被赋能，成为附带程序的智能资产，可以自己交换、自动执行。

互联网的三阶段进化，其本质上反映的是人类社会正在进行的一场数字化大迁徙。1996 年 MIT（麻省理工学院）媒体实验室主任尼葛洛庞帝（Negroponte）的著作《数字化生存》可以视做这场大迁徙的宣言。人类社会在互联网技术的帮助下，一步一步、越走越快地从现实世界、原子环境迁徙到数字世界、比特环境。有人说十年以后也许就没有互联网了，如果十年后互联网真的没有了，那只能是人类完成了数字化大迁徙，人与人、人与物、物与物已经互联互通，互联网于是化为无形。

互联网三阶段的进化，也带动了人类社会数字化能力的三次大跃进。在桌面互联网时代，数据不会自动显现在我们面前，人类只能通过观测才能得到结构化数据，这个时代叫数据可观测时代。在移动互联网时代，人们与互联网的关系已经从上网变成了在线，各种设备也越来越多地安装了传感器。智能手机和智能设备把大量的数据留在了网上，显现在了我们眼前，我们只需一键收藏、下载或保留即可。人类的数据收集能力也从数据可观测时代升华为数据可记录时代，收集的数据结构也成为包括视频、音频、图片等非结构化数据的大数据。而现在互联网正在进入分布式时代，在价值互联网里，传递信息发展为交换价值，出于价值交换的需要，人类进入数据可计算时代。数据结构也进化成为附带计算机程序的代码数据，数据可以自我计算、自我运行，从而成为智能数据，为整个人类社会进入智慧社会打开了大门。

数字化时代的共享型发展驱动力

在人类数字化能力发展的三个阶段，经济社会发展的驱动力是不一样的。数据可观测时代，人类只能通过观测主动去收集数据以拓展对自身、社会和自然的认识，此阶段经济社会发展的根本驱动力是知识驱动。在数据可记录时代，人类可以在网络上通过各种传感器和智能设备，记录之前根本无法收集的非结构化数据，这使得人类对自身及对经济社会的认识更精确、更科学，此阶段经济社会发展的根本驱动力是数据驱动。在数据可计算时代，数据代码化、智能化，经济社会发展获得了新的驱动力：算法驱动。

算法驱动经济社会发展的最好案例，就是现在炙手可热的共享经济的典型案例：Uber。Uber 进入中国的方式非常独特，它没有中国总部，最初进入的十个中国城市都直接向旧金山总部汇报，并可以各自决定自己的市场策略，而每一个城市的 Uber 员工都不超过 10 人，却要管理庞大的专车司机队伍及服务更庞大的 Uber 用户，其结果却被网友称为是“每一位专车司机都长着一张和出租车司机截然不同的笑脸”。支撑 Uber 高效、优质、扁平运营的不是厚厚的管理制度，以及叠床架屋的组织架构，而是两个算法：价格动态调整算法和位置优化匹配算法。前者负责用动态调整的价格来驱动专车司机赶赴打车紧张的区域，以实现“5 分钟要车必到”的目标；后者负责计算哪个专车可能最快地抵达打车用户所在地点，从而将订单直接指定到那位能最快抵达的专车司机。位置匹配算法需要掌握这个城市大街小巷 24 小时的道路车辆通行数据才能精确匹配接单专车。

以滴滴、Uber、Airbnb 为典型代表的共享经济之所以能够势如燎原之“火”，价值互联网的诞生，就是那阵助力火势的风，这使得人们可以方便快捷地利用互联网进行更多的价值交换。共享经济的基本特点如下：一是用互联网治理机制代替了线下的繁杂低效的企业治理机制；二是用算法来驱动企业经营管理；三是在某种程度、某个层次、某些方面实行去中心化，采用点对点、端到端、P2P 的自主交易对接；四是用数字化的方法来分享冗余资源，使得分享的边际成本接近于零，分享私有产权可以比独享私有产权带来更大的收益，所有权因此变得不那么重要了，使用权的价值凸显。一辆私车如果被共享的话，使用率可以从原来的不到 10% 提升到超过 20% 甚至 30%，不管是对所有者、使用者还是整个社会，都是共赢的局面。

共享经济的深化发展，必然对金融服务提出相适应、相协调的要求，基于共享经济商业模式及技术架构之上的共享金融模式也就应运而生。共享金融是金融脱媒的更高阶段，去中心化就是金融脱媒在“互联网 +”时代的具体表现。由间接金融到直接金融再到目前正在兴起的共享金融，也是金融深化的更高阶段，人人金融、自金融正是金融深化在“互联网+”时代的具体表现。

互联网与金融相结合的过程也可以分成金融互联网、互联网金融、共享金融三个阶段。在金融互联网阶段，互联网被当作工具，用于提升金融服务的效率，降低金融服务的成本；在互联网金融阶段，互联网被当作一种思维，用于创新金融服务的商业模式；而正在兴起的共享金融新阶段，互联网被当作方法论，金融服务被重新设计为可编程金融，依靠算法来驱动金融业务流程，使得金融服务第一次看到了人人金融、智能金融的光明前景。

可编程金融指的是，在互联网技术的帮助下，人类社会完成数字化迁徙，迈入数字化生存状态，人与人、人与物、物与物互联互通；点对点、端对端、P2P自主交易；在完全数字化的世界里，人们用算法来取代庞大的中介机构，建立价值交换的信任基础；用计算机程序写成自动执行的智能合约，以数字货币作为交换媒介来从事价值交换，在这种状态中被交换的资产通常叫作智能资产，意指被数字化了的附带计算机程序的可自主交易、自行交割的资产。

区块链正是可编程金融的底层技术架构。从这个角度来观察，就不难理解为什么全球主要金融机构甚至包括英国、美国中央银行，近年来都开始热衷于区块链技术实验了。据报道，全球主要的金融机构甚至纳斯达克交易所，已经或马上要建立区块链实验室，以试验区块链技术在各种金融场景中的应用。花旗银行甚至在内部发行了自己的数字货币“花旗币”。瑞士银行（UBS）在区块链上试验了20多项金融应用，包括金融交易、支付结算和发行智能债券等①。英国《金融时报》报道，英国央行（BOE）首席经济学家哈德恩甚至认为，禁止现金，改用数字货币将是伟

① Samburaj Das："UBS' Blockchain – based 'Digital Coin' Gains Funds Rasied by partner Clearmatics".

大的技术大跃进[1]。

区块链的理论内涵与基本架构

信任是世界上任何价值物转移、交易、存储和支付的基础，缺少信任，人类将无法完成任何价值交换。最初人们靠血缘和宗族来建立信任，接着人们靠宗教和道德来建立信任，后来人们靠法律和组织来建立信任，否则人类社会无法完成越来越多的各种各样的价值转移和交换。随着人类社会越来越数字化，随着互联网由传递信息、消除信息不对称的信息互联网向传递价值、降低价值交换成本的价值互联网进化，人们开始尝试通过数学算法来建立交易双方的信任关系，使得弱关系可以依靠算法建立强连接，从而去促成人类有史以来如不依靠互联网技术几乎不可能完成的价值交换活动，包括甚至更主要的是金融交换活动。

区块链本质上就是交易各方信任机制建设的一个完美的数学解决方案，而比特币就是区块链技术的第一个伟大的应用。截至 2015 年 8 月 29 日，比特币区块链上共有 372016 个区块，总数据容量 40G，算力 400P（也就是每秒 400 千万亿次浮点计算），目前我国的天河二号超级计算机的算力也只有 33P[2]。区块链技术一是用纯数学方法来建立各方的信任关系；二是交易各方信任关系的建立完全不需要借助第三方；三是建立信任关系的成本几乎降到了零。

以区块链为基础，再加以一系列建立在区块链上的辅助方法，人们正在互联网上建立一整套互联网治理机制。包括：第一，工作量证明机制（要篡改区块链上的数据，需要拥有超过全网 51% 的算力，这使得作伪的成本会高于预期获得的利益）。第二，互联网共识机制（以共识来确保正确，而无须甄别好坏）。第三，智能合约机制（以程序代替合同，约定的

---

① Chris Giles：“Scrap cash altogether, says Bank of England’s chief economist”.

② 资料来源于《人民日报·海外版》于2015 年7 月14 日发表的文章《“天河二号”获国际超算五连冠》。

条件一旦达成，网络自动执行合约。金融活动由交换数据变为交换代码）。第四，互联网透明机制（账号全网公开而户名匿藏，交易不可逆转且交易由第三方“矿工”记账）。第五，社交网络的互动评分机制（这使得专车司机的笑脸能换来利益，而出租车司机的笑脸却不能）。第六，密码学公钥加密技术等这些互联网治理机制正在给经典的经济学、金融学、管理学甚至社会学带来巨大的冲击。理论结构、公司结构、金融结构甚至社会结构都面临解构与重构的命题。

区块链是互联网金融更是共享金融的底层技术架构。只有区块链技术的成熟，才能带来共享金融的成熟。这是因为：

（1）它是数字世界里一切价值物的公共总账本。任何数字资产的认证、记录、登记、注册、存储、交易、支付、流通，一个账本统统解决。

（2）它是去中心化的大数据系统。记录、传递、存储、分析、应用，一应俱全。

（3）它是分布式的云计算网络，没有中心服务器。仅比特币区块链已经拥有400P的计算能力，而这个计算能力是由全球接入比特币系统的无数台计算机提供的。

（4）它是未来去中心化组织结构的基础架构。

（5）它是互联网治理机制的底层协议。前述的互联网治理机制，大部分建立在区块链上。

基于共享金融理念的区块链应用前景

美国人梅兰妮·斯万撰写的著作《区块链：新经济蓝图》一书把区块链的应用前景区分为区块链1.0、2.0及3.0。在区块链1.0时代，在区块链上产生的第一个伟大的应用就是比特币①。后续在比特币的模式下，又

① 当然，比特币因为存在某些缺陷和过于被投机者所追逐，其货币属性似乎远低于资产属性，近年来也呈现价格大起大落的情况。

产生了形形色色的“二代币”。区块链 1.0 时代是货币的时代。在区块链 2.0 时代，人们为了方便各类智能资产的交易，开发了能够自动执行合约条款的计算机程序，其中又以以太坊智能合约最为著名。区块链 2.0 时代是合约的时代。区块链 3.0 时代即将到来，洪都拉斯政府正在试图把全国的土地权益登记在区块链上，此举一旦完成，洪都拉斯的土地权属就完全数字化了，人们就可以把属于自己的土地作为数字货币的锚定资产，从而发行自己的私人数字货币，再加上智能合约，人们就可以在区块链上交易代表某块土地权益的数字货币。区块链 3.0 时代已经成为社会治理的良器利剑。

第一，数字货币的发行机制是共享金融的基础条件之一。数字货币目前有三种发行方式：一是黄金模式，由算法确定某种数字货币的总量，再由矿工“挖矿”而产生。比特币就是这么生产出来的。二是石油模式，也是由算法确定某种数字货币的总量，但是以众筹的方式发行，可以用法币或比特币去认购，数字货币发行者用众筹的资金开发某种开源软件，供大家免费使用，但该软件的运行须消耗一点众筹发行的数字货币，从而使得该数字货币数量趋于减少，因而会确保货币的价值长期升值，众筹投资者因持有该数字货币而获益，以太坊的以太币就是这么发行的。三是锚定资产模式，首先把现实资产或虚拟资产（如知识产权等）登记在区块链上，并以这些资产权益作抵押，发行相等价值的数字货币，持有该数字货币的人，或可以收取利息，或可以取得资产，或可以分享收益，当然，也可以卖出该数字货币。

第二，三种数字货币的发行模式深得共享金融的精要。以太币的众筹发行模式，重构了价值创造和价值实现的模式，虽然也是众筹，一可以不要股权，二可以不要产品，因以太币巧妙的机制设计，未来在运行以太坊智能合约时，会必然烧掉少许以太币，这就必然导致以太币价格上涨，从而使众筹投资者获利。事实上，以太币初始众筹发行时，一个以太币等价于 0.3 美元，但当以太坊智能合约发布第一个工程师版本时，一个以太币价格上涨到1.2美元，众筹投资者的回报非常丰硕。这种方式创新了众筹模式，在股权众筹、产品众筹之列，开创了货币众筹模式，使得共享金融的广度和深度在区块链上得到了升华。

第三，锚定资产的数字货币发行模式，真正做到了人人都可以发行自己的私人货币。只要把自己的可信资产登记在区块链上，即可以这份资产作抵押，发行自己的等值数字货币。洪都拉斯人民可能会是第一个可以在区块链上发行私人货币的国民（当他们的政府完成了区块链土地权属登记时）。人人货币就是人人金融，人人金融就是共享金融。

此外，与共享金融完全契合的第二个基于区块链技术的概念是智能资产。IBM（国际商业机器公司）物联网研究报告《设备民主》里有一句话：物质资产正在被“液化”。所谓“液化”，应该是说随着各种实物资产（包括各种智能设备）逐渐地被数字化，从而使它获得了“流动性”。这种通过数字化而获得流动性的资产就是智能资产。智能资产第一是数字化的资产；第二是登记在区块链上的数字资产；第三是作为数字货币锚定物品的资产；第四是可编程的数字货币化的资产，拥有自主执行合约的能力。在上述基础上，现实资产就智能化了、可交易化了，甚至可以自融资、自交易了。机器与机器之间、设备与设备之间，可以自主进行金融交易，冰箱可以向自动售货机发出采购牛奶的指令并用内置在冰箱的数字钱包自动付款，售货机也可以用自己的数字钱包自动收款。共享金融的范围在智能资产的概念下，将会大大拓宽，不仅是人人金融，也包括物物金融。

在区块链上，货币的范畴也被大大地拓宽。法币、比特币、二代币彩色币、代币（锚定某类资产的货币）……中心机构可以发行货币，私人机构可以发行货币，个人也可以发行货币，甚至智能设备本身也可以发行货币；主权信用可以发行货币（法币），私人资产可以发行货币；有形资产可以发行货币，无形资产也可以发行货币（音乐家可以把自己计划创作的音乐作品的未来收益作锚定物，以货币众筹形式发行代币来筹集资金支持创作）。我们几乎可以预见到一个无所不能的货币化的世界。

在区块链上，货币因其数字化，不仅花色多样、范畴拓宽，属性也发生了变化。众筹发行的数字货币，实质上是货币与股权的结合物，货币有了股权的性质，股权有了货币的流动性。它使得众筹的回报有了第三种方式：在所有权回报（股权）、使用权回报（产出）之外，多了一种货币升值回报。这种独特的货币升值回报，更方便、更有力地支持了共享经济模式的推广和深化，人们不仅可以轻所有权，甚至还可以轻使用权，只是为追求货币升值回报而踊跃参与众筹投资，正如人们利用众筹投资于以太币那样。这反过来也鼓励了创业者们放弃私有股权，对知识产权进行开源，对商业活动实行免费，投资者和创业者只要拥有一部分自己发行的货币就有足够的回报，共享金融和共享经济正在重新定义公司，甚至重新定义商业。

在区块链上，货币因为数字化而导致属性改变的第二个方面在于：货币成为可编程的货币，成为聪明的货币、自主的货币、可自动执行合约的货币。数字货币的可编程化，会导致货币使用者的角色泛化。可以预见，未来各种智能设备都可能内置数字钱包，设备与设备之间可能自主发起金融交易（比如智能电表自动缴电费等）。在那种情形中，金融监管当局可能要重新修改关于身份验证与身份识别的有关规定：我们该如何对机器设备做 KYC（充分了解你的客户）和 AML（反洗钱）？我们该如何让机器设备也拥有一个银行户口？我们暂且不去为监管机关将会面临的难题伤神。我们应该欢呼可编程货币的出现，因为它将会为共享经济插上高飞的翅膀，使得共享经济从人与人、人与物的共享，拓展到了物与物的共享。从而也使得共享金融拥有了比海洋更广阔的空间——浩瀚的天空！

第三篇

共享金融的制度建设

第十二章　共享金融的法律问题初探[①]

问题的提出

科技创新成果亟待法制保障

伴随移动互联、大数据、云计算等信息通信技术的飞速发展，人们的生产生活方式发生了巨大改变。这种改变“润物细无声”却又来势汹汹，以“信用、合作、共享平台”为特征的共享经济（金融）亦然。自有人类以来就有共享现象，但互联网技术成就了共享经济。共享经济为闲置资源实现了市场价值，使资源的所有者在保有所有权、行使其用益权时获得额外收入。共享经济日渐改变着人们对“产权、所有权”的追逐，转向对“使用权、收益权”的享用。“使用权”被所有权人充分行使并能以此获利，物尽其用的同时，便利了他人，降低了能耗，可谓共享多赢。

共享经济催生了新型社会关系。在“共享”模式中，交易双方直接进行交易（去中介）；互联网信息中介平台取代了原有的信用中介机构，依托互联网、移动通信等技术为交易双方不受时空限制地提供交易信息；同

---

① 本文作者为：唐晓雪，中国人民银行金融研究所比较金融研究室副主任，互联网金融研究中心副秘书长；杨东，中国人民大学法学院教授博导、副院长，众筹金融研究院院长；程志远，北京市邦盛律师事务所金融证券事务部律师，中华全国律师协会会员，北京市律师协会会员。

时，信息中介平台运用大数据、云计算等技术为交易双方的交易撮合提供支持（基础设施）；企业的经营模式发生改变，过去单纯的消费者转变为既是商品（服务）提供者，又是商品（服务）的消费者；传统需要经持牌方可经营的经营者变为只要拥有闲置资源并符合一定条件即可成为商品（服务）供应者；在直接交易中，原来隐蔽的个人信息逐渐成为公开、共享信息，而随着大量个人信息的汇聚，具有巨大价值的海量数据日渐生成。

上述种种迹象表明：新的社会关系逐渐形成。消费者、生产者与监管者之间的关系在共享模式下发生了根本改变，并对传统的交易方式、经营模式、政府监管、行业管理及原有的利益主体形成巨大冲击。新的社会关系在新旧利益关系的冲突中、对原有监管模式的突破中发展壮大。社会关系的变化不可避免地引发以社会关系为调整对象的法律制度的变革。创新需要鼓励和引导，对于新生事物不能一棒子打死，也不能任其野蛮发展。共享经济在发展过程中，其存在的问题和风险也逐渐显现。趋利避害、合理引导，促进生产力发展和社会和谐是创新立法的宗旨。

伴随共享经济的飞速发展，构建与之相适应的法律体系，是政府引导的重要抓手，是技术创新、促进新生产力发展的重要保障，也是共享经济健康发展的内在要求。

共享金融带来的法律挑战

“互联网＋金融”就是众筹金融，主要包括四种模式，即股权式众筹、债权式众筹、奖励式众筹和捐赠式众筹，其中最主要的形式是股权众筹和债权众筹。众筹金融实质是共享金融。共享金融是互联网金融的核心，[①] 它是金融的本质回归，[②] 是实现金融结构和融资模式的优化，服务于实体

① 杨东．众筹必将成为整个互联网金融的核心［EB/OL］．搜狐证券，http：//stock. sohu. com/20140409/n397977727. shtml.

② 杨东．金融译时代（第八期）［EB/OL］．第一财经，http：//men. sohu. com/20140828/n403865121. shtml.

经济；它真正实现了普惠金融，[①] 用互联网把微主体的资金、资源等集合起来，服务于“小微”“三农”“草根”；它真正实现了金融民主化，符合东方文明，符合中国文明；[②] 它是真正推动我国金融体制改革的金融，能够真正实现我国金融大国（强国）的中国梦。[③]

从某种意义上说，许多新兴的共享金融模式都有以下三方面特点：第一，低门槛，多样化。无论身份、地位、职业、年龄、性别，只要有想法、有创造能力都可以发起项目；具有多样性，包括设计、科技、音乐、影视、食品、漫画、出版、游戏、摄影等[④]。第二，依靠大众力量，注重创意。共享金融的支持者通常是普通的“草根”民众，而非公司、企业或风险投资人；发起人在平台展示的项目要有创意性。第三，市场性、营销性。例如，众筹的资金直接来自消费者，一定程度上反映了产品未来投放市场的结果；平台本身是个很好的广告平台。因此可以说，共享金融是大众参与、直接贡献，因筹而生、为筹所有。

风险作为金融交易的介质，是金融资产和金融交易的基本要素。共享金融服务于大众创新创业的关键，在于其开创了吸引金融消费者[⑤]和融资者的新型投融资模式，因而，共享金融风险与创新相伴相生。[⑥]

共享金融可能面临四方面的法律问题：一是刑事司法边界的认定问

---

① 倪正东．互联网金融是真正的普惠金融［EB/OL］．东方财富网，http：//finance. eastmoney. com/news/1350，20140830418380089. html.

② 杨东．众筹实现金融社会主义［J］．中国证券期货，2014（10）．

③ 杨东．互联网金融的革命性意义 传统金融体系或被重构［EB/OL］．腾讯财经，http：//finance. qq. com/a/20140708/060198. htm？ tn = gongxinjun. com.

④ 文化产业的众筹模式发展研究报告终稿［EB/OL］．中华文本库：http：//www. chinadmd. com/file/xazutiazxssiupiwreuvu366_ 4. html.

⑤ 金融消费者即从金融机构购买金融投资商品或接受服务的自然人、法人或其他组织，分为专业金融消费者和一般金融消费者。其中符合以下条件的主体应被视为专业金融消费者：（1）专业投资机构；（2）符合一定财力、专业能力和风险承受能力的自然人、法人或其他组织。专业金融消费者的范围和一定财力、专业能力和风险承受能力等标准由金融监管机构予以规定；一般金融消费者即非专业金融消费者。杨东．论金融消费者概念界定［J］．法学家，2014（5）．

⑥ 杨东．互联网金融风险规制路径——以金融消费者保护为核心［J］．中国法学，2015（3）．

题，如非法集资风险，特别是股权众筹与债券众筹的非法集资风险；二是监管层面的合法合规问题，如监管法律缺位，监管体制不匹配，监管力度和平衡点难以把握；三是投资者权益的特殊保护问题，如投资者准入门槛的风险、股权众筹中投资合同欺诈的风险、信用风险、资金流风险、筹资金额风险；四是创业者的知识产权被侵犯的风险。

综合来看，如何防范风险并形成开放有序的市场竞争环境，成为共享金融功能之实现、金融市场安全之维护、信用交易之规范有序以及金融系统性风险防范的根本，这就需要在参考目前已有的金融服务监管法律和国外相关经验的基础上，制定和完善针对共享金融不同模式的法律规范，既要有效防范系统性风险，又要避免过于严格的监管阻碍其发展。

共享金融发展中的法律问题分析

刑事司法边界问题

与非法集资界限模糊

众筹是依托互联网、面向大众进行数额小、数量大的筹资活动，而根据我国《证券法》和《最高人民法院关于审理非法集资刑事案件具体应用法律若干问题的解释》的规定，违反国家金融管理法律规定，向社会公众（包括单位和个人）吸收资金的行为，同时具备下列四个条件的，除刑法另有规定的以外，应当认定为“非法吸收公众存款或者变相吸收公众存款”：第一，未经有关部门依法批准或者借用合法经营的形式吸收资金；第二，通过媒体、推介会、传单、手机短信等途径向社会公开宣传；第三，承诺在一定期限内以货币、实物、股权等方式还本付息或者给付回报；第四，向社会公众即非特定对象吸收资金。这意味着众筹极易触碰“非法集资”的法律“红线”，因此可以说，共享金融存在巨大的法律风险。

股权众筹与债权众筹的非法集资风险

股权众筹极容易被扣上“非法集资”的帽子，它冲击了传统的“公募”与“私募”的界限，使得线下筹资转变为线上活动；它以互联网众筹为依托，互联网的公开性、交互性增强了投资者的不确定性；又由于《证券法》中200人的人数限制，股权众筹需要对其运作模式进行严格的管控或采取特殊方式才能规避法律的限制，而即便这样做也会在很大程度上限制股权众筹的发展。

而债权众筹的非法集资的风险来源有三个方面：[①] 第一，资金池模式。一些P2P网络借贷平台通过将借款需求设计成理财产品出售给放贷人，或者先归集资金，再寻找借款对象等方式，使放贷人资金进入平台的中间账户，产生资金池，涉嫌非法吸收公众存款。第二，不合格借款人导致的非法集资风险。一些P2P网络借贷平台经营者未尽到借款人身份真实性核查义务，未能及时发现甚至默许借款人在平台上以多个虚假借款人的名义发布大量虚假借款信息，向不特定多数人募集资金，用于投资房地产、股票、债券、期货等市场，有的直接将非法募集的资金高利贷出赚取利差，涉嫌非法吸收公众存款。第三，庞氏骗局。有个别P2P网络借贷平台经营者，发布虚假的高利借款标募集资金，并采用在前期借新贷还旧贷的庞氏骗局模式，有的经营者甚至卷款潜逃，涉嫌非法吸收公众存款和集资诈骗。

监管层面的合法合规问题

监管法律缺位，监管体制不匹配

目前，由于共享金融的发展属于新生事物，我国对此还没有全局性的系统立法，相关规定散见于民事基本法和金融类法律法规，以及法律级别较低的监管部门的行政规章及各类规范性文件中，原则性强，缺乏可操作

---

① 中国电子商务研究中心．浅析：众筹模式非法集资的界定［EB/OL］．http：//b2b. toocle. com/detail－－6166101. html.

性。特别是对于互联网金融消费者权益保护方面的法律法规还没有完全出台，既不利于金融消费者合法权益的行使，也对政府机构执法造成了消极影响。以众筹为例，由于同时具有吸收公众存款、公筹资金、出售股权、跨市场理财等性质，因此对众筹的监管同时涉及中国人民银行、银监会、证监会三大机构的监管范围。我国银监会负责监管 P2P 行业，众筹由证监会监管，中国人民银行则负责第三方支付的监管，监管部门难以超脱金融利益的束缚，基于各自的考虑，银行统合难以实现，使得监管体制很难适应互联网大环境的创新。

监管力度和平衡点难以把握

一方面，同样以众筹为例，作为新型的融资方式，诸多模式、特征和发展方向尚不明确，以何种方式、多大力度来监管众筹成为多个主要众筹发展国家争论的焦点。我国众筹发展还处在起步的阶段，大量的社会实情与英美截然不同，经济环境、金融条件、社会土壤等都是影响众筹发展方向的决定因素。另一方面，如果对众筹实施严格监管，势必会产生较高的融资成本，甚至极有可能扼杀刚刚开始萌芽的中国式金融创新，如果放松监管，就会将投资者暴露在风险之中，甚至引发中国式金融危机。因此，在监管的速度要求和准确性要求方面如何达到平衡，在金融创新与投资者保护之间如何平衡监管力度等，都是值得深入探讨的问题。

投资者权益的特殊保护问题

投资者准入门槛的风险

在许多共享金融的新模式中，如果投资门槛过低，那么投资者的风险判断能力和风险承受能力就难以保证，容易诱发各种风险。第一，增加了投资者的资金安全风险。筹资者一般是尚未成型的创意项目、企业或具有一定风险的借贷，其风险性往往高于其他阶段，如果不对投资者的资格进行审核，将极大威胁投资者的资金安全。第二，提高了筹资者项目的信息安全风险。因为如果任何人都可以查阅项目构想、创意、商业企划书和运营概况，就极易泄露商业秘密，不利于筹资者的前景规划。所以，有必要完善投资者资格审核，为筹资者提供有利的发展环境。第三，增加了众筹平台的可持续发展风险。在信息不对称的市场环境下，不完善的投资者审核制度难以赢得投资者的充分信任，也会降低筹资者对于成功筹资的信心，影响投融资双方的参与性，这样必然影响众筹平台功能的充分发挥，压缩平台的盈利空间，影响平台的可持续发展。

投资合同欺诈的风险

例如在股权众筹模式中，实质上是投资者与融资者签订投资合同的过程，平台只是发挥了居间作用，"领投＋跟投"是主要的投资方式，即普通投资人跟进富有经验的专业"领投人"所选中的项目投资，由"领投人"把更多没有专业能力但有资金和投资意愿的人带动起来。① 这是一种引导性的投资，一方面，在政策与监管缺失的情形下，它为领投人与融资者恶意串通提供了可能，一旦领投人与筹资人之间恶意串通，跟投人的利益便岌岌可危。另一方面，由于投资者与筹资者的资格审核都是由平台按自己设定的标准单独完成，审核环节缺乏相应的监督或透明性，某些不达标的项目通过单方与平台不正当的利益交换便可"冠冕堂皇"地进入平台开展融资活动，极大地提高了融资过程中合同诈骗的风险。另外，平台在其服务协议中常常设定审核的免责条款，不对项目信息的真实性、可靠性负责，更提高了投资人的投资风险。

信用风险

首先，目前我国大部分行业都面临着信用风险的挑战，根据《CNNIC中国网络支付安全报告》，安全担忧成为阻碍用户使用网上支付的重要原因，30.4%的非网上支付用户是因为感觉不安全、担心资金被盗而不使用

① 杨东，刘翔．互联网金融视阈下我国股权众筹法律规制的完善［J］．贵州民族大学学报，2014（2）．

网上支付，还有11.8%的非网上支付用户是担心账户信息泄露。[①] 究其原因，主要有四个方面。第一，尽管我国已经出台《征信业管理条例》，为征信业提供了一定的规范基础，但其效力层级不够高，没有上升为法律层级，而且征信法规体系还有待进一步完善，还需要建立和完善保障征信市场健康运行、保护信息主体权益的多层次的征信法律制度体系。第二，目前还没有形成竞争有序、运行安全、功能完善的征信市场体系。第三，征信管理体系还不健全，社会信用体系建设尤其是地方信用建设有待加强。第四，缺乏征信国民教育，征信知识尚未普及，征信文化体系有待完善。

其次，我国管制型立法与法律漏洞，限制了投融资主体的市场准入和交易行为，加剧了信息不对称，甚至纵容了融资者与平台的欺诈和市场操控行为，为信息优势方获得优先行动权提供了丰厚的土壤。信息不对称是金融市场不确定性的起因，也是以金融风险为唯一介质的金融市场能够吸引投资者的最重要原因，金融的本质问题，是信用风险与信息的关系问题。[②] 美国著名数字预言家埃瑟·戴森曾经对此做出过论断："数字化是一片崭新的疆土，可以释放出难以形容的生产能量，但它也可能成为恐怖主义者和江湖巨骗的工具，或是弥天大谎和恶意中伤的大本营。"[③] 可以说，信息弱势主体对信息优势主体的信用风险的甄别，是最有可能保障自身投资收益、降低投资风险的行为。

资金流风险

资金流的风险是共享金融以及所有形式的互联网金融都必须直面的问题。在美国，资金的处理一般都是经过银行或第三方支付平台进行的，平台自身并不经手资金。例如，中国的"天使汇"和"创投圈"并没有明确资金流的问题，但从"线上了解，线下交易"的特点看，资金应当是在线

① 杨东．从五个维度监管互联网金融［EB/OL］．http：//www. p5w. net/money/lczh/201404/t20140402_ 543539. htm.

② 杨东．互联网金融的法律规制——基于信息工具视角［J］．中国社会科学，2015（4）．

③ 埃瑟·戴森．2.0版数字化时代的生活设计［M］．胡泳，等，译．海口：海南出版社，1998：17.

下流转的，这就降低了资金流的风险。而对于“大家投”，虽然其与银行共同推出了“投付宝”这一第三方托管账户，但由于资金的二次流转，使得资金流的风险增加，而第二次流转由“大家投收到申请后，2 个工作日内向兴业银行深圳南新支行下达划款指令”。[①] 这种做法容易令人疑惑大家投在资金管理中的角色，所谓的“第三方托管账户”是否由大家投实际控制是值得关注的问题。

筹资金额风险

在众筹的筹资过程中，通常要有一个预期筹资额，达到预期额度，筹资成功，便可以使用筹得的资金进行项目运作。然而也存在一些众筹平台，如天使汇，放松目标筹资额，允许项目实际的筹资总额高于预期筹资额，筹资期限届满以实际的筹资总额进行项目运作。这在某种程度上增加了投资的风险及筹资的不可预期性，减弱对投资者人数及投资金额的控制力，增强了不确定性。另外，它过分注重市场机制的作用，忽视了金融市场投资者盲目跟风的心理及市场固有缺陷，极易导致筹资成为“脱缰野马”肆意横行，冲击资本市场，对众筹的监督管理也是一个挑战。

创业者的知识产权保护问题

作为典型的共享金融模式，由于股权众筹的项目多是创意类、个性化项目，是创意者智慧的结晶，对于项目发起人而言，为了募资成功，他们需要通过互联网把创意方案、商业计划书等放在众筹平台上，最大限度地展示给公众；又由于互联网的开放性、即时性和面向对象的不确定性等特征，项目信息得以迅速传播；一旦项目受到热捧，就会被迅速模仿并大量生产，这使项目发起人的知识产权无法得到有效保护，项目创意被他人剽窃的可能性非常大。

---

① 杨东，黄尹旭．中国式股权众筹发展建议［J］．中国金融，2015（3）．

适应共享经济与共享金融的法律体系建设方向

共享经济法律体系的构建应当围绕共享经济关系中的主要问题和问题的主要方面展开。在共享经济起步阶段，信任问题、利益冲突问题和共享模式自身安全问题是共享经济健康发展面临的主要问题，立法应以此为重点。

共享经济当事人包括交易供应方、需求方和互联网平台三方。供应方将自己的闲置资源通过平台提供给需求方；需求方享用资源，并通过互联网平台对供应方支付一定的回报（往往还做出相应评价），从而完成交易。在上述交易过程中，互联网平台方仅为资源的对接提供相关信息和服务，而非资源的直接提供者。供应方和需求方之间的相互信任是双方达成交易的基础。

共享模式重构了人与人之间关系，资源分配方式被改变，原有的利益格局被打破，在一定程度上动摇了传统行业的地位。调整利益关系，促进公平竞争是共享经济健康发展的重要保障。

互联网技术是一把双刃剑，在推动创新发展同时，也面临诸如平台系统、网络等重要设施安全、个人信息保护、产品服务质量保证、道德风险、消费者权益保护等问题和挑战。共享经济立法既要给市场发展留有足够的空间，又要守住不发生系统性、区域性风险的底线。防范风险、规范行业发展是共享经济立法的内在要求。

健全的社会信用法律体系是共享经济与金融健康发展的基石

共享金融是金融资源在交易双方之间的直接交易，交易双方当事人之间的相互信任是双方达成交易的前提，可以说，“不信任，无交易”。以滴滴专车为例，乘客最为顾虑的是搭乘专车的安全；以 Airbnb 为例，房屋出租人对陌生的承租人会心存顾虑，承租人对承租房屋的安全、可靠及舒适等也会有所担心。解决上述问题依赖于完备的社会信用体系。通过健全社会信用体系，共享经济参与主体的信用状况均记录在案，真实反映和揭示其信用优劣，为交易对方提供参考并警示信用风险。通过信用体系建设，建立激励惩戒机制，褒扬诚信、惩戒失信，促使交易双方自觉守信，降低交易风险和信用风险，促进共享金融持续健康发展。不可否认，信用状况差是目前制约我国共享经济发展的薄弱环节之一。

信息作为可统计概率、可呈现价格形成之逻辑过程的客观知识，对金融制度构建非常重要。信息工具之规制范式在金融市场中得以广泛应用，是完全信息与有效市场的出现，为同一过程，且以价格为载体的反映。金融资产价格以信息为最基本要素，并反映着信用风险。信息的传递，以金融媒介为载体。尽管金融媒介历经纸质信用媒介和金融中介机构，并因资金供求双方的直接交易而实现金融脱媒，但降低信息成本、实现信息对称，并利用和控制信用风险的主旨并未发生变化。实际上，往往是当新的金融交易模式以及更为便利和低成本的获取和利用信息的手段出现时，金融交易媒介才会发生变化。理想情况下的共享经济（金融）市场，可通过大数据信息系统、移动互联网和云计算等技术，实现支付清算和资金融通等领域内的信息对称、金融脱媒及降低信用风险的目标。然而，在我国现实金融环境中，共享金融仅践行着金融脱媒。在以管制型立法为特征的法律体系中，既未实现信息对称，也未降低信用风险。

共享经济（金融）的实现需要一个覆盖广、数据真、信息共享的社会信用体系，因此，完善相关立法，健全我国信用体系迫在眉睫。信用体系法制建设应以信息共享为核心、信用市场培育为基础，政府强有力的监管为保障，同时以大数据等新技术为支撑。现阶段，我国信用法律制度尚处于初级阶段。立法方面，虽然《征信业管理条例》已于 2013 年 1 月颁布实施，但该条例只规范了以信贷活动为主要内容的信用行为，离共享经济发展所需的全方位信用信息的建立还有距离。

信息共享是我国信用体系建设的重要方面，也是完善信用体系建设的应有之义。通过平台间信息共享，有效提高交易双方信用判断，减少损失。举例而言，在滴滴打车平台有不良信用记录人的相关信息若在 Airbnb 平台共享，将对 Airbnb 平台的用户产生警示作用，不仅有利于客户避免被骗，同时也有利于约束当事人守信、减少欺诈。反之亦然，一个在滴滴专车平台信誉度极高的服务提供者，其高信用度应当在其他共享平台为其增信，从而使其更容易达成交易。但是，平台往往将本平台获取的交易者信用信息作为平台竞争力的一部分，分享意愿不高，这就需要立法者衡量利益，做出相应规定。信用立法需推进各类信用信息平台无缝对接，打破信息孤岛；加强信用记录、风险预警、违法失信行为等信息资源的在线披露和共享，为交易者提供信用信息查询、企业网上身份认证等服务；充分利用互联网积累的信用数据，对现有征信体系和评测体系进行补充和完善，为经济调节、市场监管、社会管理和公共服务提供有力支撑。

建立高效失信惩戒机制是有效信用系统的保障，我国失信惩戒机制尚未全面有效建立。虽然《民法通则》《合同法》等法律法规中有诚实守信的法律原则，《刑法》中也有对诈骗等犯罪行为处以刑罚的规定，但这些散见于部门法中的碎片化规定，不足以对社会的各种失信行为形成强有力的约束。目前，尚未达到刑事犯罪程度的失信行为缺乏相应的惩罚，或者惩罚力度不足以震慑失信者，使违约成本过低、合规守信者的良好行为未能得到应有的尊重和鼓励。

公平竞争、和谐共赢是促进共享经济与金融良性发展的保障

共享模式下，大量拥有闲置资源的个体参与到共享经济（金融）中。互联网企业不断进入金融、交通、酒店等行业，新的利益主体和利益关系形成，不同利益主体间的矛盾产生。原有的机构、产品、市场等要素的边界变得模糊，跨界、融合成为趋势。例如，在 P2P 发展中，原有的信用中介机构被信息中介机构取代，互联网企业进入到原有特许经营的金融业，原有的金融分业经营格局逐渐被打破。再以网络约车为例，专车的出现严重冲击了传统出租车行业，并带来未经持牌而从事公共交通运营服务，以

及安全性和事故赔偿责任界定等问题。共享经济立法某种程度上是对利益冲突进行调节。

对于利益冲突，易疏不易堵，在防范风险的前提下保护创新，协调利益关系，促进包容、和谐、共赢发展。合理调节冲突的关键在于厘清调整对象的内涵和外延、特征与风险，揭示其发展规律。传统经济中，商品或者服务的提供方一般为需要取得相应资质的持牌机构（取得营业执照），并按规定的经营范围开展相关业务。整个过程中，服务提供方的角色单一固定。而在共享经济中，任何有闲置资源的主体均有可能成为服务（产品）供应方，并可同时享受其他资源闲置方的有偿服务，即任何主体既可以是特定商品服务的提供者，也可以是商品服务的享受者，其角色不再单一固定，而是可以相互转化和兼具，“劳动者—企业—消费者”的传统商业模式逐渐被“劳动者—共享平台—消费者”的共享模式所取代。新的商业模式产生后，传统经济体要求新经济体遵守现有法律制度，被纳入既有监管体系，划清企业和市场的边界，明确劳动关系，承担社会保障责任。而新经济体则呼吁创新监管立法，为创新发展提供支持。应该看到，共享模式下，信息不对称大为改善，交易成本大幅降低，社会闲置资源被充分利用，多元化、个性化服务得以实现，长尾客户获得资源的机会增加。这是技术进步带来的文明成果，立法应当予以保护。但是，也应该看到，共享模式中的交易安全问题、责任分担问题、权利救济问题、监管滞后问题、不平等竞争以及税收等问题凸显，立法如果处理不好上述问题，则会阻碍共享经济的健康发展。

在我国现行金融法制环境下，共享金融在信息供给不足时，只能利用信息工具之外的手段，自发解决信用风险问题。同时，社会规则解决法律遗留问题时，难以克服的成本限制和路径依赖也会表现出来，并附和着制度扭曲。在该本质问题尚未解决的前提下，尽管现行金融政策可能倾向于仅容忍纯信息中介 P2P 和私募型股权众筹，而未给其他互联网金融交易提供良好的法治环境，但这种画地为牢的政策取向，仍是将本该回应市场主体需求和自我约束的内生性制度，转变为外生的、与市场主体需求和自我约束相左的制度。因此，我国共享经济（金融）信息不对称与信用风险问题的解决，应遵循与其问题实质相匹配的独特范式，即在以信用风险为介质的不完全竞争市场中，内化信息不对称成本，以资产定价模型的逻辑过程为参照，通过信用风险定价，实现从信用风险到信息的转化，进而将信息与信用风险问题，内置于以完全信息市场为依托的风险—收益逻辑中。该范式的核心即信用风险定价及其信息转换，起源于金融本质问题中信息与信用风险之关联结构。同时，发挥共享经济（金融）降低交易成本、提高金融效率、促进和实现金融功能的优势，建立以信息工具为核心、规制互联网金融信用风险的法律进路，即在一个规范市场准入、明确市场主体法律地位和促进竞争的市场环境的构建中，发挥大数据、征信体系、投资者保护规范和共享经济（金融）融合型监管规范的信息披露、信用风险预警及系统性风险防范功能。①

共享经济立法应当引导传统与创新、包容、合作、共赢发展。在为创新留足市场空间的同时，严守不发生系统性、区域性风险的底线，维护市场公平竞争，维护消费者权益。因此，将共享经济纳入监管，规范、引导其健康有序地发展是共享经济立法的重点。

创新、适度的监管立法为共享经济与金融规范发展保驾护航

金融创新必然带来金融监管的变革。互联网、大数据、云计算等新技术在解除时空局限、便利交易的同时，也极大地扩散和加速了风险传播范围和速度。共享金融叠加了传统金融风险和网络信息风险。完善监管立法，防范风险是共享经济（金融）健康发展的法制保障。在共享模式中，对网络信息平台的监管是关键。

平台监管是共享经济与金融监管立法的核心

共享模式的创新集中体现在以技术为支撑的信息中介（服务）平台。

---

① 杨东．互联网金融的法律规制——基于信息工具视角［J］．中国社会科学，2015（4）．

信息服务平台取代了原来的信用中介平台。由于信息中介平台与信用中介平台性质、功能迥异，现行对信用中介的监管法规很难适用于信息中介平台。

互联网信息平台对供需双方提供资源组织和调度管理，并形成平台自身品牌。在法律上，平台上的供应方个人以独立承包商身份向需求方提供服务，平台则收取服务佣金（费）。以 Airbnb 为例，其利用移动互联网技术，与移动社交工具（Facebook、LinkedIn、Twitter 等）融合，连接出租方和承租方，并通过从出租人与租客交易中抽取佣金（佣金比例根据交易额介于6% ~12%），此外，Airbnb 还向出租人收取 3% 资金清算费用）。不难看出，共享经济中，平台已深深地介入交易当中，并从中获利。同时，平台的这种盈利行为亦非偶发，往往是一种长期的经营行为。平台直接连接供需双方的直接交易，其运用网络通信技术汇聚双方交易信息，运用大数据撮合双方交易、代收交易费用等。所以对信息平台的监管立法是共享经济监管立法的重中之重。

平台监管立法的主要方面。一是平台准入。信息系统平台、App 软件等是实现共享经济（金融）的基础设施，离开系统和软件，共享无从实现。安全、可靠、高效的软件开发和技术支持是对平台的硬件技术要求。要达到这样的要求，平台需具备一定的资金、技术和人才门槛。从降低支付清算市场因不完全竞争而增加的交易成本和损失的消费者福利的角度来看，立法应把第三方支付平台认定为独立于电子商务商户和银行，并为商户和消费者提供支付服务的机构。在资金审慎监管和犯罪预防上，应要求第三方支付平台将客户资金存入银行专户，预防其欺诈、侵吞和洗钱。随着第三方支付和虚拟货币体系的发展，应设立广义金融机构和电子货币许可证，通过风险管理规范监控第三方支付机构的货币业务、P2P 和股权众筹、资产拆分和配售等投融资行为；① 还应依据审慎监管规则，要求第三

① 参见 Basel Ⅲ，Leverage Ratio Framework and Disclosure Requirements，2014：1.

方支付平台和虚拟货币提供者，对平台资金和投资者资金进行会计分离和操作分离。二是平台的数据、信息保护。平台在为交易双方提供信息交互时，采集、分析和使用了大量交易双方的个人信息并获取交易信息。平台对信息的采集、处理、使用和保护是平台监管的又一重点。立法应当界定平台的信息保护义务以确保交易双方的信息安全。对于纯信息中介平台，应当建立平台技术审核和信息审核标准，可由工信部对平台及其技术和信息处理能力进行实质审核，并由金融监管部门明晰平台线上审核信息类型，逐步去资金池和担保；对于股权众筹，凡符合纯信息中介结构、具有风险控制和资产管理能力的中介组织，在证券业协会注册并经证监会审查合格后，即可成为合法的股权众筹门户。证监会和证券业协会应对平台大数据系统和风险评价体系等进行审核，以保证投资额度、资金分流状况及证券资本结构等均成为公共信息。① 大数据系统是交易型征信体系，应以商业机构建立和运用大数据为主，把互联网平台和线下调查数据、利用云计算等数据挖掘技术可分析的客户资信、供应链、成本效益和经营风险等信息以及客户信用评估等，都纳入企业和个人信用征信体系内，再以大数据的信息优势来监控流动性风险，借此建立风险预警基础。② 三是平台责任和风险防范。作为信息中介，平台必须严格遵守不吸收公众资金（资金池）、资金托管、不得自担保等义务。作为连接交易双方的中介，平台往往需要对交易双方进行评级或筛选，履行客户尽职调查义务，确保客户提供信息的真实可靠（形式审查义务）。在兼顾效率与安全的前提下明确平台的审核责任，若因平台的主观过错导致不合格投资者进入到平台融资，对投资者或筹资者造成损失的，则应依法追究责任。四是平台项目的知识产权保护。实行项目的知识产权备案制度，平台与项目发起人应当签订保密协议，明确双方知识产权保护义务，当发生知识产权侵权时，平台能够

---

① 杨东．互联网金融的法律规制——基于信息工具视角［J］．中国社会科学，2015（4）．

② 参见 Basel Ⅲ：A Global Regulatory Framework for More Resilient Banks and Banking System，2010：8.

提供相应的证据，为权利人提供必要的协助。

除了监管立法外，完善共享经济有关的刑事和民事法律制度也十分重要，应当修改和废除刑法的非法集资罪和集资诈骗罪，放宽非法吸收公共存款和变相吸收公共存款的适用条件，明确平台须履行的反洗钱法定义务；当事人之间的协议和规则应当明确完善，为避免风险，供应方、需求方和平台方三方当事人之间的交易规则、权利义务关系、举证责任、侵权责任的归责、权利救济等都应当事前予以明晰约定。

围绕共享经济与金融风险完善监管立法

（1）安全。以支付为例，“二维码扫码支付”“闪付”等技术出现，使支付越发简单、快捷和高效，但同时，交易安全受到巨大考验。以滴滴专车为例，私家车和车主不需经过主管部门的特许许可即可提供专车服务，在增加服务供给的同时，乘客的安全如何有效保障不得不考虑。再以P2P和众筹为例，公众可以直接通过信息中介平台进行投资，投资渠道大大拓宽，同时风险的受众面也大大增加。如何平衡便捷与安全是共享金融监管立法亟待解决的问题。

政府应在不过度干预金融创新的具体方式和模式，遵循包容创新、鼓励创新的原则下，转变监管思维，建立有效的大数据的监控体系以应对共享金融的高传导性风险。第一，创新众筹金融监管体制，加强“一行三会”协调和规则统一，以金融消费者保护为切入点，加大“一行三会”内部的投资者保护、金融消费者保护部门的监管权限。加大保护部门的职责，增强其独立性。构建中央和部门双层监管体系，加大地方金融监管部门的职责。第二，加强金融产品及其销售过程的监管，实行牌照制，加强准入门槛、日常经营风险等方面的管控。加强信息披露和风险提示，强调网上销售金融产品的适当性原则，将适当的互联网金融产品销售给合适的消费者。第三，构建FOS机制（金融督察员/金融审查员机制），在发生纠纷之后，给投资者和消费者提供一个消费者纠纷解决平台，形成畅通、便捷的处理纠纷的渠道，不断完善资本市场赖以生存的社会信用体系和司法体系，提高失信成本，完善投资者司法救济措施和非诉纠纷解决机制。①

（2）反垄断。共享金融具有网络“优先接入权”和“关键节点”特性，互联网金融企业具有“先下手为强”“赢者通吃”的特点，极易形成垄断。因此，应前瞻性地进行反垄断立法研究，界定共享金融中的企业垄断标准，预防垄断行为，促进公平竞争，为共享金融的可持续发展营造良好的生态环境。

（3）消费者权益保护。P2P 平台捐款跑路、庞氏骗局、挪用备付金、产品众筹欺诈、个人信息泄露等事件频发，消费者权益保护凸显。信息技术风险与金融风险的叠加，平台、投资方与融资方交易主体多元化及其权利义务关系和归责原则的复杂化，交易产品的多样化、非标化，交易节点的增加，网络交易信息披露不充分、价格不透明、消费者个人信息使用不恰当等，都对共享金融消费者权益保护立法提出挑战。

互联网金融的法律规制要实现资本形成与投资者保护之间的平衡，就要把握：互联网金融满足小微投融资者需求的关键在于拆分资产，并向仅具有小额投资能力和风险承担能力的中小投资者配售资产，因而，投资者分类是首要的、与互联网金融分拆和错配金融资产的营业行为相匹配的制度，是重塑投资者适当性及保护投资者的前提。我国互联网金融立法可将投资者分为非成熟投资者和成熟投资者。非成熟投资者可界定为所投资项目为两个以下的投资人，其投资总额不应超过其净资产（不含常住房产、养老保险金）的 10%。② 非成熟投资者累计 12 个月内对单一融资方的投资上限不得超过 1.5 万元人民币。成熟投资者可界定为投资于单个融资计划的最低金额不低于 100 万元人民币的自然人、企业法人或其他组织。③ 成

---

① 杨东．互联网金融的本质［EB/OL］．腾讯财经，http：//finance.qq.com/a/20140708/061091.htm.

② 参见 Article 12，The FCA's Regulatory Approach to Crowdfunding Over the Internet，and the Promotion of Non－Readily Realizable Securities by Other Media，March 2014.

③ 参见 SEC. 304，Jumpstart Our Business Startups Act（JOBS Act），2012.

熟投资者不受非成熟投资者的投资限制。

另外，完善信息披露制度，明确信息披露主体、披露标准和渠道，提高交易透明度；利用网络通信技术开展多样化、多渠道的消费者教育；健全权利救济途径和纠纷解决机制；打破消费者“刚性兑付”预期，减少共享金融道德风险，都是共享金融消费者保护立法的重要方面。

结　语

综上所述，共享经济（金融）具有满足小微投融资者需求、降低交易成本、促进竞争、提高市场透明度的作用，发挥着分散金融风险、回归金融本质的功能。共享经济（金融）模式下新的社会关系形成，消费者、生产者与监管者之间关系的根本改变，使得现行管制型立法与法律漏洞已经不利于形成完全竞争市场的法律土壤，强烈要求规制传统的交易方式、经营模式、政府监督、行业管理及原有的利益主体的法律法规的因时而变，因此如何防范风险并形成开放有序的市场竞争环境，则成为共享金融功能之实现、金融市场安全之维护、信用交易之规范有序以及金融系统性风险防范的根本，因而，应重新厘定信息工具范式，以大数据和征信体系为基础，规范市场准入并明确市场主体法律地位，发挥信息工具的风险预警作用，构建投资者保护立法，完善融合型共享经济（金融）法律规制体系，以弥补管制型立法的制度错配和法律漏洞，并规制信用风险、监管风险、投资者保护风险和创业者的知识产权保护风险，降低系统性风险，进而激励竞争、促进信息的产生和传递、分散和利用风险，以发挥共享经济（金融）内生的优化资源配置的功能。[①] 这就需要监管当局在参考目前已有的金融服务监管法律和国外相关经验的基础上，制定专门针对共享金融的法律规范，既要有效防范系统性风险，又要避免过于严格的监管阻碍其发展。期待未来会有更合理的监管制度、更理性的参与者、更完善的市场。

① 杨东．互联网金融的法律规制——基于信息工具视角［J］．中国社会科学，2015（4）．

第十三章　共享金融监管体系的初步思考①

尽管在实践中已有P2P网络借贷、股权众筹融资等具备共享金融特质的业务模式，但共享金融仍是一个尚未发展成形、带有一定前瞻性的体系。因此，共享金融监管是一个具有开放性和探索性的命题。下面拟从共享金融的市场主体属性、风险特质出发，对共享金融监管的必要性进行分析。在此基础上，对共享金融监管应达成的目标进行梳理，并对共享金融监管体系的若干构成要素进行深入分析。最后，对现实中已有的两种共享金融典型模式（P2P网络借贷和股权众筹融资）的监管提出针对性建议。

共享金融监管的必要性

共享金融发展中最具吸引力的创新领域，就在于金融资源的供需个体通过云计算、大数据、物联网、移动互联网构筑的现代信息技术平台实现金融资源与服务的直接撮合和交易。因此，共享金融的理想状态应该是接近于瓦尔拉斯一般均衡所对应的无金融中介或市场状态，以资金供需双方为代表的市场参与者是理性的，市场信息是高度透明的，个体自利行为能够通过“看不见的手”自动实现市场均衡，期限、风险、收益等因素均能

① 本文作者为：肖翔，管理学博士，中国人民银行金融研究所互联网金融研究中心副秘书长。

够在市场均衡价格里得到充分反映，充分竞争和市场纪律会自动淘汰不创造价值、与金融需求脱节的金融组织和创新，信息充分的消费者和投资者会选择与自己需求相匹配的产品。在这种理想状态下，共享金融可以采取自由放任的理念，减少不必要的规制和干预，让市场机制充分发挥资源配置作用。但在共享金融未达到理想状态之前，仍可能会存在个体和集体非理性、平台道德风险等非有效因素，使得对共享金融的监管仍有其必要性。

第一，个体行为的非理性。根据行为金融理论，个体行为并不一定满足经济人假设，而存在一些非理性表现。一是过度自信，即在投资过程中，投资者往往对自己的理念和能力过于自信，对现状和未来的评估过于乐观，这一心理因素会导致过度投机和过度交易的行为。二是判断偏差，即个性投资者常常会受到错觉的愚弄，使其对实际上并不具有控制力的局面，错误地以为具有一定控制力。三是羊群效应，即当有很多人承认一个实际并不正确的结论时，会有更多人跟随，甚至推翻自己以前做出的判断和结论。四是损失厌恶，即投资者的普遍心理是喜欢盈利，厌恶损失，前者能带给投资者心理上的满足和愉悦感，后者则会带来心理上的痛苦和懊悔感。由于有上述非理性行为存在，有必要通过投资者适当性管理、金融消费者保护等监管机制上的安排，应对个体行为的非理性及其可能带来的风险损失。

第二，集体理性与个体理性的非一致性。集体理性是以群体利益为出发点，追求高效率、内部稳定和成员间公平，力求以尽可能小的代价获取尽可能多的效用。在个体理性的情况下，也并不意味着集体理性。一个简单的例子是，当资本市场价格出现大幅波动时，投资者为控制风险而选择赎回基金，从个体行为看，其行为是完全理性的。但是当多数个体遵循理性选择，就会出现大规模赎回，资本市场将可能出现更大的波动，从集体行为看，则是非理性的。共享金融涉及网络上的大量投融资个体，集体理性和个体理性的非一致性，可能通过网络的扩散和放大效应以及交叉性金融产品的传导效应，蔓延至整个金融系统，从而引发系统性风险。因此，有必要通过监管的介入，防范可能出现的系统性风险。

第三，平台的道德风险。在去中心化和脱媒化的共享金融领域，中介平台作为共享金融交易网络的节点，将汇集投融资双方大量的基本信息、交易信息、结算信息等。在缺乏足够的信息披露机制和市场约束机制情况下，中介平台可能利用信息相对优势，出现自融、为关联方融资、刻意隐瞒产品风险、延迟信息披露等行为，存在一定的道德风险。此外，在多平台竞争的过程中，为了率先突破平台经济“临界点”，可能会出现诸如提供免费服务、提供投资补贴、过度降低投融资门槛等恶性竞争情况。因此，有必要把中介平台纳入监管视野，明确平台必须履行的义务和禁止性行为清单，防范平台的道德风险。

第四，“网而不能倒”问题。中介平台竞争的结果容易产生“赢者通吃、强者恒强”的局面，最终导致少数平台占据绝大部分市场份额。这类平台已达到一定的资金规模，通过网络接入的投融资主体众多，而且更多是处于“尾部”市场的客户群，存在一定的系统重要性影响。平台一旦出现问题，难以完全通过市场出清的方式解决。因此，应该通过强制性信息披露、第三方评级等手段，加强对平台相关业务的事中、事后监管。

第五，技术依赖性问题。共享金融的实现依赖于发达的互联网和信息通信技术，因此也面临着较为突出的技术风险。比如，对于中介平台而言，硬件设备、网络、操作系统、数据库、应用系统的内在缺陷、漏洞，以及操作上的差错，都将影响平台的运行效率和安全。此外，大数据风控和征信是共享金融的重要基础，涉及大量投融资双方的各类信息，一旦管理不善，容易出现信息泄露、指令差错等风险。因此，必须加强对共享金融相关业务和参与主体的信息技术监管，防止在技术依赖的情况下，出现信息泄露、信息灭失等问题。

共享金融监管的目标

共享金融模式没有改变金融本质和基础功能，但在技术、产品、服务、渠道、商业模式上产生了革命性的影响，对监管体系提出了更高的要求。结合共享金融的技术特点、风险特质，共享金融监管应围绕以下几个目标展开。

第一，完善制度安排，维护公平的市场秩序。共享金融力求推动分布式、规范式、自律性、公开透明的金融“软规则”建设，建立低成本、高效率的新型金融交易市场。在这个过程中，共享金融监管应致力于维护公平竞争的市场秩序，为规则建设、交易活动提供具有良好适应性的制度环境。

第二，促进共享金融发展，服务实体经济。共享金融是金融发展理念、运营模式上的重大创新，在具体实现方式上还有待进一步探索和完善，在“渐进试错”的过程中，可能会出现脱离实体经济需求、金融产品和链条过度复杂化的创新。通过共享金融的适度监管和创新监管，能够更好地引导共享金融创新向服务实体经济、服务金融消费需求的健康方向发展。

第三，促进平台规范化发展，保护金融消费者合法权益。中介平台在共享金融发展过程中扮演着十分重要的节点角色，其运作流程、商业模式、盈利模式需要在完整的经济金融周期中逐步探索、调整和完善。在这个过程中，需要通过有效的激励约束机制，严格防控平台的道德风险，避免出现平台欺诈、设资金池、自融等损害金融消费者合法权益的行为。

第四，维护金融稳定，防范系统性风险。共享金融强调基于中介平台的金融资源的直接撮合和交易，有助于解决资金错配、流动性短缺等问题。但随着网络节点的增多和接入客户范围的扩大，资金风险在网络的扩散与技术风险在若干平台的集中两种情况同时存在，平台一旦出现问题，将产生较强的负外部性。共享金融监管应该以维护金融稳定为职责，防止出现系统性风险。

共享金融监管体系初探

共享金融监管体系应以中介平台为监管抓手，以金融消费者保护为制度核心，强调投资者适当性管理和行业自律管理，并及时引入第三方评级机制。

第一，加强平台监管。中介平台是共享金融市场的重要组织者以及共享金融交易网络的节点，也是共享金融监管的重要切入点和工作抓手。加强平台监管，一是要制定平台准入标准。对平台的注册资本、组织结构、经营条件、信息技术水平、业务流程、风险防控等设定准入标准。二是对平台业务范围进行限定，严格控制股东、管理者与平台之间的关联交易，防止损害平台本身和客户的合法权益。三是要求平台制定和完善内控规定，在投融资主体信息核实、募投资金监控方面承担相应责任。四是强化平台作为交易信息掌握者和使用者在信息保护方面的主体责任。五是加强平台的信息披露机制，充分进行风险提示，使投资者和筹资者了解自身权益义务和风险收益关系（包括但不限于借款金额、期限、利率、还款方式、服务费等），充分保障客户的知情权和选择权。六是建立资金统一托管机制。为了避免平台擅自动用客户资金，平台需将客户资金与自有资金和平台资产相隔离，存放在独立账户中，并定期接受外部审计或监管部门的审查。

第二，投资者适当性管理。投资者适当性一般是指金融机构所提供的金融产品或服务与客户的财务状况、投资目标、风险承受水平、财务需求、知识和经验之间的契合程度。在共享金融领域，由于交易的网络性、涉众性和直接性，投资者适当性管理的必要性更加凸显。应建立多元化的投资者适当性指标（包括但不限于资金指标、投资知识指标、交易经验指标、风险偏好指标、投资目标指标、诚信记录指标等），对投资者的个体情况、投资目标及风险承受能力进行判断并区分投资者的类别，据此向其提供具有针对性的“定制服务”。同时，应根据交易进展、活跃程度、履约情况等，对投资者进行适当性评估或重新评估，形成对投资者的动态管理机制。

第三，强调行业自律。共享金融通过对技术的充分运用，进一步打破金融供给与需求之间的“薄膜”，使得金融产品和服务更加便利和智能化，充分贴近和融入产业链、生活链中的节点，具有很强的自适应性和自我调整功能。因此，应更加注重发挥行业自律的作用。通过自律公约、会员章程等方式，建立自律规范和约束惩戒机制，推动行业自律。组织制定各类产品、技术和服务标准，完善信息披露、风险管理、合同文本等标准化规则，促进行业的信息共享和业务交流，完善行业纠纷协调与解决机制。

第四，加强金融消费者保护。金融消费者保护是共享金融监管的制度核心。加强金融消费者保护，一是开展金融消费者教育，提高金融消费者保护知识，改变不良偏好，将风险有效控制在消费行为之前，最大限度地降低金融消费者风险。二是强化中介平台在经营中进行信息披露和风险提示的义务，用普通消费者能够理解的语言加以表述，保证消费者知情权的实现，收益和风险得以全面评判。三是建立多元化纠纷解决机制，尤其是建立独立于中介平台和消费者的第三方争议解决机制。四是充分利用互联网的传播效应和扩散效应，扩大金融消费者维权投诉的扩散宣传效果，形成社会化、网络化的金融消费者保护体系。

第五，建立第三方评级机制。第三方评级机制是市场化约束机制的重要组成部分，是共享金融监管体系的重要补充，对促进共享金融的理性健康发展具有重要作用。第三方评级机制可以针对中介平台，也可以针对金融交易双方。评级目标和对象不同，相应的评级维度、指标也有所不同。第三方评级机制应遵循客观性、时效性、可比性的原则，采取合理的权重设定、科学的指标合成方法、充分的数据来源，保证评级结果的真实性和可靠性。第三方评级的结果应该通过互联网向社会大众公布，加强评级结果运用的范围。

共享金融典型业态的监管：P2P 网络借贷

个体网络借贷（P2P 网络借贷）是指个体和个体之间通过互联网平台

实现的直接借贷，体现了金融资源与服务直接交易的特征，是共享金融的典型模式。

关于 P2P 网络借贷的监管，从国际经验看，各国主要有两种做法：一是金融监管机关根据法定职责，各司其职，制定适度和有针对性的监管规则；二是要求 P2P 平台申领银行牌照，适用银行业的监管规则严格监管。美国 P2P 网络借贷的特点是放贷人不直接向借款人发放贷款，而是由 P2P 平台向放贷人出售与贷款相对应的收益权凭证。因此，个人通过购买平台的贷款份额参与放贷的行为，被美国证监会（SEC）认定为证券投资行为，受证券法约束。英国 P2P 网贷适用《消费信贷法》，相关专门立法正在积极推进中，未来的监管原则包括：平台在提供贷款前应向借款人提供贷款安排的详细解释，确定主要风险，平台应在贷款之前对借款人的信用状况进行评估等。法国和德国都没有对 P2P 网贷进行专门监管，而是根据银行法规定进行监管，任何机构以任何形式提供存款或贷款等银行类业务，都必须获得银行牌照。日本主要通过“地下金融对策”系列法律对 P2P 网贷进行监管，强化市场准入规则，规定贷款利息上限，防止借款人过度借贷，强化对高利贷、无登记营业、违法发布放贷广告和开展劝诱活动等行为的处罚力度。

2015 年 7 月，中国人民银行等十部委联合发布《关于促进互联网金融健康发展的指导意见》，为 P2P 网络借贷监管搭建了基础框架。明确在个体网络借贷平台上发生的直接借贷行为属于民间借贷范畴，受合同法、民法通则等法律法规以及最高人民法院相关司法解释规范。个体网络借贷要坚持平台功能，为投资方和融资方提供信息交互、撮合、资信评估等中介服务。个体网络借贷机构要明确信息中介性质，主要为借贷双方的直接借贷提供信息服务，不得提供增信服务，不得非法集资。目前，由中国银监会牵头制定的《网络借贷信息中介机构业务活动管理暂行办法》已向社会公开征求意见。结合该征求意见稿，本文认为，P2P 网络借贷监管应重点关注以下几点。

第一，建立基本市场准入标准。P2P 网络借贷平台的股东或合伙人、实际控制人应有良好的财务状况，无不良诚信记录和违法违规记录。P2P 网络借贷平台的董事、监事、高级管理人员应具有一定的金融知识和金融从业经历。P2P 网络借贷平台应有与业务情况相适应的经营场所、信息技术基础设施、信息安全设施、突发事件应急设施和预案。在满足基本市场准入标准的前提下，对 P2P 网络借贷市场的参与者不应设垄断性和歧视性门槛，不作区别对待。

第二，设立 P2P 网络借贷平台行为的负面清单。应把握鼓励创新和防范风险之间的平衡，可考虑以负面清单的形式，加强对 P2P 网络借贷平台的行为监管。比如，不能吸收公众存款；不得为自身或者具有关联关系的借款人融资；不能为出借人提供担保或承诺收益；不能对非注册客户进行宣传、劝诱；不能归集出借人资金设立资金池，不得以任何形式挪用客户资金；不能故意夸大融资项目的收益，隐瞒项目风险和瑕疵；不能对融资项目期限进行拆分等。

第三，加强信息技术监管。P2P 网络借贷平台应接受信息安全相关部门的信息安全检查和升级，开展信息系统等级测试和评定，建立完善防火墙、数据加密、灾备等网络安全设施和管理制度。平台应积极利用信息化手段，加强内部治理和系统建设，提高风险防控能力、内容管理能力和信息技术能力，建立网络安全事件的分级预警机制和应急处置机制。

第四，建立风险提示与客户分级机制。P2P 网络借贷平台应对出借人的年龄、财务状况、投资经验、风险偏好、风险承受能力等进行尽职调查，不能向未通过风险评估的出借人提供服务。应根据风险评估调查结果，对出借人实行分级管理，使融资项目、借出限额、项目风险等与风险识别和承受能力相适应。P2P 网络借贷平台应向出借人充分披露借款人基本信息、融资项目基本信息等。P2P 网络借贷平台还应对平台交易总体情况进行披露，比如交易金额和笔数、交易参与人数、借贷余额、借款集中度、逾期情况、坏账情况、投诉情况等。同时，应该对自身经营管理情况进行披露，比如公司治理结构、管理团队情况、财务报告、业务经营情况、行业认证情况等。

第五，建立资金第三方存管机制。P2P 网络借贷平台应对自有资金和交易双方资金进行隔离管理，选择符合条件的银行业金融机构作为交易双方资金的存管机构，订立存管协议，明确各方权利义务和责任边界。

第六，过渡期设置。P2P 网络借贷平台监管细则发布后，应设置一定期限的过渡期，使现有平台能够按照最新监管要求对业务流程、运作模式、管理制度等进行相应调整，促进 P2P 网络借贷行业平稳健康发展。

共享金融典型业态的监管：股权众筹融资

股权众筹融资主要是指通过互联网形式进行公开小额股权融资的活动，具有“小额、公开、大众”的特点。股权众筹融资是一种新型、直接、高效的发行融资模式，集中体现了金融资源与服务直接交易的特征，是共享金融的典型模式。

关于股权众筹融资的监管，从国际经验看，各国对众筹融资的发展通常持鼓励、支持态度，但监管尺度有所不同，在一定程度上体现了适度监管的理念。美国《创业企业融资法案》允许小企业通过众筹融资获得股权资本，对符合条件的众筹融资可以豁免证券法下的发行注册要求。英国目前认可众筹股权融资的合法性，但并没有针对众筹融资的特别立法，而是将其纳入现有的金融监管框架监管。法国金融市场监管局和银行监管局于 2013 年 5 月联合发布了《众筹融资指引》，规定涉及证券认购或股权投资的，应遵守证券法律；涉及贷款的，应遵守银行法规。德国《资本投资法》规定，任何机构接受委托帮助他人发行证券或投资产品，都必须申请金融业务牌照。2013 年 3 月，欧盟委员会公布“欧洲经济长期融资绿皮书”，提出要支持众筹融资等非传统融资方式。日本对众筹融资的监管主要适用《金融商品销售法》及《金融商品交易法》，一方面规定了金融商品销售者的义务，包括销售时的说明义务、进行适当劝诱的义务，以及金融商品销售者对消费者人身和财产损害的赔偿责任；另一方面规定了缔约的行为规则，包括交易形式的事先说明义务、缔约前和缔约时的书面交付义务、收取保证金的书面文件交付义务、冷静期规则等。

2015 年 7 月，中国人民银行等十部委联合发布了《关于促进互联网金融健康发展的指导意见》，为股权众筹融资监管搭建了基础框架。明确股权众筹融资必须通过股权众筹融资中介机构平台（互联网网站或其他类似的电子媒介）进行。股权众筹融资方应为小微企业，应通过股权众筹融资中介机构向投资人如实披露企业的商业模式、经营管理、财务、资金使用等关键信息，不得误导或欺诈投资者。投资者应当充分了解股权众筹融资活动风险，具备相应的风险承受能力，进行小额投资。目前，由中国证监会负责制定的股权众筹融资监管细则尚未出台。股权众筹融资监管应重点关注以下几点：

第一，设立股权众筹融资中介机构行为的负面清单。比如，为机构自身融资；提供对外担保；发布虚假消息，误导投资者；以融资项目的销售业绩作为员工激励标准；对潜在投资者进行劝诱等。

第二，设立发起人行为的负面清单。比如，非法集资；欺诈发行；承诺保本或承诺最低收益；对同一项目在两个以上平台进行重复融资；未经必要程序，改变募集资金用途等。

第三，明确招股说明书要素。股权众筹融资本质上是小额公开发行活动，应参照一般公开发行的要求，明确招股说明书的基本要素。比如，发起人基本情况；商业计划书；募集资金投向说明；每股票面金额、发行价格；股票发行总数；投资者权利义务责任；超募或者募集失败的处置；目标融资金额和期限；信息披露方式、内容和途径；项目和投资风险等。

第四，明确发起人的信息披露义务。比如，融资之前披露招股说明书；定期披露公司年度报告并附经审计的财务报告；实时披露影响或者可能影响投资者利益的重大事件。

第五，投资者适当性管理和投资者分类制度。中介机构应对发起人、投资者进行实名认证，对相关信息的真实性、完整性和有效性进行必要审核；向投资者普及股权众筹融资业务知识，帮助投资者充分知悉相关业务风险；通过测试、评估、面谈等方式，判断投资者是否具有必要的风险识别和承受能力；为投资者提供多元化的纠纷解决机制；根据投资者的收入、金融资产水平，对投资者的单次投资上限、投资比例、一定时期内投资总额进行设定。

第六，冷静期制度。投资者在提交投资申请之后的若干日内，给予投资者无条件撤销投资申请的权利，以保障投资者的知情权和选择权。

参考文献

第二章

［1］胡跃飞，黄少卿．供应链金融：背景，创新与概念界定［J］．金融研究，2009（8）．

［2］黄丹．线上供应链金融操作风险管理研究［M］．武汉：武汉理工大学，2012.

［3］李君平．私人财富管理研究述评与展望［J］．外国经济与管理，2014（8）．

［4］林采宜，吴齐华，段丽媛．中国财富管理市场现状与发展趋势［N］．上海证券报，2012－06－11.

［5］唐时达，李智华，李晓宏．供应链金融新趋势［J］．中国金融，2015（10）．

［6］Michael L. Katz and Carl Shapiro. 1985. “Network Externalities, Competition, and Compatibility.” The American Economic Review, Vol. 75, No. 3：424－440.

［7］Wojciech Hardy. 2013. “How to Perfectly Discriminate in A Crowd? A Theoretical Model of Crowdfunding.” Working papers 2013－16, Faculty of Economic Sciences, University of Warsaw.

第三章

［1］瞿强，王磊．由金融危机反思货币信用理论［J］．金融研究，2012（12）．

［2］张晓朴，朱太辉．互联网金融推动理论创新［J］．新世纪，2014（43）．

［3］杨涛，程炼．互联网金融理论与实践［M］．北京：经济管理出版社，2015.

［4］杨涛．技术变革下的普惠金融体系前瞻［J］．人民论坛·学术前沿，2015（12）．

［5］Luigi Zingales：“金融有益于社会吗?”［EB/OL］．http：//www. aishxiag. com/data/84183. html.

［6］BIS. 1996. “Security of Digital Money，Bank of International Settlements.” Working paper.

［7］BIS. 1996. “Implications for Central Banks of the Development of Digital Money.” Working paper.

［8］BIS. 2004. “Survey of Developments in Electronic Money and Interact and Mobile Payments.” Working paper.

［9］BIS. 2012. “Innovations in Retail Payments.” Working paper.

［10］Eugene Fama. 1980. “Banking in the Theory of Finance.” Journal of Monetary Economics 6，39 –57.

［11］Fischer Black. 1970. “Banking and Interest Rates in a World without Money：the Effects of Uncontrolled Banking.” Journal of Banking Research.

［12］Gertler，Mark. 1988. “Financial Structure and Aggregate Economic Activity：An Overview.” Journal of Money，Credit and Banking，20（3），pp. 559 –588.

［13］Robert E. Hall. 1982. “Review：Monetary Trends in the United

States and the United Kingdom: A Review from the Perspective of New Developments in Monetary Economics." Journal of Economic Literature, Vol. 20, No. 4 (Dec.), pp. 1552～1556.

第四章

[1] 周金黄. 现代支付体系与支付经济研究 [M]. 北京: 中国金融出版社, 2015.

[2] 中国人民银行支付结算司译. 金融市场基础设施原则 [M]. 北京: 中国金融出版社, 2013.

第五章

[1] 戴志锋. 解构互联网金融实战: 探寻金融的"风口" [M]. 北京: 经济管理出版社, 2014.

[2] 谢平. 互联网金融手册 [M]. 北京: 中国人民大学出版社, 2014.

[3] 姚文平. 互联网金融 [M]. 北京: 中信出版社, 2014.

[4] 杨涛, 程炼. 互联网金融理论与实践 [M]. 北京: 经济管理出版社, 2015.

[5] 杨涛. 让"中国式"众筹成为小微金融试验田 [N]. 中国证券报, 2014-06-18.

[6] 杨东, 文诚公. 互联网+金融=众筹金融 [M]. 北京: 人民出版社, 2015.

[7] 杨东. 互联网金融风险规制路径 [J]. 中国法学, 2015 (3).

[8] 毛智琪, 杨东. 日本众筹融资立法新动态及借鉴 [J]. 证券市场导报, 2015 (4).

[9] 杨东, 刘磊. 论我国股权众筹监管的困局与出路——以《证券法》修改为背景 [J]. 中国政法大学学报, 2015 (3).

[10] 杨东. 互联网金融的法律规制——基于信息工具的视角 [J]. 中国社会科学, 2015 (4).

［11］杨东．合理监管促进中国股权众筹发展［N］．中国社会科学报，2015－03－04.

［12］杨东．中国式股权众筹发展建议［J］．中国金融，2015（3）．

［13］杨东，苏伦嘎．股权众筹平台的运营模式及风险防范［J］．国家检察官学院学报，2014（7）．

［14］杨东．"The People's Funding of China：Legal Developments of Equity Crowdfunding – Progress，Proposals and Prospects．" University of Cincinnati Law Review，Vol. 83，2014.

第六章

［1］姚余栋，杨涛．共享金融：大变革时代金融理论有了突破点［N］．上海证券报，2015－09－08.

［2］杨涛，程炼．互联网金融理论与实践［M］．北京：经济管理出版社，2015.

［3］谢平，陈超，陈晓文．中国 P2P 网络借贷：市场、机构与模式［M］．北京：中国金融出版社，2015.

［4］李德伟，李安渝，姚前，杨贻宏．互联网金融理论与实践［M］．北京：中国质检出版社，2014.

［5］陈威如，余卓轩．平台战略——正在席卷全球的商业模式革命［M］．北京：中信出版社，2013.

［6］［美］Peter Renton. Lending Club 简史［M］．第一财经新金融研究所，译．北京：中国经济出版社，2013.

［7］［美］Robin Chase. 共享经济：重构未来商业新模式［M］．王芮，译．杭州：浙江人民出版社，2015.

［8］艾瑞咨询：《2013 年中国 P2P 贷款行业研究报告》．

［9］艾瑞咨询：《2014 年 P2P 小额信贷典型模式案例研究报告》．

［10］零壹研究院．中国 P2P 网络借贷服务行业白皮书（2015）［M］．北京：东方出版社，2015.

第七章

［1］王国刚，曾刚．中外供应链金融比较研究［M］．北京：人民出版社，2015.

［2］宋华．供应链金融［M］．北京：中国人民大学出版社，2015.

［3］李金龙等．供应链金融理论与实务［M］．北京：人民交通出版社，2011.

［4］汤曙光，任建标．银行供应链金融［M］．北京：中国财政经济出版社，2014.

［5］深圳发展银行—中欧国际工商学院“供应链金融”课题组．供应链金融［M］．上海：上海远东出版社，2009.

第八章

［1］庹国柱，朱俊生．对相互保险公司的制度分析——基于对阳光农业相互保险公司的调研［J］．经济与管理，2008（5）．

［2］江生忠，王成辉．论相互制保险公司在中国的发展［J］．保险研究，2006（10）．

第九章

［1］陈威如，余卓轩．平台战略［M］．北京：中信出版社，2013.

［2］［美］凯文·凯利．新经济、新规则［M］．北京：电子工业出版社，2014.

［3］［美］凯文·凯利．失控［M］．北京：新星出版社，2010.

［4］［美］杰里米·里夫金．零边际成本社会［M］．北京：中信出版社，2014.

［5］［美］彼得·蒂尔，布莱克·马斯特斯．从0到1［M］．北京：中信出版社，2015.

［6］［美］B. 约瑟夫．派恩二世，基姆 C. 科恩．湿经济［M］．北京：机械工业出版社，2012.

［7］余晨．看见未来［M］．杭州：浙江大学出版社，2015.

[8] 涂子沛．大数据［M］．昆明：广西师范大学出版社，2013.

[9] 刘慈欣．三体［M］．重庆：重庆出版社，2008.

[10] Brett King. Bank 3.0. Marshall Cavendish International（Asia）Pte Ltd.，2012.

第十章

[1] 林华等．金融新格局——资产证券化的突破与创新［M］．北京：中信出版社，2014.

[2] 林华等．中国资产证券化操作手册［M］．北京：中信出版社，2015.

[3] 林华，许余洁．资产证券化时代来临　助推商业银行转型［J］．中国银行业，2014（8）．

[4] 余吉力，陈沛麒．资产证券化：影响及风险［J］．中国经济报告，2014（4）．

第十一章

[1] 姚余栋，杨涛．eSDR：走向理想的超主权货币创新［N］．上海证券报，2015－11－17.

[2]［美］梅兰妮·斯万．区块链：新经济蓝图［M］．韩锋，等，译．北京：新星出版社，2015.

[3]［美］杰里米·里夫金．零边际成本社会［M］．北京：中信出版社，2014.

[4]［美］克莱·舍基．认知盈余［M］．胡泳，译．北京：中国人民大学出版社，2012.

[5]［美］克莱·舍基．人人时代：无组织的组织力量［M］．胡泳，沈满琳，译．杭州：浙江人民出版社，2015.

[6] 巴比特：www.8btc.com.

[7] 区块链新经济：http：//www.qukuailian.com/.

[8] 万向区块链实验室微信公众号：blockchainlabs.

[9] Nakamoto Satoshi. 2008. "Bitcoin: A Peer – to – Peer Electronic Cash System." http://bitcoin.org/bitcoin.pdf.

[10] Vitalik Buterin. 2014. "A Next – Generation Smart Contract and Decentralized Application Platform." https://github.com/ethereum/wiki/wiki/White – Paper.

[11] Veena Pureswaran. 2015. "Device Democracy." http://public.dhe.ibm.com/common/ssi/ecm/gb/en/gbe03620usen/GBE03620USEN.PDF.

[12] Andy Extance. 2015. "Bitcoin and Beyond." Nature, Vol. 526, pp. 21 ~ 23.

[13] Economist. 2015. "The Trust Machine." Economist, Vol. 417, No. 8962 (Oct.), pp. 13 ~ 14.

[14] Economist. 2015. "The Great Chain of Being Sure About Things." Economist, Vol. 417, No. 8962 (Oct.), pp. 23 ~ 26.

[15] CoinDesk: http://www.coindesk.com/.

第十二章

[1] 罗宾·蔡斯．共享经济——重构未来商业新模式［M］．王芮，译．杭州：浙江人民出版社，2015.

[2] 蔡余杰，黄禄金．共享经济——引爆新一轮颠覆性商业革命［M］．北京：企业管理出版社，2015.

[3] 雷切尔·博茨曼，路·罗杰斯．共享经济时代——互联网思维下的协同消费商业模式［M］．唐朝文，译．上海：上海交通大学出版社，2015.

第十三章

[1] 姚余栋，杨涛．共享金融：大变革时代金融理论有了突破［N］．上海证券报，2015 – 09 – 08.

[2] 谢平，邹传伟，刘海二．互联网金融手册［M］．北京：中国人民大学出版社，2014.

[3] 谢平，陈超，陈晓文．中国 P2P 网络借贷：市场、机构与模式［M］．北京：中国金融出版社，2015.

[4] 阎庆民，杨爽．互联网＋银行变革与监管［M］．北京：中信出版社，2015.

[5] 中国人民银行金融稳定分析小组．中国金融稳定报告 2014［M］．北京：中国金融出版社，2014.

[6] 伯顿·马尔基尔．漫步华尔街［M］．张伟，译．北京：机械工业出版社，2015.